中国地方财政支出政策的特征及效应研究

Zhongguo Difang Caizheng Zhichu Zhengce de Tezheng ji Xiaoying Yanjiu

林桐 王跃 屈改柳 郑勇 陈蓉 著

西南财经大学出版社
Southwestern University of Finance & Economics Press

中国·成都

图书在版编目(CIP)数据

中国地方财政支出政策的特征及效应研究/ 林桐等著 . 一成都：西南财经大学出版社，2021. 12

ISBN 978 - 7 - 5504 - 4463 - 8

Ⅰ. ①中⋯ Ⅱ. ①林⋯ Ⅲ. ①地方财政—财政支出—财政政策—研究—中国 Ⅳ. ①F812. 7

中国版本图书馆 CIP 数据核字(2020)第 128798 号

中国地方财政支出政策的特征及效应研究

林桐 王跃 屈改柳 郑勇 陈蓉 著

策划编辑:王琳
责任编辑:王琳
责任校对:张博
封面设计:张姗姗
责任印制:朱曼丽

出版发行	西南财经大学出版社(四川省成都市光华村街 55 号)
网 址	http://cbs. swufe. edu. cn
电子邮件	bookcj@ swufe. edu. cn
邮政编码	610074
电 话	028-87353785
照 排	四川胜翔数码印务设计有限公司
印 刷	成都市火炬印务有限公司
成品尺寸	170mm×240mm
印 张	14
字 数	234 千字
版 次	2021 年 12 月第 1 版
印 次	2021 年 12 月第 1 次印刷
书 号	ISBN 978-7-5504-4463-8
定 价	88. 00 元

前言

　　自 2008 年世界金融危机爆发以来，世界各国陆续实施了大规模扩张性财政支出政策以应对金融危机。这一系列财政支出方面的刺激举措对宏观经济将带来怎样的影响，再次成为学术界广泛讨论和争议的热点之一。随着经济发展步入新常态，为了实现经济稳增长，我国政府主张实施积极的财政政策。那么，如何提高财政支出政策的有效性呢？这对我国政府而言显得尤为重要。国内现有文献均在国家层面对此进行了大量实证研究，为后续的分析提供了借鉴思路。然而我国公共财政支出中地方财政支出的比重已由 1979 年的 49% 上升到 2015 年的 85%，并且地方财政支出中财政服务性支出和转移性支出比重增加、财政消费性支出比重减少、财政投资性支出比重基本维持不变。这说明，我国地方政府在财政支出政策实施中扮演着日趋重要的角色，同时地方财政支出结构也发生了较大变化。本书将对我国地方财政支出规模及地方财政支出结构的产出效应进行探讨。

　　笔者以地区生产总值变化与地方财政支出变化的比值作为政府支出乘数的粗略衡量标准，从时间和区域两个维度进行分析，发现我国地方财政支出规模和地方财政支出结构的产出效应均具有非线性及非对称性的特征。由于地区生产总值变化与地方财政支出变化的比值仅仅只能在统计意义上代表地方政府支出乘数，因此接下来本书运用 1978—2015 年省级面板数据，力图通过严格的实证分析，从以下三方面探讨我国地方财政支出政策效应：一是我国地方财政支出政策是否存在非线性效应，如果存在非线性效应，那么导致非线性效应存在的原因是什么；二是不同省域财政支出政策的产出效应是不是非对称性的，如果存在非对称性，那么哪些原因能解释这种非对称性；三是不同经济周期阶段下地方财政支出政策的产出效应是不是非对称性的。

　　本书章节安排如下：

第一章，绪论，主要包括研究问题的背景以及意义、研究内容和逻辑框架、主要的创新点三个方面。

第二章，文献综述。关于财政政策的效应研究，根据实证研究的角度不同，主要包括财政政策的线性效应研究、财政政策的非线性效应研究以及财政政策效应的非对称性研究。以上文献基本均是基于国家层面探讨财政政策效应。为了考察地方财政政策效应，本书将相关时间序列模型扩展到面板模型中，因此本章最后一节又对下文中将涉及的面板类模型设定、估计等方面文献进行了梳理。

第三章，中国地方财政支出政策的特征分析。笔者先从地方财政支出规模和地方财政支出结构两方面观察我国地方财政支出政策的现状；然后以地区生产总值变化与地方财政支出变化的比值作为政府支出乘数的粗略衡量标准，从时间和区域两个维度对我国地方政府支出乘数的特征进行探讨，发现地方财政支出规模及结构对产出的影响均有非线性和非对称性。第四章、第五章和第六章将对以上特征的可靠性进行严格的实证分析。

第四章，中国省级财政支出政策的非线性效应研究。现有文献均是基于国家层面数据运用 MS-VAR 模型识别财政支出政策的非线性效应潜在区间，并得到存在非线性效应的一致结论。为了探讨地方财政支出政策的非线性效应，本章将现有的时间序列 MS-VAR 模型扩展到面板 MS-VAR 模型，得到 PMS-VAR 模型，并基于此识别各省级财政支出政策的非线性效应所在区间，分省建立 Probit 模型对主体预期观点和劳动市场观点进行再检验，最后又分析了地方财政支出结构政策对产出的非线性效应。

第五章，中国财政支出政策省域非对称性效应研究。鉴于我国各省级经济发展不平衡的基本国情，本章将侧重考察不同省域财政支出政策的产出效应是否存在差异性。为此，本章首先将异质性和相依性引入现有文献所采用的 PSVAR 类模型中，最终得到动态异质且截面相关的 PSVAR 模型；其次根据截面相关的不同处理思路，本章基于 CCE 及 PC 分别对其估计进行了讨论，同时利用蒙特卡罗模拟对这两种方法的小样本性质进行了比较；最后选取拟合效果最优的方法来估计模型，进而探讨我国省级财政支出政策产出效应是否存在显著差异以及引起显著差异的原因。另外，笔者基于动态异质且截面相关的 PSVAR 模型对我国地方财政支出结构政策产出效应的非对称性进行了分析。

第六章，不同经济周期地方财政支出政策效应的非对称性研究。考虑到我国地方政府在宏观经济运行、政策实施中扮演着日趋重要的角色，本章对我国地方财政支出规模及地方财政支出结构的产出效应与经济周期的关系分别进行讨论。

第七章，总结与展望。本章总结了全书的主要结论，提出了相应的政策建议，并对以后的研究方向进行了展望。

本书可以得到以下结论：

第一，我国省级财政支出政策存在非线性效应，并且各省级非线性效应所在区间都存在差异。从总体层面来说，我国省级财政支出政策出现非线性效应的原因支持主体预期观点与劳动市场观点，其中主体预期观点对我国省级财政支出政策的产出效应影响更显著。另外，对地方财政支出结构政策而言，地方财政服务性支出、地方财政投资性支出、地方财政转移性支出以及地方财政消费性支出均存在非线性效应，并且从非线性效应存在区间可以发现：一是地方财政服务性支出对经济增长的显著促进作用越来越明显了；二是地方财政投资性支出对经济增长依然起到了显著的促进作用，并且相较于东部地区，中、西部地区更多的省份可以通过增加财政投资支出来促进经济增长；三是东部地区越来越多的省级财政转移性支出对经济增长的影响表现为显著负向作用，而中、西部地区越来越多的省级财政转移性支出对经济增长的影响表现为显著正向作用；四是东部地区越来越多的省级财政消费性支出对经济增长的影响表现为显著正向作用，而中、西部地区越来越多的省级财政消费性支出对经济增长的影响表现为显著负向作用或不显著。

第二，我国各省级财政支出政策对产出的影响都存在显著差异，造成这种差异性的原因在于：收入分配差距和财政自主程度越高、政府债务率和贸易开放程度越低、经济越不发达，财政支出政策的产出效应越大。另外，各省级不同类型财政支出政策对产出也存在不同影响。

第三，关于地方财政支出政策产出效应与经济周期的关系：一是在不同经济周期，我国地方财政支出规模的产出效应存在非对称性，在经济衰退时期地方财政支出政策对产出起着更为显著的促进作用；二是在不同经济周期，地方财政服务性支出、财政投资性支出以及财政消费性支出的产出效应均存在非对称性，即经济衰退时期地方政府服务性支出乘数、政府投资性支出乘数、政府消费性支出乘数都显著为正；三是在不同经济周期，地方财政转移性支出的产出效应并不存在非对称性，地方政府转移性支出对产出起到抑制的作用，只是抑制作用较为不明显。

与现有文献相比，本书的研究特色可以概括为以下两个方面：

第一，研究视角的特色。这包括以下两点：一是现有文献均是基于国家层面探讨财政支出政策的非线性效应和效应的非对称性。鉴于地方政府在财政支出政策实施及宏观经济运行中的重要角色，本书侧重探讨地方财政支出政策的产出效应。二是已有文献多是讨论财政支出规模对产出的非线性和非对称性效应。鉴于近年来地方财政支出结构的巨大变化，本书还将讨论地方财政支出结构政策的产出效应。

第二，研究方法上的特色。为了对地方财政支出政策的效应进行探讨，不能直接使用现有实证文献中常用的模型，因此本书研究方法上的特色主要体现为以下三点：一是根据转移概率矩阵的不同假设，设定 PMS-VAR 模型的三种形式。笔者在 Agudze 等人（2014）思路的基础上将 MS-VAR 模型推广到 PMS-VAR 模型，但为了实现本书的研究目的，本模型与 Agudze 等人（2014）的不同之处在于，书中设定的 PMS-VAR 模型的被解释变量为多变量，并且设定截距与自变量的滞后项均随状态变化。二是给出了不同形式转移概率矩阵下的 PMS-VAR 模型的估计思路。Billio 等人（2011）讨论了书中一种形式的 PMS-VAR 模型的先验设定以及后验 Gibbs 抽样过程。笔者在此基础上完善了另外两种形式的 PMS-VAR 模型估计，并且利用 AIC 准则选择 PMS-VAR 模型的最优形式。三是完善了动态异质且截面相关 PSVAR 模型的估计。根据截面相关处理时共同因子的选取不同，本书不仅借鉴 CCE 和 PC 两种方法来分别讨论动态异质且截面相关 PSVAR 模型的估计，而且利用蒙特卡罗模拟比较两种估计方法的小样本性质，从而选择拟合效果较好的方法用于本书的实证分析。

林桐

2021 年 12 月

目录

1　绪论 / 1

　1.1　研究背景与研究意义 / 1

　　1.1.1　研究背景 / 1

　　1.1.2　研究意义 / 2

　1.2　研究内容与技术路线 / 3

　　1.2.1　研究内容 / 3

　　1.2.2　技术路线 / 5

　1.3　主要创新点 / 6

2　文献综述 / 8

　2.1　财政支出政策的线性效应研究 / 8

　　2.1.1　财政支出政策效应的大小分析 / 9

　　2.1.2　财政支出政策效应的影响因素 / 12

　2.2　财政支出政策的非线性效应研究 / 15

　　2.2.1　财政支出政策非线性效应存在性分析 / 16

　　2.2.2　财政支出政策非线性效应原因分析 / 17

　　2.2.3　财政支出政策效应的时变分析 / 19

　2.3　财政支出政策效应的非对称性研究 / 20

　　2.3.1　不同区域财政支出政策对经济增长的影响分析 / 21

　　2.3.2　不同经济周期财政支出政策对经济增长的
　　　　　影响分析 / 22

2.4 面板向量自回归模型研究 / 23

　2.4.1 线性面板向量自回归模型研究 / 23

　2.4.2 非线性面板向量自回归模型研究 / 28

2.5 简要评析 / 30

　2.5.1 关于财政政策的非线性效应研究 / 30

　2.5.2 关于不同区域财政支出政策效应的非对称性研究 / 31

　2.5.3 关于不同经济周期财政支出政策效应的

　　　　非对称性研究 / 32

3 中国地方财政支出政策的现状及特征分析 / 33

3.1 中国地方财政支出政策现状 / 33

3.2 中国地方财政支出政策特征 / 35

　3.2.1 从时间维度上分析 / 35

　3.2.2 从区域维度上分析 / 42

3.3 本章小结 / 44

4 中国省级财政支出政策的非线性效应研究 / 46

4.1 PMS-VAR 模型的设定 / 46

4.2 PMS-VAR 模型的估计 / 49

　4.2.1 先验分析 / 50

　4.2.2 Gibss 抽样 / 51

4.3 中国省级财政支出规模的非线性产出效应特征分析 / 53

　4.3.1 模型选择及检验 / 53

　4.3.2 中国省级财政支出政策非线性效应区间识别 / 55

　4.3.3 中国省级财政支出政策效应的区制划分 / 58

　4.3.4 中国省级财政支出政策非线性效应的原因分析 / 64

4.4 中国省级财政支出结构的非线性产出效应特征分析 / 69

　4.4.1 中国省级财政服务性支出的非线性产出效应分析 / 70

　　　4.4.2　中国省级财政投资性支出的非线性产出效应分析 / 73

　　　4.4.3　中国省级财政转移性支出的非线性产出效应分析 / 76

　　　4.4.4　中国省级财政消费性支出的非线性产出效应分析 / 80

　　4.5　地方财政支出政策的时变特征分析 / 83

　　　4.5.1　TVP-PSVAR 模型的设定及估计 / 86

　　　4.5.2　地方财政支出政策的时变特征分析 / 89

　　4.6　本章小结 / 97

5　中国财政支出政策省域非对称性效应研究 / 99

　　5.1　动态异质且截面相关的 PSVAR 模型设定 / 99

　　5.2　截面相关且动态异质 PSVAR 模型估计 / 101

　　　5.2.1　CCE 估计 / 101

　　　5.2.2　PC 估计 / 103

　　5.3　两种估计方法的蒙特卡洛模拟 / 104

　　　5.3.1　数据生成过程 / 104

　　　5.3.2　模拟结果比较分析 / 105

　　5.4　中国省级财政支出政策对产出的影响分析 / 107

　　　5.4.1　财政支出冲击对产出的脉冲响应分析 / 109

　　　5.4.2　政府支出乘数 / 114

　　　5.4.3　中国省级财政支出的产出差异性原因分析 / 119

　　　5.4.4　中国省级财政支出结构对产出的影响 / 121

　　5.5　中国省级房价波动与宏观调控政策的配置 / 124

　　　5.5.1　模型设定 / 126

　　　5.5.2　模型估计 / 128

　　　5.5.3　宏观调控政策对中国省级房价波动的影响分析 / 130

　　5.6　本章小结 / 135

6　不同经济周期地方财政支出政策效应的非对称性研究 / 138

　　6.1　PSTVAR 模型设定 / 138

　　6.2　PSTVAR 模型估计 / 140

　　6.3　地方财政支出规模对产出的非对称性影响研究 / 143

　　　　6.3.1　模型估计结果分析 / 144

　　　　6.3.2　地方财政支出规模对产出的影响分析 / 147

　　6.4　地方财政支出结构对产出的非对称性影响研究 / 149

　　　　6.4.1　财政服务性支出对产出的影响分析 / 149

　　　　6.4.2　财政投资性支出对产出的影响分析 / 151

　　　　6.4.3　财政转移性支出对产出的影响分析 / 154

　　　　6.4.4　财政消费性支出对产出的影响分析 / 155

　　6.5　不同经济状态的政府支出乘数差异性研究 / 157

　　　　6.5.1　数据来源及处理 / 159

　　　　6.5.2　政府支出乘数 / 160

　　　　6.5.3　政府支出乘数的时变特征 / 162

　　6.6　财政分权对政府支出乘数的影响 / 169

　　　　6.6.1　经济计量模型 / 171

　　　　6.6.2　模型检验 / 174

　　　　6.6.3　脉冲响应分析 / 175

　　　　6.6.4　政府支出乘数分析 / 178

　　6.7　本章小结 / 181

7　总结与展望 / 184

　　7.1　主要结论 / 184

　　　　7.1.1　关于地方财政支出政策的非线性效应研究 / 184

　　　　7.1.2　关于不同省域财政支出政策对产出的非对称性影响
　　　　　　　研究 / 186

7.1.3 关于不同经济周期财政支出政策对经济增长的
非对称性影响研究 / 187

7.2 政策建议 / 188

7.3 研究的不足与展望 / 189

参考文献 / 191

致谢 / 212

1 绪论

1.1 研究背景与研究意义

1.1.1 研究背景

自 2008 年以来，世界各国陆续实施大规模扩张性财政政策来应对金融危机，如美国推出了"2009 美国复苏与再投资法案"以加大政府投资力度、欧盟推出了 2 000 亿欧元的经济刺激计划、中国政府制定了 4 万亿元的投资计划等。

那么，这一系列大规模财政支出方面的刺激性举措将对产出等宏观经济变量带来怎样的影响呢？这一问题再次成了学术界广泛讨论和争议的热点之一。其中，一些研究仍然支持传统的凯恩斯主义，认为政府支出增加将有效提高产出、消费等宏观经济变量（Romer，2010），而另一些研究则认为财政政策存在非凯恩斯效应，即政府支出增加并不能有效提高产出、消费等宏观经济变量，甚至给这些宏观经济变量带来负向作用（Cogan 等，2010；Barro 和 Redlick，2011；Leeper 等，2009）。伴随经济发展步入新常态，为了实现经济稳增长，我国政府主张实施积极财政政策。如何准确衡量政府支出乘数的大小、提高财政政策有效性等方面的先验信息，对我国政府而言显得尤为重要。

作为"保增长，促就业"的主要手段，关于财政政策的效应，国内学者开展了大量研究，如李生祥和丛树海（2004）、陈建宝和戴平生（2008）等认为，我国财政政策对产出存在显著凯恩斯效应，即政府支出乘数大于1；方红生和张军（2010）、王立勇和刘文革（2009）、储德银和李善达（2014）等发现，我国财政政策对产出也存在非凯恩斯效应；储德银和崔莉莉（2014）、满向昱等人（2015）探讨了我国财政政策的产出效应与经济周期的关系等。然而，以上研究均基于国家层面而言，鉴于地方政府在我国经济发展和转型过程中扮演着重要角色以及我国作为一个大国，省级经济发展水平、财政实施能力等存在巨大差异，进一步探索我国省级财政支出政策对产出的影响等问题将对我国差异化财政支出政策的有效实施提供一定的借鉴意义。

1.1.2 研究意义

面对经济增长下行压力，我国财政政策效应问题再次成为争议的重点之一。考虑到我国区域经济发展的不平衡性、地方政府在宏观经济运行和政策实施中日趋重要的角色等基本国情，探讨我国地方财政支出政策对产出的影响无论是从理论意义还是从实际意义上看都显得尤为重要。

从理论意义来看，凯恩斯主义认为伴随扩张性财政支出政策的实施，能够有效促进总产出，最终将有利于经济增长，Romer 等人（2010）通过实际数据证实了这一观点。然而 Leeper 等人（2009）、Cogan 等人（2010）、Barro 和 Redlick（2010）却发现实际数据并不支持凯恩斯主义这一观点，认为积极的财政支出政策并不会给经济增长带来显著促进影响，或者甚至给经济增长带来抑制作用，Alesina 和 Perotti（1997）、Perotti（1999）、Giavazzi 等人（2000）、Ardagna（2004）分别从需求及供给层面对非凯恩斯效应的原因进行实证分析。鉴于财政支出政策对产出是否具有非凯恩斯效应是政府制定财政政策重要的先验信息，本书探讨了省级财政支出政策对经济增长的非线性效应，并利用 Probit 模型实证分析了省级非线性效应的传导机制。

从实际意义来看，为了应对金融危机各国财政政策纷纷经历了一个戏剧性的转折，由紧缩型向扩张型转变，准确评估财政支出政策对经济增长的影响可以便于政府明确政策行动效果的规划以及预测。例如，Blanchard 和 Leigh（2013）指出经济危机时期政府支出乘数的低估显著增加了预测误差；Eyraud 和 Weber（2013）、Batini 等人（2015）认为政府支出乘数的误估也会导致政府制定不可实施的财政目标，并且错误估算调整成本最终导致债务比率失衡。因此，本书将探讨财政支出政策对经济增长效应的非对称性问题，并且主要从以下两个视角出发：一是探讨不同经济周期下地方财政支出政策的非对称性，积极探索财政政策效应与经济周期的关系有利于熨平经济波动、缩短经济衰退；二是鉴于我国省级经济发展的不平衡性，本书将致力于探讨不同省级财政支出政策对经济增长的非对称性问题，为我国区域差异化财政政策提供一定的借鉴意义。

1.2 研究内容与技术路线

1.2.1 研究内容

关于财政支出政策的研究,现有学者多探讨财政支出政策对产出的线性效应,但是实证结果存在较大差异性。究其原因,笔者认为这是由于财政政策效应有非线性和非对称性,所以对于不同研究个体或不同样本区间而言,实证结果不同。因此,国内学者又基于国家层面对财政政策的非线性和非对称性进行了探讨。鉴于我国地方政府在宏观运行中的重要角色、省域经济发展不平衡等基本国情,本书侧重分析我国地方财政支出政策的非线性效应和效应的非对称性。

本书的章节安排如下所示:

第1章是绪论部分。本部分首先介绍了本书的研究背景与研究意义,其次指出本书主要研究内容、章节安排及其技术路线,最后总结本书与其他相关研究相比较的不同之处。

第2章是围绕研究内容进行相关文献的梳理,主要包括实证研究文献和模型研究文献两个方面。在实证研究文献部分,本书对财政支出政策的线性效应、非线性效应和效应的非对称性三个方面研究进行了梳理。根据研究目的,笔者重点回顾了财政支出乘数的影响因素、财政支出政策对经济增长的非线性效应、不同经济周期阶段以及不同区域下财政支出政策对经济增长效应的非对称性研究。上述实证类文献中常用模型并不能直接实现本书研究目的,因此本章在模型研究文献部分主要包括线性和非线性面板向量自回归模型的估计等。根据本书研究中所涉及的模型,笔者重点梳理了面板截面相关的估计思路以及面板马尔可夫向量自回归模型、面板平滑转移向量自回归模型的设定和估计。

第3章是我国地方财政支出政策的特征分析。本部分从地方财政支出规模和结构两方面观察我国地方财政支出政策的现状。另外,笔者还利用地区生产总值的变化与地方财政支出的变化的比重作为地方政府支出乘数的粗略衡量指标,在时间以及区域上观察地方政府支出乘数的特征。

第4章是我国省级财政支出政策的非线性效应研究。地方政府在我国经济发展和转型中扮演着重要角色,伴随经济发展进入新常态,地方政府的财政支出政策是否能有效促进经济增长备受社会和学术界关注。基于此,本部分将重点考察我国各省级财政支出政策对经济增长是否存在非凯恩斯效应，并对其引起非凯恩斯效应的供给和需求面两大观点进行再检验。其中，笔者将现有文献常用的时间序列马尔科夫向量自回归模型（MS-VAR）扩展到面板中，借鉴 Agudze 等人（2014）对转移概率矩阵进行了不同设定，在 Billio 等人（2016）的基础上完善了面板马尔科夫向量自回归模型（PMS-VAR）估计。另外，考虑到不同财政支出项目对经济增长存在不同影响，本书又将基于 PMS-VAR 模型探讨我国省级财政支出结构对经济增长的非线性效应。除此之外，基于地方政府视角，本书又运用1990—2015 年我国省级面板数据，采用时变参数面板结构 VAR 模型（TVP-PSVAR）及状态空间估计方法来探讨我国财政支出政策产出效应的时变特征及影响因素。

第 5 章是研究不同省域财政支出政策对产出的影响是否存在非对称性。考虑到我国省级财政支出政策效应的异质性及相依性，本部分首先在动态异质且截面相关面板结构向量自回归（PSVAR）模型中，将共同相关效应（CCE）和主成分（PC）两种处理截面相关的方法分别引入其中，进行小样本对比分析发现，CCE 拟合效果更好；其次，基于 CCE 估计思路通过对该模型的估计来探讨我国省级财政支出政策效应是否具有显著差异，并且在此基础上利用加权回归模型对差异性的原因进行了探讨；最后，鉴于财政支出项目对经济增长存在影响，本部分又基于 CCE 思想估计动态异质且截面相关的 PSVAR 模型对我国省级不同类型政府支出乘数的差异性进行了探讨。另外，本书构建面板 SVAR 模型，运用 2008—2016 年我国 31 个省级面板数据，首先对财政政策影响各省房价的差异效应进行分组检验，得到 4 组不同效果类别，并且发现各组之间差异明显，且这种差异与东、中、西三大区域分布并不一致；然后继续考察组内货币政策对房价的影响。

第 6 章是研究不同经济周期下财政支出政策对经济增长的影响是否存在非对称性。本书将省级之间的相依性引入面板平滑转移向量自回归模型，借鉴 Hubrich（2013）、杨继生（2011）、叶小青（2014）、Bai（2009）等的方法估计截面相关 PSTVAR 模型，并在此基础上探讨了不同经济周期下我国财政支出规模以及财政支出结构对经济增长的影响。除此之外，本书也讨论不同贸易开放度、政府债务状况及经济发展水平下政府投资支出乘数、政府消费支出乘数的差异性。另外，从制度背景出发，本书还探讨了财政分权对政府支出乘数的非对称性影响。

第 7 章是总结与期望。本部分首先根据实证部分总结所得结论，其次基于以上实证结论提出相应的政策启示，最后指出本书以后的研究方向。

1.2.2 技术路线

本书研究逻辑框架如图 1.1 所示。

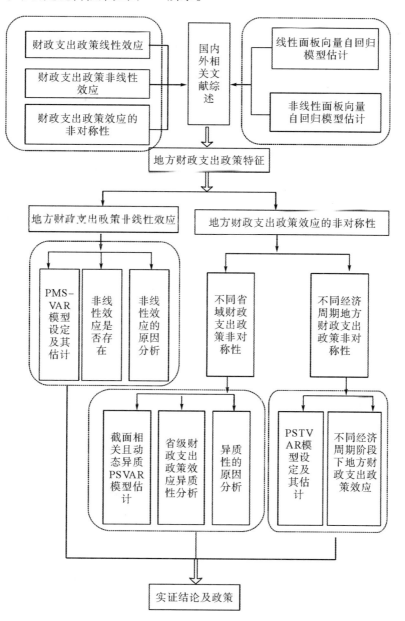

图 1.1　本书研究逻辑框架

1.3 主要创新点

本书将主要探讨地方财政支出政策对产出的效应，主要包括省级财政支出政策非线性效应、不同区域及不同经济周期阶段下地方财政支出政策效应的非对称性三方面内容。与现有文献相比较，本书的特色主要体现在以下四个方面：

第一，现有文献都集中于国家层面对财政支出政策非线性效应和不同经济周期阶段下财政支出政策效应的非对称性进行研究，国内学者基于东、中、西三大经济区域下分析了财政支出政策区域效应的非对称性。伴随地方政府在财政政策实施中的日趋重要，本书将考察我国省级财政支出政策非线性效应和效应的非对称性，并且探讨不同经济周期阶段的地方财政支出政策产出效应的非对称性。

第二，已有文献多是讨论财政支出规模对产出效应的非线性和非对称性。鉴于自改革开放之后地方财政支出结构在政策实施中的巨大变化，本书在对地方财政支出规模的产出效应关注之外，还考察了地方财政支出结构对产出影响的非线性和非对称性，这将对我国地方财政支出结构的优化提供一定的借鉴意义。

第三，为了实现省级财政支出政策的非线性效应研究，本书设定 PMS-VAR 模型，并且给出了不同形式转移概率矩阵下的 PMS-VAR 模型的估计思路。具体而言：一是 PMS-VAR 模型的设定。由于研究视角上的转变，现有财政政策效应类文献中常用的实证模型不能直接用以实现本书的研究目的。本书在 Agudze 等人（2014）思路的基础上将 MS-VAR 模型推广到 PMS-VAR 模型，根据各省级财政支出政策非线性效应潜在区间同步性的不同假设，设定三种转移概率矩阵形式。但为了实现本书研究目的，与 Agudze 等人（2014）的不同之处在于书中设定的 PMS-VAR 模型中的被解释变量为多变量，并且设定截距与自变量的滞后项均是随状态变化的。二是 PMS-VAR 模型估计。Billio 等人（2016）讨论了 PMS-VAR 模型的先验设定以及后验 Gibbs 抽样过程。笔者在此基础上完善了另外两种形式的 PMS-VAR 模型估计，并且利用 AIC 准则选择 PMS-VAR 模型的最优形式。

第四，完善了动态异质且截面相关 PSVAR 模型的估计。对于动态异质且截面相关的 PSVAR 模型的估计难点在于截面相关的处理。鉴于 CCE 及 PC 两种处理截面相关的方法孰优孰劣并没有定论，因此本书将不仅借鉴这两种方法来分别讨论动态异质且截面相关 PSVAR 模型的估计，而且利用蒙特卡罗模拟比较这两种估计方法的小样本性质，选择拟合效果较好的用于实证分析。

2 文献综述

通过对现有文献进行梳理笔者发现，现有学者均是基于国家层面探讨财政支出政策对产出的影响，关于我国地方财政支出政策效应的关注较少。伴随地方政府在宏观经济运行、政策实施中重要性的显现，本书将从地方政府视角对财政支出政策的效应进行分析，在此之前笔者将对已有文献进行梳理。关于财政支出政策对经济增长的影响，就其研究内容而言，现有文献可以分为三方面：一是财政支出政策对产出的线性效应研究，主要以政府支出乘数大小和影响因素研究为主；二是财政支出政策对产出的非线性效应分析，主要包括财政支出政策对产出是否存在非凯恩斯效应以及非凯恩斯效应出现的原因分析，除此之外本章也梳理了财政支出政策的时变特征；三是财政支出政策对产出的非对称性分析。根据研究角度不同，本章主要梳理了不同经济周期以及不同区域下财政支出政策对产出的非对称性研究。另外，上述实证类文献中常用的计量模型不能直接用于实现本书的研究目的，因此本章第四部分梳理了本书在研究中涉及的计量模型的设定、估计等方面的文献，主要包括线性面板向量自回归模型以及非线性面板向量自回归模型的相关设定、估计等，如截面相关面板模型的估计、平滑转移及马尔可夫面板向量自回归模型的设定和估计等。在本章最后一部分，根据本书的研究内容，笔者对现有实证和方法类文献进行总结，在此基础上确认本书的研究思路。

2.1 财政支出政策的线性效应研究

关于财政支出政策对经济增长的影响分析，国内外大部分文献在线性效应的假设下对其进行了大量实证分析，主要包括财政支出政策对经济增长作用的大小以及影响作用效果的因素分析。在梳理这些文献之前，笔者首先在现有研究的基础上，就财政支出政策对经济增长的影响机制进行总结。根据国民收入恒等式 $Y = C + I + G + NX$，国民产出恒等于私人消费、私人投资、政府购买和净出口之和。这说明政府购买增加不仅能直接增加产出，还能通过私人消费、私人投资和净出口分别对产出形成间接影响。下面分别对这三个渠道进行分析：其一，私人消费渠道。政府支出对私人消费的影响如下：一是正向作用。凯恩斯主义认为，政府支出增加会扩大总需求，有利于居民收入增加，进而增加私人消费（Caldara 和 Kamps，2008；李永友和丛树海，2006；郭庆旺等，2007）。二是负向作用。近年来，国内外文献发现政府支出传导机制中存在财富负效应，即指伴随政府支出的增加，居民预期未来税收会增加，从而预期未来实际购买力会下降，导致挤出部分私人消费（Ramey，2009）。这一正一负的两方面作用最终决定了政府支出对私人消费的影响方向。其二，私人投资渠道。政府支出对私人投资的影响我们将其分为劳动市场的需求效应和供给效应两方面。一是需求效应，认为政府支出增加将导致劳动需求的增加，从而引起边际成本的增加，最终挤出部分私人投资（Mountford 和 Uhlig，2005）。二是供给效应。因为政府支出具有正外部性，增加政府支出会使生产者效率提高，从而降低边际成本，增加私人投资（郭庆旺和贾俊雪，2006）。当政府支出的供给效应大于需求效应时，政府支出的增加将增加私人投资，使总产量增长幅度更大。其三，净出口渠道。随着政府支出的增加，国内需求增加导致净出口恶化，最终挤出部分产出，这与 Corsetti 和 Müller（2007）所认可的"双重赤字"理论相一致。但是王义甫和土子成（2012）通过 SVAR 模型和 DSGE 模型认为，由于我国消费习惯性等问题的存在，最终将导致政府支出对净出口呈现出挤入效应。另外，储德银和李善达（2014）、邓力平和林峰（2014）等认为政府购买对净出口并没有显著的影响，即认为"李嘉图等价"成立。因此，政府购买支出通过以上直接渠道与间接渠道同时影响产出，最终影响结果国内外学者运用实际数据做了探讨。

2.1.1 财政支出政策效应的大小分析

财政政策对经济增长影响的大小有很多衡量方式，大部分文献通常利用一单位财政支出的变化对应多少产出变化来衡量（Spilimbergo 等，2009），即在式（2-1）的基础上得到即期政府支出乘数。

$$即期政府支出乘数 = \Delta Y(t)/\Delta G(t) \qquad (2-1)$$

式中, t 代表一季度或一年, 取决于实证研究数据的频率。

关于政府支出乘数的大小, 国外学者开展了大量研究, 其中以研究的主要方法为分类标志。本节将现有文献分为如下两类:

第一类主要是指结构向量自回归类模型 (SVAR)。SVAR 模型的首要问题是如何识别财政支出冲击。关于识别条件如何设定, 国外学者进行了大量的讨论 (Blanchard 和 Perotti, 2002; Kim 和 Roubini, 2008), 识别条件大致可以分为短期识别、长期识别和符号识别, 其中, 国外学者 Fatas 和 Mihov (2000) 主要依赖递归设定来识别财政冲击; Blanchard 和 Perotti (2002) 将 SVAR 模型应用于财政政策的分析, 强调首先利用制度信息来估计税收和政府支出对经济活动的稳定器反应, Perotti (2002, 2007) 基于 Blanchard 和 Perotti (2002) 识别方法分别得出 5 个经济合作与组织 (OECD) 国家不同样本期的政府支出乘数为 2.3~3.7。

第二类是基于微观理论基础的动态随机一般均衡模型 (DSGE)。这是考虑到 SVAR 类模型的设定和识别存在随意性 (Cooley 和 Dwyer, 1998; Chari 等, 2005), 而 DSGE 模型的建立主要是以住户、厂商、银行、政府等经济主体微观经济行为为基础。最早的研究是基于无摩擦的新古典增长模型, 如 Hall (1979)、Barro (1981, 1989)、Aiyagari 等人 (1990)、Baxter 和 King (1993); 鉴于新古典模型在假设上的局限性和结论与经验事实不符, 学者们分别建立两部门凯恩斯模型 (Devereux 等, 1996), 考虑价格粘性 (Linnemann 和 Schabert, 2003), 考虑消费习惯形成 (Ravn 等, 2006); 近年来, 有不少文献开始研究当经济处于零利率下限时的政府支出乘数发现此时会有更高的政府支出乘数效应, 如 Christiano 等人 (2010)、Blanchard 和 Leigh (2013)。

在上述两类模型的基础上, 国外学者分别评估了各国的政府支出乘数, 关于发达国家的政府支出乘数大小研究, Mineshima 等人 (2014) 对 41 篇文献进行总结发现发达国家滞后一期的政府支出乘数平均数为 0.75。除此之外, Ramey 和 Shapiro (1998) 提出利用叙事方法 (narrative approach) 来识别财政支出冲击, 依照这个思路 Ramey (2009) 等把军备开支作为外生的财政支出, 估算 1939—2008 年美国政府支出乘数为 1.1~1.2。在此基础上, Barro 和 Redlick (2011) 得到 1917—2006 年美国政府支出乘数为 0.4~0.6; Hall (2009) 基于 1930—2008 年样本区间数据得到美国政府支出乘数为 0.6；Owyang 等人（2013）利用 1890—2010 年和 1921—2011 年样本区间数据分别估算得到美国政府支出乘数为 0.8、加拿大政府支出乘数为 0.4~1.6；Guajardo 等人（2014）估算得到美国滞后一期和滞后两期的政府支出乘数分别为 0.3 和 1。与发达国家的研究相比，由于新兴市场国家和低收入国家部分数据缺乏，因此关于新兴市场国家和低收入国家政府支出乘数大小的研究相对较少。例如，Tang 等人（2013）运用 SVAR 模型考察了东南亚国家联盟（ASEAN）中各国财政支出政策对产出的影响，结果表明此时财政支出政策的产出效应并不显著，其中，印度尼西亚政府支出乘数为-0.3，马来西亚政府支出乘数为 0.2，菲律宾政府支出乘数为 0.4，新加坡政府支出乘数为-0.2，我国台湾地区政府支出乘数为-0.4；Estevão 和 Samake（2013）对低收入国家的财政政策效应进行考察后发现，紧缩性财政政策对低收入国家经济增长在短期起一定的负向作用，但是长期来看是起促进作用的。另外，实证得到多米尼加共和国和尼加拉瓜政府支出乘数分别为 0.1，哥斯达黎加和萨尔瓦多政府支出乘数分别为 0.2，危地马拉共和国和洪都拉斯共和国政府支出乘数分别为 0.3，巴拿马政府支出乘数为 0.5；Cerisola 等人（2015）利用符号约束识别 SVAR 模型，基于包括巴基斯坦、阿富汗在内的中东和北非地区的 19 个国际数据发现其政府支出乘数均值为 0.5，其中政府投资性支出乘数为 1.1。

关于政府支出乘数大小的研究，通过对上述国外文献的方法和实证结论两方面进行总结可以发现，现有的文献表明新兴市场国家和低收入国家政府支出乘数大小一般都小于 1、政府投资支出乘数都大于 1。那么，我国政府支出乘数是多大呢？在此基础上，国内学者分别运用 SVAR 模型和 DSGE 模型对我国政府支出乘数进行了实证分析。首先，国内学者基于 SVAR 模型以及这三种识别条件完善了我国财政支出乘数。例如，李生祥和丛树海（2004）分别测算了我国理论与实际财政支出乘数，实证表明理论上我国政府支出乘数围绕 4 上下波动，而实际上基于 1985—2000 年数据认为我国政府支出短期乘数在 1.5 左右、长期乘数在 1.65~1.9 之间；陈建宝和戴平生（2008）基于 1985—2006 年我国财政支出和 GDP 数据，采用 VEC 和 VAR 模型发现我国财政支出对经济增长的乘数效应为 4.26，并且呈倒 "U" 形关系；柳欣和王晨（2008）在 1978—2007 年年度数据的基础上，构造了包含 GDP、财政支出与货币供应量及 CPI 的四个内生变量的 VAR，同样得到财政支出对经济增长起促进作用，同时还发现长期而言其效果减弱。其次，国内学者王国静和田国强（2014）考虑政府消费和私人消费之间的埃奇沃思互补性、政府投资的外部性及财政政策规则的内生性，基于 DSGE 模型分别估计得到我国的政府消费支出乘数为 0. 790 4、政府投资支出乘数为 6. 113。最后，Wang 和 Wen（2013）认为，与经济发达国家相比较，我国存在更高的私人储蓄、过剩的劳动力以及市场失灵等问题。因此，传统凯恩斯主义认为政府支出乘数将大于 1，同时运用总体时间序列数据以及 28 个省级面板数据估计得到我国政府支出乘数大于 2。

2.1.2 财政支出政策效应的影响因素

根据上述政府支出乘数大小的一系列文献回顾，可以发现从实证结论来看，发达国家政府支出乘数一般小于 1，在经济衰退或经济处于零利率下限时的政府支出乘数会大于 1，而仅有的新兴市场国家和低收入国家研究文献表明这类国家政府支出乘数也小于 1。但是，无论是发达国家还是新兴市场国家、低收入国家，各个国家政府支出乘数均存在一定差异性。另外，由于新兴市场国家和低收入国家相关宏观数据的缺乏，与发达国家相比较，新兴市场国家和低收入国家的政府支出乘数研究较少。鉴于更多的学者开始关注政府支出乘数的影响因素有哪些，以便通过发达国家的政府支出乘数来完善部分缺少数据的新兴市场国家、低收入国家的财政支出政策效应评估。例如，Ilzetzki（2011）、Kraay（2010）、Estevão 和 Samake（2013）等认为，新兴市场国家和低收入国家政府支出乘数小于发达国家，甚至新兴市场国家和低收入国家政府支出乘数为负，特别是在公共债务较高的情况下；Barrell 等人（2012）、Ilzetzki 等人（2013）认为，这是由于新兴市场国家和低收入国家政府支出乘数政府支出相对无效，并且拥有降低的政府消费支出乘数和投资支出乘数。

因此，一方面为了通过发达国家政府支出乘数众多研究结果来完善新兴市场国家和低收入国家政府支出乘数研究；另一方面为了考虑如何有效提高财政政策效率，近年来国外学者的研究更多地开始关注政府支出乘数的影响因素（许祥云，2013）。关于这方面研究，国内相对较少，主要集中在国外文献。笔者通过对已有文献进行梳理，认为政府支出乘数影响因素可以归纳为以下七个方面：

第一，贸易开放度。Ilzetzki 等人（2013）以进出口额与 GDP 的比值来衡量贸易开放度，根据贸易开放度是否大于 60% 作为衡量标准，将 44

个样本国家（发达国家和发展中国家）分为贸易开放度较高的国家和贸易开放度较低的国家。其中，贸易开放度高于60%的国家被认为属于开放组，在此基础上建立面板结构自回归模型，得到贸易开放度高的组的政府支出乘数，同理得到贸易开放度低的组的政府支出乘数，比较两组结果表明贸易开放度越低的国家其政府支出乘数越大，这与Barrell等人（2012）所得结论一致。这是由于随着政府支出的增加，国内需求增加导致净出口恶化，最终挤出部分产出，贸易开放度越高挤出效应将越明显，最终削弱产出的增长幅度。

第二，汇率制度。Ilzetzki等人（2013）根据Ilzetzki等人（2017）讨论的方法，对44个样本国家的汇率机制进行分类，分别对固定汇率制度和浮动汇率制度的组建立PSVAR模型，对比估计结果发现与固定汇率制度国家相比较，实现浮动汇率制度的国家政府支出乘数越小。Born等人（2013）对OECD国家进行考察，得到的结论与Ilzetzki等人（2013）所得结论一致。

第三，政府债务水平。Ilzetzki等人（2013）以中央债务总额与GDP的比值来衡量政府债务水平，对政府债务水平在60%以上的国家建立PSVAR模型得到其短期政府支出乘数为0、长期政府支出乘数为-0.23，因此政府债务水平越高的国家其政府支出乘数越小，这与Kirchner等人（2010）所得结论一致。对于这种结果，主要是由于伴随扩张性财政支出政策的实施，民众预期未来政府将实行财政紧缩，从而挤出私人消费或投资，削弱了财政支出政策的产出效应。Corsetti等人（2012）基于17个OECD国家同样对此进行了探讨，最后得出的结论与Ilzetzki等人（2013）所得结论一致。

第四，经济发展水平。Ilzetzki等人（2013）将44个样本国家分为高收入国家和发展中国家两类，分别基于PSVAR模型估计得到：高收入国家即期政府支出乘数为0.37、长期政府支出乘数为0.8，发展中国家即期政府支出乘数为-0.21、长期政府支出乘数为0.18，这说明经济发展水平较高的国家拥有更高的政府支出乘数。对于这个结果，笔者认为可能是经济发展水平高的国家拥有更健全的公共设施等，这将提高政府支出效率，最终导致相对较大的政府支出乘数。

第五，收入分配差距。Brinca等人（2016）利用基尼系数来衡量各国收入不平等性，并且首先借鉴Ilzetzki等人（2013）的思路，对高于基尼系数均值的国家建立 PSVAR 模型发现，这类国家将拥有更大的政府支出乘数。另外，Brinca 等人（2016）分别基于各国建立 SVAR 模型得到各国政府支出乘数，将估计所得到的政府支出乘数为被解释变量，基尼系数和人均产出为解释变量建立面板回归模型得到基尼系数前面系数显著为正。因此，Brinca 等人（2016）认为基尼系数越大，收入分配差距越大，政府支出乘数越大。Brinca 等人（2016）将异质厂商和不完善市场引入 PSGE 模型对其进行了解释。

第六，经济周期。已有文献表明，与经济扩张期相比较，政府支出乘数在经济衰退期将更高，这是由于经济扩张时期的市场达到充分就业，此时财政支出增加，公共需求将挤出部分私人需求，最终削弱产出的挤入效应。另外，大量实证也证明了这个结果，如 Auerbach 和 Gorodnichenko（2012a，2012b）分别讨论了美国和 OECD 国家政府支出乘数与经济周期的关系，结果表明经济扩张时期美国与 OECD 国家政府支出乘数分别为 0 和 -0.2，而经济衰退时期美国与 OECD 国家政府支出乘数分别为 1.7 和 0.5；Auerbach 和 Gorodnichenko（2014）同样对日本的政府支出乘数进行验证发现，日本政府支出乘数在经济扩张时期以和经济衰退时期分别为 1 和 2.4；鉴于政府支出乘数与经济周期存在非对称性的关系，Canzoneri 等人（2015）改进了 Cúrdia 和 Woodford（2009）的模型，并在此基础上得到美国短期政府支出乘数在经济衰退时期和经济扩张时期分别为 0.89 和 2.25。总而言之，与经济扩张期相比，政府支出乘数在经济衰退期将更大，Owyang 等人（2013）对美国和加拿大滞后 2 期政府支出乘数讨论同样得到以上结论。

第七，货币政策。Erceg 和 Lindé（2014）、Woodford（2011）等认为当经济处于零利率下限时，货币政策传导机制受阻，此时政府支出乘数较大。例如，Christiano 等人（2011）基于 DSGE 模型估计出美国经济处于零利率下限和不处于零利率下限时的政府支出乘数分别为 3.7 和 1.1；Eggertsson（2011）认为，美国经济处于零利率下限和不处于零利率的情况下即期政府支出乘数分别为 2.3 和 0.5；Erceg 和 Lindé（2014）得到美国经济不处于零利率的情况下即期政府支出乘数为 1，并且美国经济处于零利率的情况下即期政府支出乘数为 4。

除此之外，还有更多的政府支出乘数影响因素也被讨论。例如，Dolls 等人（2012）认为，自动稳定器功能较强的国家政府支出乘数较弱，这是由于伴随财政支出增加，转移支付等功能减弱了产出的挤入效应；Gorod-nichenko 等人（2012）讨论了劳动市场粘性与政府支出乘数的关系，鉴于价格调整越灵活越会减弱财政支出政策的挤入效应，因此劳动市场越大意味着政府支出乘数越大；国内学者王妍（2015）基于平滑转移向量自回归模型（STVAR）讨论发现，在不同金融摩擦环境下政府财政支出政策将会对经济产生显著不同。具体而言，在低金融摩擦环境下财政支出乘数显著为正，政府投资乘数显著大于政府消费乘数，尤其在高金融摩擦环境下。总之，关于政府支出乘数影响因素方面的相关研究有助于提高财政政策实施效率，并且有助于根据发达国家研究结论完善新兴市场国家、低收入国家的财政政策效应研究。

2.2　财政支出政策的非线性效应研究

关于政府支出乘数的大小的测算结果并没有一致的结论，如 Ramey（2011）等人估算 1939—2008 年美国政府支出乘数为 1.1~1.2，而 Barro 和 Redlick（2011）得到 1917—2006 年美国政府支出乘数为 0.4~0.6；李生祥和丛树海（2004）分别测算了我国理论与实际财政支出乘数，实证表明理论上我国政府支出乘数围绕 4 上下波动，而实际上基于 1985—2000 年数据认为我国政府支出短期乘数为 1.5、长期乘数为 1.65~1.9；陈建宝和戴平生（2008）基于 1985—2006 年我国财政支出和 GDP 数据，采用 VEC 和 VAR 模型发现我国财政支出对经济增长的乘数效应为 4.26。究其原因，笔者认为关键在于以上文献实证方法都采用的是线性的 VAR 类、DSGE 模型，最终得到的财政政策效应也是线性的。然而，财政政策效应存在非线性的特征。因此，接下来本节将主要梳理财政支出政策对经济增长非线性效应研究的相关文献，其中财政支出政策对经济增长的非线性效应主要指在整个样本区间内，财政支出政策对经济增长既表现出挤出效应又表现出挤入效应。具体而言，凯恩斯主义认为伴随财政支出的增加，产出将增加。Romer（2010）、Cogan 等人（2010）发现政府支出乘数显著大于 0，从实证方面进一步支持了财政支出政策是符合凯恩斯效应的。但是，Barro 和 Redlick（2011）、Leeper 等人（2009）发现，政府支出乘数存在负值情况，这说明财政支出的增加导致产出减少，即认为财政支出政策有非凯恩斯效应，若财政支出政策效应在整个样本区间内既有凯恩斯效应又有非凯恩斯效应，那么认为财政支出政策存在非线性。关于财政支出政策非线性效应的研究，通过对已有文献进行梳理认为主要包括以下两方面：一是财政支出政策的非线性效应是否存在，即财政支出政策效应是否存在非凯恩斯效应；二是如果财政支出政策非线性效应存在，那么导致出现非凯恩斯效应，引起财政支出政策非线性效应的原因分析。另外，为了能更有效刻画财政政策效应长期和渐近式的变化过程，国内外相关文献也讨论了财政支出政策效应在整个样本区间内的动态特征，如黄威和陆懋祖（2011）、金春雨和王伟强（2016）等。

2.2.1 财政支出政策非线性效应存在性分析

在讨论财政支出政策效应是否存在非凯恩斯效应的问题之前，首要问题是如何确定财政支出政策非凯恩斯效应存在的潜在时期。通过对已有文献的梳理可以得到潜在时期的确定分为以下两种方法：一是外生确定财政政策调整时期。关于这种方法，方红生和张军（2010）对现有国外文献进行了详细的总结归纳，这种方法通常是指基于简单构造的统计值来确定财政支出政策调整的潜在时期。方红生和张军（2010）指出，所选统计量一般可以通过结构预算余额与 GDP 的比值变化率、结构预算余额与 GDP 的比值以及结构预算余额与潜在 GDP 的比值三种形式构造，而临界值由作者自己确定。如 Blanchard（1993）定义结构预算余额与 GDP 的比值变化率超过 1.5% 的年份为财政支出政策调整潜在时期。二是内生确定财政政策调整时期。与内生财政调整时期划分方法相比，外生确定财政政策调整时期的统计标准选择以及临界值的选取等都导致其主观性较强。内生确定财政政策调整时期是指基于计量模型试图从实证数据自身生成过程出发内生的识别不同状态，有效地避免了研究中的主观性。

在上述两种潜在时期确定方法的基础上，国内外学者均对各国财政支出政策效应是否存在非线性或非凯恩斯效应进行了实证分析。首先，从国外研究结果来看，在国外研究中尽管多数肯定了财政政策不仅存在凯恩斯效应而且存在非凯恩斯效应，即财政政策非线性效应是存在的（Perotti，1996；Kapopoulos，2004；Gupta 等，2005；Afonso，2010），但仍然有少数学者对此提出了质疑，否定了非凯恩斯效应的存在，认为只有凯恩斯效应，即认为财政政策只存在线性效应（Aarle 和 Garretsen，2003；Barrell

等，2012）。那么，我国财政政策在表现为凯恩斯效应的同时，是否也存在非凯恩斯效应呢？即我国财政政策是否存在非线性效应呢？其次，从国内的相关研究结果来看，如郭庆旺和贾俊雪（2006）、方红生和张军（2010）、储德银和闫伟（2012）等分别基于外生确定的财政政策调整时期，运用面板回归模型验证了我国财政政策对经济增长的影响效果存在非凯恩斯效应，并且财政政策对私人消费的影响也存在非凯恩斯效应。然而，如上文所讨论的，与内生财政调整时期划分方法相比，外生确定财政政策调整时期主观性较强。鉴于此，张淑翠（2011）、项后军和周宇（2011）、储德银和李善达（2014）等选择不同门限变量基于门限、平滑转移类模型分别实证得到了我国财政政策存在非凯恩斯效应的证据。目前，在对丁财政政策非凯恩斯效应存在原因和条件仍未达成一致的情况下，为了准确检验我国财政政策是否存在非凯恩斯效应，国内已有文献运用马尔科夫区制转移模型从数据自身生成过程出发内生识别不同状态。例如，郭庆旺等人（2007）运用区制转移向量自回归模型（MS-VAR），基于1992年1月—2005年6月的月度数据实证发现，20世纪90年代以来，我国财政支出政策对经济增长呈现凯恩斯效应；王立勇和刘文革（2009）基于MS-VAR与区制转移向量误差修正模型（MS-VECM）实证分析我国财政政策对经济增长的效应，发现1952—1982年、1987—1990年和1994—1995年这三个区间都存在非凯恩斯效应，其他样本区间内表现为凯恩斯效应；随后，王立勇和高伟（2009）、王立勇和毕然（2014）运用区制转移单方程模型又分别实证发现我国财政政策对私人消费、私人投资也都是凯恩斯与非凯恩斯效应并存。最后，对以上国内外实证结果进行总结可以发现，关于财政政策是否存在非线性效应或非凯恩斯效应，国外研究并没有一个一致结论，但是国内研究结论均是一致的，即我国财政政策对经济增长的影响是凯恩斯效应与非凯恩斯效应并存。

2.2.2 财政支出政策非线性效应原因分析

财政政策的凯恩斯效应是指扩张性财政政策通过增加总需求将导致产出显著增加，而财政政策的非凯恩斯效应是指伴随扩张性财政政策，产出并没有显著增加，甚至出现下降的结果。那么，是什么原因导致财政政策出现非凯恩斯效应呢？关于这一点，方红生和张军（2010）进行总结归纳认为财政政策通过需求层面和供给层面两个渠道都有可能出现非凯恩斯效应；王艺明和蔡昌达（2013）不仅对导致财政政策非凯恩斯效应存在的需求层面和供给层面这两个渠道的相关文献进行回顾，还对财政政策凯恩斯效应原因分析相关文献的方法进行了文献梳理，发现其主要包括 VAR 类模型和面板类模型。本节笔者将再次对财政政策非凯恩斯效应传导机制、存在原因等理论方面的相关文献进行梳理，同时还将对国内相关实证研究结果进行总结。

关于非凯恩斯效应产生的机理分析，笔者对已有文献进行总结发现其主要包括以下两个观点（方红生和张军，2010；王艺明和蔡昌达，2013）：一是主体预期观点。Bertola 和 Drazen（1991）、Sutherland（1997）、Perotti（1999）等从需求层面出发，均提出财政冲击的效果取决于经济个体对未来政策变化或经济走向的预期，即政府支出的增加会影响人们对未来财政政策的预期，认为增加政府支出意味着未来税收增加，进而挤出部分私人消费和私人投资。依照主体预期观点，较低的政府支出水平下，人们预期未来政府支出将增加，从而会选择减少当前消费和投资；较大的财政赤字下，人们预期未来政府将增税，因此政府支出增加同时挤出了私人消费；较大的财政支出调整幅度，无论是较大的财政扩张期还是财政紧缩期，人们都会预期财政态势持续改变是长期性的，作为结果，私人部门会相应减少或增加总需求，这两种情况下都会导致非凯恩斯效应出现。因此，就主体预期观点而言，政府支出水平、政府赤字水平和财政支出调整幅度等均为影响财政政策非凯恩斯效应传导机制的重要因素，较低的政府支出水平、较大的财政赤字和较大的财政支出调整幅度均将导致财政政策更容易表现出非凯恩斯效应，国内外已有文献均就这三个变量对主体预期观点的合理性进行了考察（王立勇和刘文革，2009；储德银和李善达，2014）。二是劳动市场观点。Alesina 和 Perotti（1997）、Alesina 和 Perotti（1994）、Ardagna（2004）、Giavazzi 等人（2000）主要从供给层面出发，认为财政支出政策通过劳动市场影响私人投资，从而导致引起非凯恩斯效应，即政府实施扩张性财政政策，比如政府增加政府的工资支出或福利支出等公共支出项目，从而增加了公共就业。由于公共就业作为私人就业的一个替代，这势必导致失业率下降，增加劳动市场均衡工资压力，提高厂商成本减少总产出，当挤出效应过大时，最终导致财政支出政策出现非凯恩斯效应。为了考察劳动市场观点与实际数据相符，一般用行政管理费用对劳动市场观点的合理性进行分析（方红生和张军，2010；储德银和李善达，

2014）。

以上两个观点是不是导致我国财政政策非线性效应或非凯恩斯效应出现的重要原因呢，国内学者对其进行了一定的实证分析。例如，方红生和张军（2010）基于外生法确定财政政策调整时期，通过构建两个不同样本时期的线性面板数据模型，对主体预期观点和劳动市场观点均进行了考察，发现以上两大观点在生成我国非凯恩斯效应方面都起到了作用；王立勇和刘文革（2009）基于内生法识别出财政政策非凯恩斯效应时期，通过国债比例和赤字比例的波动路径检验发现财政初始条件和财政调整幅度等影响主体预期的因素并不是我国非线性效应产生的必然原因，即认为主体预期观点并不能解释我国财政政策非凯恩斯效应；储德银和李善达（2014）分别基于政府赤字水平、财政政策调整幅度和行政管理费用三个变量对我国 1980—2012 年财政支出政策非凯恩斯效应的转换进行了分析，其中利用经过周期性调整的基本预算平衡（CAPB）来测度财政调整幅度（Blanchard，1993）。考虑到 2007 年之后实施新的政府收支分类改革，行政管理费这一变量通过行政管理费或一般服务性支出与 GDP 的比值表示。最后实证表明，财政政策调整幅度是引起财政政策非凯恩斯效应存在的重要因素，即认为主体预期观点可以解释我国财政政策非凯恩斯效应的存在性。

2.2.3　财政支出政策效应的时变分析

以上两节分别讨论了财政支出政策非凯恩斯效应的存在性及存在性影响因素，这是财政支出政策非线性效应研究的主要内容，其中分别以王立勇和刘文革（2009）以及储德银和李善达（2014）为代表，王立勇和刘文革（2009）基于区制转移向量自回归模型从实证数据本身识别财政支出政策非凯恩斯效应存在区间，储德银和李善达（2014）分别基于政府赤字水平、财政政策调整幅度和行政管理费用三个转换变量，运用平滑转移门限向量自回归模型识别政府赤字水平、财政政策调整幅度和行政管理费用三个转换变量是否显著导致财政支出政策非凯恩斯效应。由于导致财政支出政策非凯恩斯效应出现的影响因素并没有一致结论，因此与 STVAR 模型相比，MS-VAR 模型无须预先设定转移变量，能直接从数据本身识别财政支出政策非凯恩斯效应存在区间，在一定程度上避免了模型的误设（王立勇等，2015），但是这两类模型结果更多的都是体现一种突变、跳跃的非线性变化过程，不能有效刻画财政政策效应长期、渐近式的变化。因此，为了有效刻画我国财政政策效应随着时间渐进式的变化趋势，黄威和陆懋祖（2011）、孙焱林等（2011）、金春雨和王伟强（2016）等分别利用时变向量自回归类模型（TV-VAR）讨论了我国财政支出政策对经济增长的效应。

TV-VAR 类模型包括参数时变和方差-协方差矩阵时变两部分，若该模型参数随时间变化而方差-协方差矩阵不随时间变化，则该模型被称为参数时变向量自回归模型（TVP-VAR）；若该模型参数与方差-协方差矩阵均随时间变化，则该模型被称为带随机波动的参数时变向量自回归模型（TVP-VAR-SV），Primiceri（2005）对其估计进行了详细讨论。接下来，关于财政政策动态效应的实证结果的相关研究，本书根据 TVP-VAR 模型和 TVP-VAR-SV 模型，分别对国内的相关文献进行梳理：一是由于美国在 20 世纪 80 年代前后很多经济变量波动性发生明显变化，因此国外文献较多使用 TVP-VAR-SV 模型。与国外经济波动相比较，我国经济增长和财政支出波动并没有那么明显，因此孙焱林等人（2011）基于 TVP-VAR 模型对徐高（2008）提出的"斜率之谜"进行再分析，发现 TVP-VAR 模型有效避免了"斜率之谜"。二是黄威和陆懋祖（2011）运用 TVP-VAR-SV 模型实证考察了 1995—2009 年我国财政支出冲击的连续动态变化趋势，发现在整个样本区间内财政支出对经济增长均起促进作用，但是与 1998 年 1 月—2002 年 12 月相比较，2005 年 1 月—2009 年 7 月财政支出对经济增长起的促进作用更大；李鹏等人（2015）、尹雷和赵亮（2016）均运用 TVP-VAR-SV 模型从财政支出角度探讨了财政政策对通货膨胀的影响，李鹏等人（2015）认为财政支出政策对通货膨胀具有中长期的显著影响，尹雷和赵亮（2016）运用我国 1980—2015 年数据发现整个样本区间内我国通货膨胀仅仅由货币政策导致；金春雨和王伟强（2016）基于 TVP-VAR-SV 模型探讨我国不同时期财政政策的宏观经济效应，分别探讨了 1997 年亚洲金融危机、2008 年世界金融危机以及自 2015 年以来经济新常态三个时期我国财政政策的宏观效应。总体来看，这三个时期下财政支出对经济增长均起到显著的促进作用。

2.3　财政支出政策效应的非对称性研究

对于政策实施的不同个体、不同经济状态、不同样本区间等，财政政策的效应存在一定差异性。而关于财政政策的非对称性的相关研究文献，从研究角度来看大致可以包括以下两种：一是研究同一财政政策实施在不同个体、区域下，财政政策效果是否存在差异性，正如前面所讨论的文献认为贸易开放度、政府债务水平等结构因素将影响财政政策效果。鉴于我国区域经济发展情况存在较大差异，因此同一财政政策实施在不同区域上将可能存在一定差异，此时财政政策效应表现为非对称性。二是研究不同经济周期财政政策对经济增长的影响是否存在差异性，若存在差异性，则认为此时财政政策效应存在非对称性。关于这一点，从财政政策非线性效应的相关文献中已经发现财政政策效应具有一定的时变特征，并且与经济周期存在关系。因此，本节将分别从以下两个视角来梳理财政支出政策非对称性研究方面的文献：不同区域下财政支出政策对经济增长的非对称性和不同经济周期下财政支出政策对经济增长的非对称性。

2.3.1 不同区域下财政支出政策对经济增长的影响分析

鉴于我国区域间经济发展的不平衡性，国内已有较多文献比较分析东、中、西三大经济区域下财政支出政策对产出的影响是否存在差异。例如，郭庆旺和贾俊雪（2005）、郭玉清和姜磊（2009）、林峰（2013）利用面板回归模型分别分析了我国东、中、西三大经济区域下财政支出政策对经济增长的影响，最后发现总体来看我国财政支出政策对经济增长都起到促进作用，并且证实了这种促进作用在东、中、西三大经济区域之间是存在差异的，其中东、中部地区财政支出政策对经济增长的促进作用在即期大于西部地区，但是累积效应小于西部地区，这说明财政支出政策从长期来看有助于缩小区域经济差异。邓力平和林峰（2014）发现，与西部地区相比较，东、中部地区财政支出政策对贸易平衡的影响作用更显著；除此之外，基于上述面板回归模型、SVAR 类方法来分析我国财政政策对经济增长效应在区域之间是否存在差异性的还有陈安平（2007）、靳春平（2007）、刘建民等人（2012）。

总结上述文献发现，不同经济区域下我国财政支出政策对经济增长的影响存在差异性，即现有文献一致支持不同区域下我国财政支出政策对经济增长影响存在非对称性。但是，上述文献并没有考虑省级财政政策对经济增长的效应是否存在差异性。关于这一点，刘建民等人（2015）对各省份分别建立 SVAR 模型来试图讨论各省级财政政策对收入分配的效应问题，最后发现各省级财政政策对收入分配的效应存在差异性，这说明同一经济区域内部财政政策效应仍然存在非对称性。另外，刘建民等人（2015）虽然试图探讨不同省级财政政策效应的非对称性，但是分别单独建立 SVAR 模型的估计方法存在一定的问题，如忽略了各个省级财政政策之间的相关性。

2.3.2　不同经济周期财政支出政策对经济增长的影响分析

国外文献已经考察了各个国家在不同经济周期财政支出政策对经济增长的影响。通过对现有文献进行总结，笔者发现已有文献结果均表明与经济扩张期相比较，政府支出乘数在经济衰退期将更大，造成这种现象是由于经济扩张时期的市场达到充分就业，此时财政支出增加，公共需求将挤出部分私人需求，最终削弱产出的挤入效应，因此经济扩张时期将对应较小的财政支出政策效应，大量的实证文献也证明了这个结果。首先来看国外相关实证研究。其中，Auerbach 和 Gorodnichenko（2012a，2012b）分别讨论了美国和 OECD 国家政府支出乘数与经济周期的关系，结果表明经济扩张时期美国与 OECD 国家政府支出乘数分别为 0 和-0.2，而经济衰退时期美国与 OECD 国家政府支出乘数分别为 1.7 和 0.5；Auerbach 和 Gorod-nichenko（2014）同样对日本的政府支出乘数进行验证发现，日本政府支出乘数在经济扩张时期和经济衰退时期分别为 1 和 2.4；鉴于政府支出乘数与经济周期存在非对称性的关系，Canzoneri 等人（2015）改进了 Cúrdia 和 Woodford（2009）的模型，并在此基础上得到美国短期政府支出乘数在经济衰退时期和经济扩张时期分别为 0.89 和 2.25。总而言之，与经济扩张期相比，政府支出乘数在经济衰退期将更大，Owyang 等人（2013）对美国和加拿大滞后 2 期政府支出乘数讨论同样得到以上结论。其次来看国内相关实证研究。与国外研究相比，国内关于财政支出政策效应与经济周期关系的研究文献并不多。例如，满向昱等人（2015）选取实际 GDP 增长率作为转换变量基于 STVAR 模型发现财政政策对经济增长确实存在非对称性；储德银和崔莉莉（2014）利用产出缺口率作为转换变量基于门限向量自回归模型认为，政府支出政策在经济坏的情况下对产出的促进作用比在经济好的情况时高 0.174 2 个百分点；然而，付敏杰（2014）对我国财政政策的周期性特征进行分析发现，实行计划经济之前我国财政政策趋向于顺周期，而实行市场经济之后我国财政政策趋向于逆周期，即经济衰退时采取扩张性政策能刺激经济复苏、经济繁荣时采取紧缩性政策能防止经济过热,但又与国外逆周期的财政政策存在不同;孙天琦等人(2010)在肯定了付敏杰(2014)观点的同时,即认可总体来看我国财政政策趋向于顺周期,并且还指出财政支出结构周期特征不一。

2.4 面板向量自回归模型研究

Michaud 和 Van soest(2008)、Mitchell 和 Weale(2007)等最先提出了面板结构向量自回归模型(PSVAR):

$$Ay_{it} = \Gamma_1 y_{i,\ t-1} + \cdots + \Gamma_p y_{i,\ t-p} + \lambda_i + \varepsilon_{it} \tag{2-2}$$

其中,$y_{it} = (y_{it}^1, \cdots, y_{it}^K)'$ 包含 K 个内生变量的列向量。刘建民等人(2012)、Ilzetzki 等人(2013)、邓力平和林峰(2014)等均是基于式(2-2)讨论了财政政策的线性效应,其中刘建民等人(2012)、邓力平和林峰(2014)等均是从地方政府视角出发对地方财政政策的线性效应进行的考察。本书旨在从地方政府视角考察财政政策的非线性效应和非对称性,因此上述文献常用的式(2-2)并不能直接用于本书的实证研究中。接下来,本书在式(2-2)的基础上引入异质性和截面相关性来探讨不同区域下财政政策的非对称性,引入平滑转换函数来探讨不同周期下财政政策的非对称性,引入平滑马尔科夫机制来探讨财政政策的非线性性。最后,本书针对上述最终使用的模型,重点梳理与本书涉及的相关研究方法类文献。

2.4.1 线性面板向量自回归模型研究

为了探讨低收入国家中货币政策效应的非对称性,Mishra 等人(2014)在模型(2-2)的基础上考虑了低收入国家货币政策效应传导中可能具有的较大差异性和相依性,最终使用 Pedroni(2013)所提出的模型:

$$A_i y_{it} = \Gamma_{i,\ 1} y_{i,\ t-1} + \cdots + \Gamma_{i,\ p} y_{i,\ t-p} + \lambda_i + \varepsilon_{it} \tag{2-3}$$

式(2-3)与式(2-2)的不同之处:一是异质性不同。本书将省际异质性分为静态异质与动态异质。静态异质是指不随时间变化的异质性,通过个体固定效应 λ_i 来反映;动态异质更多表现为省际动态响应的显著性、传导路径等方式的不同,因此矩阵 A_i,$\Gamma_{i,\ 1}$,$\cdots$,$\Gamma_{i,\ p}$ 对于不同省级,

i 取值的不同，A_i，$\Gamma_{i,1}$，$\cdots$，$\Gamma_{i,p}$ 不再是固定不变的。二是相依性不同。此时式（2-3）将存在截面相关性，即 ε_{it} 不再满足 $E(\varepsilon_{it}\varepsilon'_{jt}) = 0 (i \neq j)$，Pesaran（2003）、Bai（2009）等利用共同因子的思想来研究面板回归模型的截面相关性。基于这个思想，可以将式（2-3）中的扰动项分解为如下形式：

$$\varepsilon_{it} = \Lambda_i \bar{\varepsilon}_t + \tilde{\varepsilon}_{it} \qquad (2\text{-}4)$$

式（2-4）中，$\tilde{\varepsilon}_{it}$ 称为异质性冲击或特有冲击，表示来自各省级自身的结构冲击，一般认为满足：$E(\tilde{\varepsilon}_{it}\tilde{\varepsilon}_{jt}) = 0$（$i \neq j$），即各省级的异质性冲击只对自身有影响；$\bar{\varepsilon}_t$ 表示共同冲击，代表同时影响各省级的结构冲击，$E(\bar{\varepsilon}_t \bar{\varepsilon}'_t) = I$，由于存在共同冲击导致各省级经济变量不止受到来自自身冲击的影响，还受到来自全国层面或区域层面共同冲击的影响；因子载荷矩阵 Λ_i，反映了共同冲击对各省（自治区、直辖市）的不同影响程度。

由于式（2-3）中截面相关的存在，传统的 PSVAR 模型的估计方法不再适用，估计之前首先要处理截面相关的问题。对近年来已有文献进行总结发现，可以通过以下两种方法来代表面板模型中存在的截面相关：一是空间计量方法（Anselin，2001；Haining，2003；Yu 和 Lee，2013）。假设截面相关用权重矩阵来描述，并且权重矩阵与个体之间距离有关，但是这种方法并没有考虑个体斜率系数的异质性，同时权重矩阵的设定要预先给定（Chudik 和 Smith，2013）。二是在误差项中引入共同因子。假设截面相关由不可测共同因子所引起。在这种情况下，根据对共同因子寻找代理变量的方式不同，又可分为共同相关效应估计（CCE）和主成分估计（PC）两种。Pedroni（2013）主要基于 CCE 思想完善了对式（2-3）的估计。接下来，本书将分别对这两种截面相关方法的相关研究文献进行梳理。

2.4.1.1 PC 估计方法

异质的面板模型，如式（2-5）所示。

$$y_{it} = \alpha'_i d_t + \beta'_i x_{it} + u_{it} \quad i = 1, 2, \cdots, N; \ t = 1, 2, \cdots, T \quad (2\text{-}5)$$

式中，d_t 代表维度为 $n \times 1$ 的可观测共同因子，其中包括截距项或季节等哑变量，x_{it} 是 $k \times 1$ 的列向量。随机扰动项 u_{it} 符合以下因子模型结构：

$$u_{it} = \gamma'_i f_t + e_{it} \qquad (2\text{-}6)$$

式中，$f_t = (f_{1t}, \cdots, f_{mt})'$ 是 m 维的不可测的共同因子，$\gamma_i = (\gamma_{i1}, \cdots, \gamma_{im})'$ 是共同因子对应的因子载荷。PC 估计思想最先是由 Coakley 等人（2002）提出的。Coakley 等人（2002）在式（2-5）的基础上假设解释变量外生且

斜率系数相同，即式（2-5）简化为下式：

$$y_{it} = \alpha_i^{'} d_t + \beta^{'} x_{it} + \gamma_i^{'} f_t + \varepsilon_{it} \tag{2-7}$$

基于式（2-7），Coakley 等人（2002）提出了两步估计法：

第一步，估计式（2-8）得到 u_{it}，根据 u_{it} 提取共同因子 f_t：

$$y_{it} = \alpha_i^{'} d_t + \beta^{'} x_{it} + u_{it} \tag{2-8}$$

第二步，将上一步提取的共同因子代入式（2-7）中估计得到因子载荷 γ_i。然而，Pesaran（2006）指出，当解释变量与不可测共同因子之间存在相关性时，Coakley 等人（2002）所提出的两阶段估计量并不是一致的。因此，在 Coakley 等人（2002）的基础上，Bai（2009）进一步提出了迭代的思想。为了简化说明，假设 $\alpha_i = 0$，那么式（2-7）中待估参数 β 和不可测共同因子 F 即为式（2-9）和式（2-10）所组成的非线性方程组的解。

$$\hat{\beta}_{PC} = (\sum_{i=1}^{N} X_i^{'} M_{\hat{F}} X_i)^{-1} \sum_{i=1}^{N} X_i^{'} M_{\hat{F}} y_i \tag{2-9}$$

$$\frac{1}{NT} \sum_{i=1}^{N} (y_i - X_i \hat{\beta}_{PC})(y_i - X_i \hat{\beta}_{PC})^{'} \hat{F} = \hat{F} \hat{V} \tag{2-10}$$

式（2-9）和式（2-10）中，$X_i = (x_{i1}, x_{i2}, \cdots, x_{iT})^{'}$，$y_i = (y_{i1}, y_{i2}, \cdots, y_{iT})^{'}$，$M_{\hat{F}} = I_T - \hat{F}(\hat{F}^{'} \hat{F})^{-1} \hat{F}^{'}$，$\hat{F} = (\hat{f}_1, \hat{f}_2, \cdots, \hat{f}_T)^{'}$，$\hat{V}$ 为对角矩阵，并且对角线上元素分别为矩阵 $\frac{1}{NT} \sum_{i=1}^{N} (y_i - X_i \hat{\beta}_{PC})(y_i - X_i \hat{\beta}_{PC})^{'}$ 的前 m 个特征值。

那么，通过最小化下式：

$$SSR_{NT}(\beta, \{\gamma_i\}_{i=1}^{N}, \{f_t\}_{t=1}^{T}) = \sum_{i=1}^{N} (y_i - X_i\beta - F\gamma_i)^{'}(y_i - X_i\beta - F\gamma_i) \tag{2-11}$$

最终得到 $\hat{\beta}_{PC}$、$\hat{F}$，并且 $\hat{\gamma}_i = (\hat{F}^{'} \hat{F})^{-1} \hat{F}^{'}(y_i - X_i \hat{\beta}_{PC})$。另外，以上 PC 的估计是建立在共同因子个数 m 已知的基础上的。关于对共同因子个数 m 的确定，Ahn 和 Horenstein（2013）、Breitung 和 Pigorsh（2013）、Choi（2013）以及 Harding（2013）等均做了相关研究。在上述 PC 思想的基础上，Stock 和 Watson（2011）、Breitung 和 Choi（2013）等也做了相应扩展。接下来，考虑到本书的研究目的，主要以杨继生和冯炎（2013）、杨继生等人（2013）为主梳理 PC 思想用于面板结构向量自回归模型和 Song（2013）将 PC 思想用于动态异质面板回归模型。

杨继生和冯炎（2013）、杨继生等人（2013）均基于以上 Bai（2009）所改进的 PC 思想完善了带交互效应面板结构向量自回归模型的估计，如式（2-12）所示。

$$Ay_{it} = \Gamma_1 y_{i,\ t-1} + \cdots + \Gamma_p y_{i,\ t-p} + \lambda_i + \varepsilon_{it} \tag{2-12}$$

对于以上模型，杨继生和冯炎（2013）、杨继生等人（2013）首先通过 $z_{it} = y_{it} - \bar{y}_i$ 消去个体效应得到式（2-12）的简化形式：

$$z_{it} = A^{-1}\Gamma_1 z_{i,\ t-1} + \cdots + A^{-1}\Gamma_p z_{i,\ p} + A^{-1}(\Lambda_i \bar{\varepsilon}_t + \tilde{\varepsilon}_{it}) \tag{2-13}$$

通过对上式进行估计进而得到组合冲击的估计值 $\hat{\varepsilon}_{it}$。利用 Bai（2009）对组合冲击 $\hat{\varepsilon}_{it}$ 提取共同冲击 $\hat{\bar{\varepsilon}}_t$，得到因子载荷矩阵估计值 $\hat{\Lambda}_i$，按照 $M_{\hat{F}} = I_T - \hat{F}(\hat{F}'\hat{F})^{-1}\hat{F}'$ 构造投影矩阵，然后代入式（2-13），重复以上步骤直到 $\hat{\bar{\varepsilon}}_t$ 收敛。

Song（2013）将 Bai（2009）所提出的 PC 思想扩张到动态异质的面板回归模型中，如式（2-14）、式（2-15）所示。

$$y_{it} = \lambda_i y_{i,\ t-1} + \beta_i' x_{it} + u_{it} \tag{2-14}$$

$$u_{it} = \gamma_i' f_t + e_{it} \tag{2-15}$$

则待估参数系数 $\Pi_i = (\lambda_i,\ \beta_i')'$ 通过下列非线性方程序迭代直到收敛到 $\hat{\Pi}_{i,\ PC}$：

$$\hat{\Pi}_{i,\ PC} = \Big(\sum_{i=1}^{N} \Xi_i' M_{\hat{F}} \Xi_i \Big)^{-1} \sum_{i=1}^{N} \Xi_i' M_{\hat{F}} y_i \tag{2-16}$$

$$\frac{1}{NT} \sum_{i=1}^{N} (y_i - \Xi_i \hat{\Pi}_{i,\ PC})'(y_i - \Xi_i \hat{\Pi}_{i,\ PC}) \hat{F} = \hat{F}\hat{V} \tag{2-17}$$

上面非线性方程组中：$\Xi_i = \begin{bmatrix} y_{i1} & x_{i,\ 2}' \\ y_{i,\ 2} & x_{i,\ 3}' \\ \vdots & \vdots \\ y_{i,\ T-1} & x_{i,\ T}' \end{bmatrix}$。

2.4.1.2　CCE 估计方法

上述 PC 估计是从回归得到的残差中迭代提取主成分作为共同因子的代理变量。Pesaran（2003）提出 CCE 估计思路，利用因变量和回归变量的加权值作为不可测共同因子的代理变量。鉴于解释变量与因子存在一定相关性，因此 Pesaran（2003）假设解释变量与因子的关系如式（2-18）所示。

$$x_{it} = A_{it}^{'}d_t + \Gamma_i^{'}f_t + v_{it} \qquad (2\text{-}18)$$

基于式（2-5）、式（2-6）和式（2-18）可以得到式（2-19）。

$$z_{it} = \begin{pmatrix} y_{it} \\ x_{it} \end{pmatrix} = B_i^{'}d_t + C_i^{'}f_t + \xi_{it} \qquad (2\text{-}19)$$

式（2-19）中，$\xi_{it} = \begin{pmatrix} e_{it} + \beta_i^{'}v_{it} \\ v_{it} \end{pmatrix}$，$B_i = (\alpha_i \quad A_i)\begin{pmatrix} 1 & 0 \\ \beta_i & I_k \end{pmatrix}$，$C_i =$

$(\gamma_i \quad \Gamma_i)\begin{pmatrix} 1 & 0 \\ \beta_i & I_k \end{pmatrix}$。对式（2-19）等式两边同时利用权重 w_i 得到相应的加权均值，此时式（2-19）变形为

$$\bar{z}_{wt} = \bar{B}_w^{'}d_t + \bar{C}_w^{'}f_t + \bar{\xi}_{wt} \qquad (2\text{-}20)$$

式中，$\bar{z}_{wt} = \sum_{i=1}^{N} w_i z_{it}$，$\bar{B}_w = \sum_{i=1}^{N} w_i B_i$，$\bar{C}_{wt} = \sum_{i=1}^{N} w_i C_i$，$\bar{\xi}_{wt} = \sum_{i=1}^{N} w_i \xi_{it}$。基于式（2-20）可以得到共同因子的表达式：

$$f_t = (\bar{C}_w \bar{C}_w^{'})^{-1} \bar{C}_w (\bar{z}_{wt} - \bar{B}_w^{'}d_t - \bar{\xi}_{wt}) \qquad (2\text{-}21)$$

因此，从式（2-21）可以看出，不可测的共同因子是可观测共同因子 d_t、被解释变量权重均值 $\bar{z}_{wt}$ 和解释变量权重均值 $\bar{x}_{wt}$ 的线性组合。因此，定义投影矩阵：

$$\bar{M}_w = I_T - \bar{H}_w (\bar{H}_w^{'} \bar{H}_w)^{+} \bar{H}_w^{'} \qquad (2\text{-}22)$$

上式中，$\bar{H}_w = (D, \bar{z}_w)$，$\bar{z}_{wt} = (\bar{y}_{wt}, \bar{x}_{wt}^{'})^{'}$，因此待估系数为

$$\hat{\beta}_{CCE, i} = (X_i^{'} \bar{M}_w X_i)^{-1} X_i^{'} \bar{M}_w y_i \qquad (2\text{-}23)$$

Chudik 和 Pesaran（2015）将 Pesaran（2003）提出的 CCE 估计思路扩展到了动态异质面板回归模型，如式（2-14）、式（2-15）所示。Chudik 和 Pesaran（2015）将公共因子的线性替代形式代入式（2-14）得到下式：

$$y_{it} = \lambda_i y_{i, t-1} + \beta_i^{'} x_{it} + \sum_{l=0}^{p_T} \sigma_{il}^{'} \bar{z}_{w, t-l} + e_{yit} \qquad (2\text{-}24)$$

因此，式（2-24）待估参数 $\hat{\Pi}_{i,CCE} = (\tilde{\Xi}_i^{'} \bar{M}_q \tilde{\Xi}_i^{'})^{-1} \tilde{\Xi}_i^{'} \bar{M}_q \tilde{y}_i$，其中 $\bar{M}_q = I_{T-p_T} - \bar{Q}_w (\bar{Q}_w^{'} \bar{Q}_w)^{+} \bar{Q}_w^{'}$，

$$\Xi_i = \begin{bmatrix} y_{ip_T} & x_{i, p_T+1}^{'} \\ y_{i, p_T+1} & x_{i, p_T+2}^{'} \\ \vdots & \vdots \\ y_{i, T-1} & x_{i, T}^{'} \end{bmatrix}, \quad \bar{Q}_w = \begin{bmatrix} \bar{z}_{w, p_T+1}^{'} & \bar{z}_{w, p_T}^{'} & \cdots & \bar{z}_{w, 1}^{'} \\ \bar{z}_{w, p_T+2}^{'} & \bar{z}_{w, p_T+1}^{'} & \cdots & \bar{z}_{w, 2}^{'} \\ \vdots & \vdots & & \vdots \\ \bar{z}_{w, T}^{'} & \bar{z}_{w, T-1}^{'} & \cdots & \bar{z}_{w, T-p_T}^{'} \end{bmatrix}。$$

另外，Pedroni（2013）将 Pesaran（2003）提出的 CCE 估计思路扩展到了动态异质面板向量自回归模型中，形式上与本书实证分析中将用到的式（2-3）相一致。因此，关于基于 CCE 思想对动态异质且截面相关面板向量自回归模型的估计方法讨论，笔者将在第五章中给予详细说明。

2.4.2 非线性面板向量自回归模型研究

非线性面板向量自回归模型主要包括平滑转移面板向量自回归模型、参数时变面板向量自回归模型和马尔科夫面板向量自回归模型三类。为了探索我国财政政策非线性效应和非对称性问题，与本书相关的两个模型是平滑转移面板向量自回归模型和马尔科夫面板向量自回归模型，因此接下来本节将分别对这两个模型的相关文献进行梳理。

2.4.2.1 平滑转移面板向量自回归模型

为了考察不同经济周期阶段下财政支出冲击的非对称性，笔者将式（2-25）或式（2-26）引入式（2-12）：

Logistic 函数 $\quad F_{it} = 1 - \exp\left(-\beta\left(Z_{i,\,t-d} - c\right)^2\right)$ (2-25)

指数函数 $\qquad F_{it} = \left\{1 + \exp\left(-\beta\left(Z_{i,\,t-d} - c\right)\right)\right\}^{-1}$ (2-26)

最终可以得到平滑转换面板向量自回归模型：

$$y_{it} = \Gamma_1 y_{i,\,t-1} + \cdots + \Gamma_p y_{i,\,t-p} + \left(\Gamma_1^* y_{i,\,t-1} + \cdots + \Gamma_p^* y_{i,\,t-p}\right) F\left(Z_{i,\,t-d},\ \beta,\ c\right) + \lambda_i + \varepsilon_{it}$$

(2-27)

关于对式（2-27）的估计，现有文献并没有直接提及，本书主要是在以下两类文献的基础上对带交互效应平滑转换面板向量自回归模型进行了估计：一是国内学者杨继生等人（2011）讨论了非线性 PSVAR 模型的估计，其中主要涉及 PSVAR 模型。Hubrich 等人（2013）利用格点搜索法，在残差平方和最小的基础上确定了转移函数中的机制转换引导变量和转移速度，当转换引导变量和转移速度确定时，非线性 VAR 模型被转换为线性 VAR 模型。基于这个思路，杨继生等人（2011）讨论了 PSVAR 模型的估计。二是关于 PSVAR 模型的估计，杨继生等人（2011）主要是在截面不相关/不存在交互效应的基础上进行的讨论，并没有给出带交互效应平滑转换面板向量自回归模型的估计。针对这一点，叶小青（2014）进一步利用 Bai（2009）所提出的 PC 方法讨论了带交互效应的面板数据模型和带交互效应的非线性面板数据模型、带交互效应的动态面板数据模型、带交互效应的非线性动态面板数据模型。

2.4.2.2 马尔可夫面板向量自回归模型

为了考察国家层面上我国财政政策的非线性效应，王立勇和刘文革（2009）等基于如式（2-28）所示的马尔可夫向量自回归模型识别了我国财政支出政策的非线性效应潜在阶段。

$$y_t = a(s_t) + \sum_{p=1}^{P} A_p(s_t) y_{t-p} + \varepsilon_t \qquad (2\text{-}28)$$

上式中，不可观测的状态变量 $s_t = \{1, \cdots, K\}$（K 表示区制个数，这里一般认为财政支出政策的非线性效应潜在阶段分为非凯恩斯效应及凯恩斯效应两个区制，因此 $K=2$）服从 K 状态的遍历不可约的马尔可夫过程，且其转移概率为 $P(s_t = j_1 | s_{t-1} = j_2) = p_{j_2 j_1}$，$j_1, j_2 = 1, \cdots, K$，并且 $\sum_{j_1=1}^{K} p_{j_2 j_1} = 1$。

关于 MS-VAR 模型的估计，国内外学者进行了大量研究，Hamilton 等人（1990）提出 EM 算法，王立勇和刘文革（2009）主要基于此对式（2-28）进行了估计；Chib（1996）、Frühwirth-Schnatter（2007）、Sims 等人（2008）探讨了马尔可夫类模型的贝叶斯估计方法，Kim 和 Nelson（1998）、Paap 和 van Dijk（2003）、Kaufmann（2010）以及 Hamilton 和 Owyang（2012）等将其扩展到多维变量。伴随 MS-VAR 模型估计方法的成熟，国内郭庆旺等人（2007）、王立勇和高伟（2009）、王立勇和毕然（2014）等均在此基础上对财政政策非线性效应进行了分析。然而，式（2-28）中的转移概率并不随时间变化，Filardo（1994）、Filardo 和 Gordon（1998）等认为实际宏观经济中这样的假设过于苛刻，因此 Meligkotsidou 和 Dellaportas（2011）、Kaufmann（2015）等放宽了假设，在转移概率矩阵随时间变化的假设下估计 MS-VAR 模型。

为了讨论我国各省经济周期特征，Agudze 等人（2014）利用面板马尔可夫模型，如式（2-29）所示。

$$y_{it} = a_i(s_{it}) + \varepsilon_{it} \qquad (2\text{-}29)$$

式中，不可观测的状态变量 $s_{it} = \{1, \cdots, K\}$（$K$ 表示区制个数）服从 K 状态的遍历不可约的马尔科夫过程，且其转移概率为

$$P(s_{it} = j_1 | s_{it-1} = j_2) = p_{i, j_2 j_1} \qquad (j_1, j_2 \in \{1, \cdots, K\}) \qquad (2\text{-}30)$$

另外，关于各个体之间 s_{it} 的同步性问题，根据 Harding（2006）提出的三种主要假设，式（2-30）分别有以下三种形式，如式（2-31）、式（2-32）和式（2-33）所示。

$$P(s_{it} | s_{it-1}) = P_i = \begin{bmatrix} p_{i,11} & \cdots & p_{i,1K} \\ \vdots & \ddots & \vdots \\ p_{i,K1} & \cdots & p_{i,KK} \end{bmatrix} \tag{2-31}$$

$$P(s_{it} | s_{it-1}) = P = \begin{bmatrix} p_{11} & \cdots & p_{1K} \\ \vdots & \ddots & \vdots \\ p_{K1} & \cdots & p_{KK} \end{bmatrix} \tag{2-32}$$

$$P(s_t | s_{t-1}) = P = \begin{bmatrix} p_{11} & \cdots & p_{1K} \\ \vdots & \ddots & \vdots \\ p_{K1} & \cdots & p_{KK} \end{bmatrix} \tag{2-33}$$

Agudze 等人（2014）基于省级面板数据通过 BIC 信息准则判定式（2-32）成立，在贝叶斯估计框架下完成了式（2-29）的估计，并基于此实证分析确定我国省级经济周期阶段划分为紧缩、恢复和扩张三个区制，并且各省级的区制划分存在较大的差异性。

Billio 等人（2016）设定 PMS-VAR 模型讨论了欧盟和美国的经济周期特征，如式（2-34）所示。

$$Y_{it} = a_i(s_{it}) + \sum_{l=1}^{p} A_{il} Y_{it-l} + \varepsilon_{it} \tag{2-34}$$

式（2-34）与式（2-29）相比，式（2-34）中的内生变量是多元的，并且加入了内生变量的滞后项。但是，与 Agudze 等人（2014）的设定相比，Billio 等人（2016）只考虑了式（2-31）的假设成立，并在此基础上讨论了式（2-34）的先验设定和后验 Gibbs 抽样过程。

2.5 简要评析

本书主要探讨地方财政支出政策对经济增长的非线性影响，地方财政支出政策对经济增长影响的非对称性，其中包括不同省域地方财政支出政策对经济增长的影响以及不同经济周期阶段的地方财政支出政策对经济增长的影响，因此本节将主要从这三条线索进行评述现有文献。

2.5.1 关于财政政策的非线性效应研究

从现有文献来看，国内学者从国家总体层面对我国财政政策非线性效应存在性问题和非凯恩斯效应的传导机制进行了大量研究，如王立勇和刘文革（2009）、方红生和张军（2010）、储德银和李善达（2014）等均是运用国家层面财政政策时间序列数据肯定了我国财政支出政策对经济增长的非线性效应。这些文献为我们理解我国财政政策的非线性效应提供了参考，然而却缺乏从区域或省级层面对我国财政政策效应的进一步研究。鉴于在当前经济转型的背景下，地方政府扮演着日趋重要的角色，同时我国区域发展不平衡已成为经济增长过程中的突出问题，笔者认为有必要对我国省级财政政策的效应进行研究。

为了从地方政府视角探讨我国财政支出政策对经济增长的非线性效应，现有常用的时间序列 MS-VAR 模型不能直接使用，因此本书将其推广到面板 MS-VAR 模型中。关于 PMS-VAR 模型的设定和估计可以从相关模型研究梳理中获得：其一，PMS-VAR 模型的设定。Agudze 等人（2014）利用单变量静态面板马尔科夫模型探讨了我国省级经济周期问题，但是式（2-29）至式（2-33）并不能直接用于本书的研究，这是因为：一是 Agudze 等人（2014）设定的面板马尔科夫模型中的被解释变量为一个变量，并不是多变量的；二是 Agudze 等人（2014）设定的面板马尔科夫模型只考虑截距随状态变化，并没有考虑自变量的滞后项。因此，本书将常用的 MS-VAR 模型推广到面板数据中，根据各省级财政支出政策非线性效应潜在区间同步性的不同假设，设定三种形式的转移概率矩阵。其二，PMS-VAR 模型的估计。Billio 等人（2016）对其先验设定和后验 Gibbs 抽样过程进行了讨论，但是 Billio 等人（2016）虽然将 Agudze（2014）设定的单变量马尔可夫模型推广到多变量马尔可夫模型，但是仍然不能直接用于本书所使用的模型估计中。这是因为：一是 Billio 等人（2016）仍然没有考虑自变量的滞后项随状态变化，因此考虑到待估参数的增加，本书先利用分块求最优的方法得到了先验分布的初始值；二是 Billio 等人（2016）仅仅讨论了转移概率矩阵为式（2-31）的形式下 PMS-VAR 模型的估计。本书在此基础上完善了转移概率矩阵为式（2-32）和式（2-33）形式下 PMS-VAR 模型的估计，并用 AIC 准则选取最优模型形式。

2.5.2 关于不同区域财政支出政策效应的非对称性研究

现有文献都侧重一国总量或东、中、西三大经济区域层面研究财政支出政策的效应或政府支出乘数，国内学者也对不同区域下财政支出政策效应的非对称性进行了探讨。然而，从相关文献可以得出贸易开放度、政府债务水平等结构因素会影响财政支出政策的效应。鉴于我国省域经济发展的不平衡性，本书认为有必要探讨不同省域下财政支出政策效应的非对称性。

为了探讨各省级财政支出政策对产出的影响是否存在差异性，本书将截面相关以及动态异质性引入常用的 PSVAR 模型中。截面相关且动态异质的 PSVAR 模型的估计难点在于面板模型中截面相关的处理，关于这一点本书分别对 CCE 和 PC 方法进行了详细的梳理。其中，Pedroni（2013）基于 CCE 思想讨论了截面相关且动态异质的 PSVAR 模型的估计。但是，鉴于两种处理截面相关的方法孰优孰劣并没有定论，本书也将讨论 PC 方法用于截面相关且动态异质的 PSVAR 模型的估计，并且基于实证数据利用蒙特卡罗模拟比较两种估计方法的拟合效果。

关于什么因素导致各省级财政支出政策效应存在差异性，本书对相关文献进行总结发现，与国外文献相比，国内很少有文献对此进行探讨。因此，本书又分析了各省级结构性因素对其财政政策效应的作用方向。

2.5.3　关于不同经济周期财政支出政策效应的非对称性研究

我国财政支出政策对经济增长的影响与经济状态有关，因此国内外学者开始关注各国财政支出政策的产出效应与经济周期之间的关系。关于不同经济周期下财政支出政策效应的非对称性研究，与国外文献相比，国内文献较少，并且均是运用国家层面时间序列数据。基于 STVAR 模型进行实证分析与经济扩张时期相比，我国财政支出政策对经济增长的促进作用在经济衰退时期更显著。在当前经济转型的背景下，地方政府扮演着日趋重要的角色，从地方视角探讨不同经济周期阶段下财政支出政策对经济增长的影响是有必要的，并且鉴于不同类型财政支出对经济增长将存在不同的影响（饶晓辉和刘方，2014；武晓利和晁江锋，2014），本书也将进一步从地方政府视角探讨财政支出结构的周期特征。

3 中国地方财政支出政策的现状及特征分析

在对中国地方财政支出政策的效应进行严格的实证分析之前，本章首先从地方财政支出规模和结构两方面对我国地方财政支出现状进行分析；其次，构造地区生产总值的变化与财政支出的变化的比值作为政府支出乘数的粗略衡量标准，从时间和区域两个角度观察地方政府支出乘数的特征；最后，对上述两部分结果进行总结。

3.1 中国地方财政支出政策现状

财政支出政策作为财政政策的重要手段之一，自改革开放以来，伴随"分灶吃饭"等一系列财政体制改革的实施，我国公共财政支出中地方财政支出的比重不断加大，如图 3.1 所示。

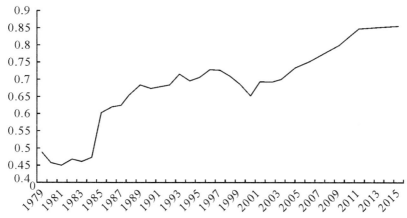

图 3.1 地方公共财政支出占全国公共财政支出比重

图 3.1 中的实线表示地方公共财政支出占全国公共财政支出的比重，其中地方公共财政支出和全国公共财政支出数据均来源于《中国统计年鉴2016》；从图 3.1 中的实线走势来看，地方财政支出在全国公共财政支出中的比重整体呈现上升趋势，由 1979 年的 49%上升到 2015 年的 85%，这说明地方政府在我国财政支出政策实施中扮演着日趋重要的角色。

另外，图 3.1 给出了我国地方财政支出规模的变化趋势。为了观察我国地方财政支出结构的变化形势，笔者基于《中国统计年鉴2016》中地方财政支出各项数据分类加总分别得到财政投资性支出、财政消费性支出、财政服务性支出和财政转移性支出。图 3.2 给出了 1995—2015 年我国地方财政不同支出类型占地方总财政支出的比重。

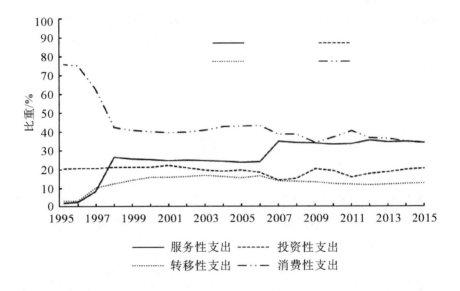

图 3.2 1995—2015 年我国地方财政各项目支出占总地方财政支出的比重

政府投资性支出包括经济建设、基础设施等。由于 2007 年前后财政支出分类进行了很大的调整，因此 1995—2006 年基于基本建设、企业挖潜改造资金和城市维护费的加总得到政府投资性支出。

政府服务性支出可以被看作人力资源投资和科学研发投资支出。Barro（1990）认为国防支出有助于保护产权，因此也将其归为政府服务性支出。故政府服务性支出包括科教文卫、公共安全、国防等方面支出（武晓利和晁江锋，2014）。

政府转移性支出包括抚恤和社会福利救济费、社会保障就业支出、行政事业单位离休退休支出及政策性补贴支出（中国社会科学院财政与贸易经济研究所课题组，2010）。

政府消费性支出为地方政府总支出减去政府投资性支出、政府服务性支出及政府转移性支出后剩余的部分。

从图3.2可以看出，1995—2015年我国地方政府支出结构发生了较大的变化。总体来看，我国地方政府减少了大量政府消费性支出，增加了政府转移性支出和政府服务性支出，政府投资性支出在整个样本区间内基本维持不变。例如，1995年我国地方政府支出中消费性支出和投资性支出分别占了75%和20%，而转移性支出和服务性支出总共只占了5%左右，随后我国地方政府减少了大量消费性支出，增加了服务性支出和一定的转移性支出，投资性支出有少量的减少趋势；2015年，我国地方财政支出中消费性支出和服务性支出分别约占35%，转移性支出增加到10%，剩下的为投资性支出。因此，总体来说，1995—2015年我国地方政府减少消费性支出，主要增加了服务性支出和转移性支出。

从图3.1和图3.2可以看出，我国地方政府在财政政策实施中的重要性日趋明显，并且地方财政支出结构也发生了较大变化。因此，本书不仅探讨地方财政支出规模对产出的影响，还将对地方财政支出结构的产出效应进行分析。

3.2　中国地方财政支出政策特征

为了进一步探讨地方财政支出规模和地方财政支出结构对经济增长的影响，笔者利用地区生产总值变化与地方政府支出变化的比重作为政府支出乘数的粗略衡量标准，在此基础上分别得到地方财政总支出乘数和不同财政支出项目对应的支出乘数，并分别从时间维度和区域维度两方面对其进行分析。

3.2.1　从时间维度上分析

笔者首先以1978年为基期的CPI数据对地方公共财政支出、财政投资性支出、财政消费性支出、财政服务性支出以及财政转移性支出去通胀得到实际地方公共财政支出、实际财政投资性支出、实际财政消费性支出、实际财政服务性支出和实际财政转移性支出。其次，对实际地方公共财政支出、实际财政投资性支出、实际财政消费性支出、实际财政服务性支出和实际财政转移性支出取对数，实际地方公共财政支出、实际财政投资性支出、实际财政消费性支出、实际财政服务性支出和实际财政转移性支出增长率是其对应的对数差，其中 CPI 数据来源于《中国统计年鉴 2016》。我国实际产出缺口率，即利用 HP 滤波对实际地区生产总值进行趋势分解得到地区潜在生产总值；再计算实际地区生产总值与地区潜在生产总值的差值。最后，利用上一步计算得到的差值除以地区潜在生产总值即可得到实际产出缺口率（储德银和崔莉莉，2014）。

3.2.1.1　地方财政支出规模对产出的影响特征分析

图 3.3 是 1979—2015 年我国地区生产总值变化与地方公共财政支出变化的比值在整个样本区间内的变化趋势，作为我国政府支出乘数的粗略估计。

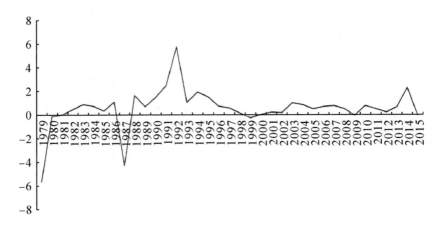

图 3.3　1979—2015 年我国地区生产总值变化与地方财政支出变化的比值

通过观察图 3.3 可以得到以下两个基本结论：

第一，1979—2015 年整个样本区间内政府支出乘数既表现为正值又表现为负值，其中 1979—1980 年、1987 年、1999 年、2009 年和 2015 年政府支出乘数小于零，其他样本区间内的政府支出乘数均大于零。这说明我国地方公共财政支出政策对经济增长表现为非凯恩斯效应与凯恩斯效应交替出现，即肯定了我国地方财政支出政策对经济增长的非线性效应。针对财政支出政策表现为非凯恩斯效应的样本区间，联系图 3.4 中所对应的实际地方公共财政支出增长率发现，1979—1980 年和 1987 年对应实际地方公共财政支出增长率均小于零，这意味着地方政府由积极财政政策转向紧缩型财政政策更容易导致财政政策呈现出非凯恩斯效应。另外，1999 年、2009 年和 2015 年对应实际地方公共财政支出增长率均大于零，扩张型财政政策也可能表现为非凯恩斯效应。

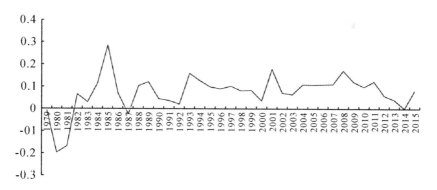

图 3.4　1979—2015 年我国地方公共财政支出增长率

第二，1979—2015 年整个样本区间内政府支出乘数的大小并没有基本稳定在一个确定的值上，其中以 1998 年为分水岭。与 1998—2015 年相比，1979—1997 年政府支出乘数波动性较大，1981—1986 年和 1988—1997 年政府支出乘数均大于零，并且 1992 年政府支出乘数达到极大值。这说明此时财政支出政策对经济增长的促进作用很显著，联系图 3.5 中的实际产出缺口率，储德银和崔莉莉（2014）等利用实际产出缺口率与临界值的关系确定经济所处的状态，即经济繁荣时期对应实际产出缺口率大于零，经济衰退时期对应实际产出缺口率小于零。笔者发现，经济衰退时期财政支出政策对经济增长的促进作用更加显著，对 1998—2015 年政府支出乘数进行考察也可以得到同样的结论，其中 2003 年和 2014 年政府支出乘数分别达到极大值，同时对应小于零的实际产出缺口率。

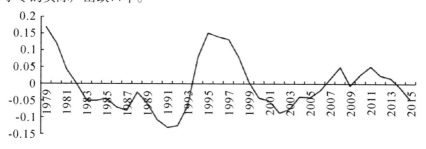

图 3.5　实际产出缺口率

3.2.1.2　地方财政支出结构对产出的影响特征分析

图 3.3 至图 3.5 均是对我国公共财政支出效应的粗略认识。接下来，笔者将通过图 3.6 至图 3.7 试图讨论财政支出结构对经济增长的影响。图3.6 是地区生产总值变化与地方公共财政不同支出项目变化的比值在整个样本区间内的变化趋势，作为我国不同支出类型政府支出乘数的粗略估计。图 3.7 代表地方公共财政不同支出项目的实际增长率。

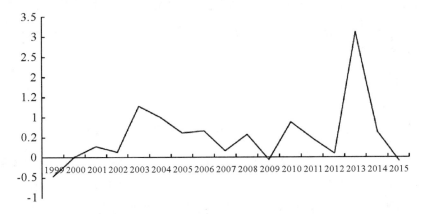

（1）服务性支出

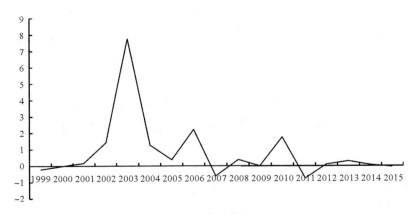

（2）投资性支出

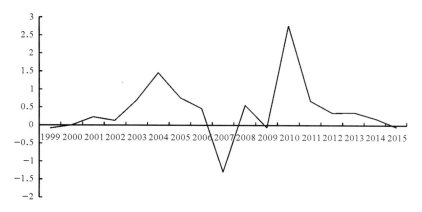

（3）转移性支出

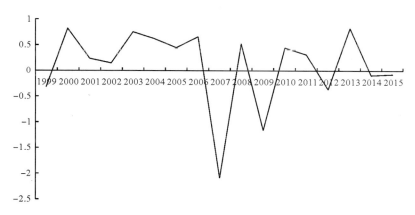

（4）消费性支出

图 3.6　地区生产总值变化与地方财政各项目支出变化之比

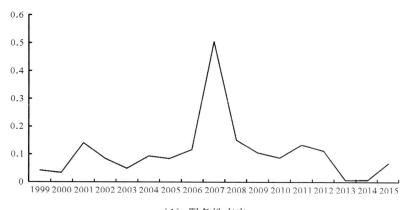

（1）服务性支出

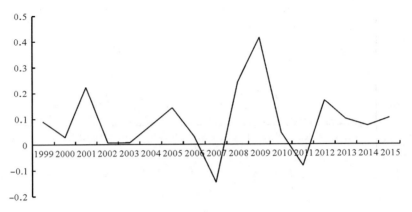

（2）投资性支出

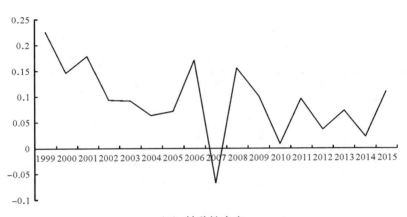

（3）转移性支出

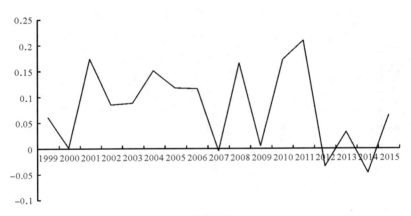

（4）消费性支出

图 3.7　实际地方财政各项目支出增长率

中国地方财政支出政策的特征及效应研究

联系图 3.7，通过对图 3.6 观察可以得出以下四个基本结论：

第一，从图 3.6（1）可以看出，服务性支出乘数在整个样本区间内基本都大于零（1999 年除外），并且近年来服务性支出乘数相较于之前表现为较大值，特别是在 2013 年表现为极大值 3。图 3.7（1）代表实际服务性支出增长率，并且地方政府在整个样本区间均采取积极服务性支出政策。另外，2003 年和 2013 年较大服务性政府支出乘数实际缺口率小于零，这说明经济衰退时期服务性支出政策对经济增长的促进作用将增强。

第二，从图 3.6（2）可以看出，投资性支出乘数在整个样本区间内既有正值又有负值，其中 2003 年投资性支出乘数达到极大值 8，表明经济衰退时期投资性支出政策对经济增长的促进作用将增强，并且与 2007 年之后相比，2007 年之前投资性支出乘数波动变化更加明显，取值更大。另外，观察图 3.6（2）与图 3.7（2）可以得出，投资性支出政策由扩张型转换为紧缩型时刻对应投资性支出政策的非凯恩斯效应区间。

第三，如图 3.6（3）所示，除了 2007 年政府转移性支出乘数显著小于零以外，其他样本区间内基本大于零。联系 3.7（3）来看，转移性支出增长率均大于零，并且呈现下降趋势，即 2007 年地方转移性支出政策由扩张型突然转换为紧缩型，随后一直是扩张型。

第四，图 3.6（4）中的消费性支出乘数在整个样本区间内既有正值又有负值，其中 1999 年、2007 年、2009 年、2012 年和 2014—2015 年消费性支出乘数均小于零，并且 2007 年消费性支出乘数达到最小值-5，这对应了图 3.7（4）中的紧缩型服务性支出政策样本区间。

从相应政府支出乘数的粗略估计来看，首先我国地方政府支出乘数有负值，这说明地方财政支出政策对经济增长会表现出非凯恩斯效应，并且多对应于紧缩型财政政策，同样的政府投资性支出、政府消费性支出、政府转移性支出和政府服务性支出对经济增长的影响也均表现出非线性效应；其次，经济衰退时期财政支出政策对经济增长的促进作用更加显著，政府投资性支出、政府消费性支出政策对经济增长的促进作用同样在经济衰退时期更显著；最后，总体来看，我国地方财政总支出对经济增长在 1998 年之后均是促进作用，其中服务性支出、投资性支出和转移性支出对经济增长多为促进作用，消费性支出多为抑制作用。具体而言，近年来，服务性支出和转移性支出对经济增长的促进作用更强，投资性支出对经济增长的促进作用减弱，消费性支出由原来的促进作用变为抑制作用。

3.2.2　从区域维度上分析

基于我国各省级数据可以得到各省级财政支出规模、财政服务性支出、财政投资性支出、财政转移性支出、财政消费性支出增长率变化趋势以及相应政府支出乘数的粗略估计，观察各省级相应政府支出乘数的粗略估计可以发现，不同省级财政支出规模以及财政支出结构对产出的影响都存在较大差异。下面以北京和天津为例进行详细说明。

图 3.8 是利用北京、天津地区生产总值变化与地方财政支出变化的比例作为政府支出乘数的粗略代表变量。从图 3.8 可以看出，总体而言，以 1994 年为分界点，1994 年之后北京市和天津市政府支出乘数基本均大于零，并且趋势大致相同；1994 年之前北京市和天津市政府支出乘数在样本区间内有正有负，这说明两个省市财政支出政策对经济增长的影响存在非线性效应，但是两个省级政府支出乘数为负所对应的样本区间存在巨大差异，如 1980—1985 年天津市政府支出乘数为负，而北京市政府支出乘数在此区间为正。

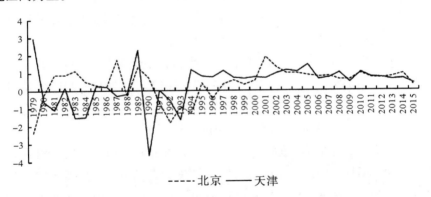

----- 北京 ——— 天津

图 3.8　北京、天津地区生产总值变化与地方政府支出变化的比值

图 3.9 是利用北京、天津地区生产总值变化与地方财政各项目支出变化的比值作为相应政府支出乘数的粗略代表变量，观察图 3.9（1）至图 3.9（4）可以发现，就各类政府支出乘数在样本区间内的变化趋势而言，北京市和天津市也存在很大差异性，如北京市、天津市政府服务性支出、政府投资性支出和政府消费性支出对经济增长均有非凯恩斯效应，但是其非凯恩斯效应出现的样本区间并不一致。综合图 3.8 和图 3.9 发现，若以地区生产总值的变化与地方财政支出变化的比值作为政府支出乘数的粗略

估计来看，不同省级财政支出政策和财政支出结构对经济增长的影响效果存在差异性。

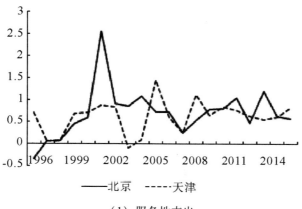

（1）服务性支出

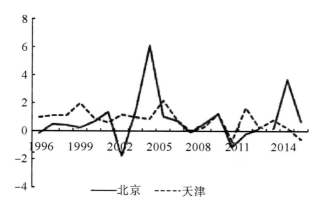

（2）投资性支出

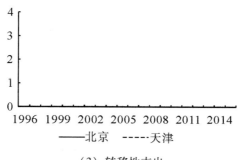

（3）转移性支出

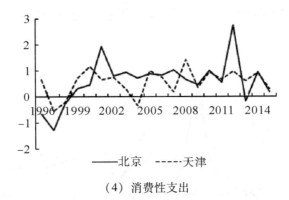

（4）消费性支出

图 3.9　北京、天津地区生产总值变化与地方财政各项目支出变化的比值

3.3　本章小结

　　笔者通过分析我国公共财政支出中地方财政支出的比重变化趋势发现，我国地方政府在财政支出政策实施中担负着日趋重要的角色，又对地方财政不同支出类型占地方总财政支出比例的变化趋势进行分析认为地方财政支出结构也发生了较大变化。基于此，本书将探讨财政支出规模和财政支出结构对产出的影响。在此之前，笔者构造地区生产总值变化与地方财政支出变化的比值作为政府支出乘数的粗略衡量标准。关于我国地方财政支出政策的效应，从时间和区域两个维度进行分析得出以下四个基本特征：

　　特征一，我国地方财政支出乘数在整个样本区间内有正有负，这说明我国地方财政支出政策对经济增长存在非线性效应；政府投资性支出乘数、政府消费性支出乘数、政府转移性支出乘数和政府服务性支出乘数在整个样本区间内均有正有负，这说明我国政府投资性支出、政府消费性支出、政府转移性支出和政府服务性支出政策也均存在非线性效应；并且财政支出政策由扩张型向紧缩型转换时最容易对经济增长表现为非凯恩斯效应。

　　特征二，经济衰退时期地方财政支出政策对经济增长的促进作用更加显著，政府投资性支出、政府消费性支出政策对经济增长的促进作用同样在经济衰退时期更显著。

特征三，总体来看，我国地方财政支出规模对经济增长在 1999 年之后均为促进作用，其中服务性支出、投资性支出和转移性支出对经济增长多为促进作用，消费性支出多为抑制作用。具体而言，近年来，服务性支出和转移性支出对经济增长的促进作用更强，对投资性支出的促进作用减弱，消费性支出由原来的促进作用变为抑制作用。

特征四，对于不同省份而言，政府支出乘数在整个样本区间内都存在负值情况，但负值所对应样本区间并不一致，这说明我国省级财政支出政策对经济增长的影响存在差异性。对不同省份而言，政府投资性支出乘数、政府消费性支出乘数、政府转移性支出乘数和政府服务性支出乘数在整个样本区间内都存在负值情况，但负值所对应样本区间并不一致，这说明我国省级财政支出结构对经济增长的影响存在差异性。

地区生产总值变化与地方政府支出变化的比值仅仅只能在统计意义上代表地方政府支出乘数，因此接下米本书力图通过严格实证分析，探讨以上特征的可靠性，即对我国地方财政支出政策的非线性和非对称性进行探讨。

4 中国省级财政支出政策的非线性效应研究

在第三章的基础上，从利用地区生产总值变化率与财政支出变化率的比值作为政府支出乘数的粗略估计来看，特征一表明我国地方财政支出政策具有非线性效应，特征四表明我国各省级财政支出政策均存在非线性效应，并且各省级非线性效应所对应的样本区间相互不一致。本章将对以上两个特征的可靠性进行更严谨的实证研究。

4.1 PMS-VAR 模型的设定

为了讨论财政支出政策的非线性效应，一个首要问题是如何划分财政支出政策对经济增长表现为非凯恩斯效应的潜在时期。目前，根据财政支出政策非线性效应潜在时期划分的不同，国内外实证研究可以分为以下两种方法：第一种是采用外生定义非凯恩斯效应潜在阶段，即通过主观判断或简单统计法确定非凯恩斯效应潜在时期的临界值和持续时期，例如，储德银和闫伟（2012）利用三种财政调整时期定义对 1979—2009 年我国财政政策非凯恩斯效应的潜在时期进行划分；方红生和张军（2010）在利用省级面板数据对我国地方财政支出政策非线性效应进行考察时，考虑到了我国区域经济发展的不平衡，在确定非凯恩斯效应潜在时期时，对于不同区域参考了不同的临界值。第二种是内生检验非线性效应的潜在时期。与外生划分相比较，第二种方法可以避免识别非线性效应潜在阶段的主观性，因此本书将采用第二种方法进行实证分析。对已有文献进行总结笔者发现，国内外通常基于 MS-VAR 类模型从财政支出政策数据自身出发内生的识别非线性效应潜在时期，如王立勇和刘文革（2009）运用我国 1952—

2008 年的年度数据，基于如式（4-1）的 MS-VAR 模型识别了我国财政支出政策的非凯恩斯效应潜在阶段。

$$y_t = a(s_t) + \sum_{p=1}^{P} A_p(s_t) y_{t-p} + \varepsilon_t \qquad (4-1)$$

式中，$y_t = (g_t, Tax_t, gdp_t)'$ 分别表示财政支出、税收和国内生产总值。p 代表滞后阶数，通过 AIC、BIC 等信息准则来判定。$\varepsilon_t \sim N(0, \Sigma)$，$\Sigma$ 是正定矩阵。不可观测的状态变量 $s_t = \{1, \cdots, K\}$（K 表示区制个数，这里一般认为财政支出政策的效应分为非凯恩斯效应和凯恩斯效应两个区制，因此 $K = 2$）服从 K 状态的遍历不可约的马尔科夫过程，且其转移概率为：

$$P(s_t = j_1 | s_{t-1} = j_2) = p_{j_2 j_1}, j_1, j_2 = 1, \cdots, K，并且 \sum_{j_1 = 1}^{K} p_{j_2 j_1} = 1。王立勇和刘$$

文革（2009）通过 EM 算法实现了模型（4-1）的估计，并基于此识别出 1952—2008 年我国总财政支出政策效应表现为非凯恩斯效应的样本区间为 1953—1982 年、1987—1990 年和 1994—1995 年。但是，基于本章的研究目的，为了实现省级财政政策的非线性效应的探讨，上述模型仍然存在两个缺点：其一，模型（4-1）基于时间序列数据，主要考虑的是国家层面财政总支出政策的效应，伴随地方政府在宏观经济中扮演的角色日趋重要，有必要从地方政府视角探讨地方财政支出对经济增长的效应，而模型（4-1）并不能直接用于对省级财政政策非线性效应的研究；其二，模型（4-1）中方差协方差矩阵设定为一成不变，不随状态变量变化。潘长春等人（2017）运用带随机波动率的参数时变 VAR 模型对我国宏观经济问题进行分析，认为这类参数以及方差协方差矩阵都时变的模型可以同时刻画模型的短期和长期的渐进变化趋势，与参数时变 VAR 类模型相比，更能捕捉到我国经济运行内在结构的潜变特征。

综上所述，为了探讨省级财政支出政策对经济增长是否存在非线性效应，一方面将王立勇和刘文革（2009）的 MS-VAR 模型（4-1）扩展到面板数据分析，另一方面考虑方差协方差矩阵与状态变量相关，最终得到面板马尔可夫向量自回归模型（PMS-VAR）：

$$y_{it} = a_i(s_{it}) + \sum_{p=1}^{P} A_{ip}(s_{it}) y_{it-p} + \varepsilon_{it} \qquad \varepsilon_{it} \sim N(0, \Sigma_i(s_{it})) \qquad (4-2)$$

式中，$y_{it} = (g_{it}, Tax_{it}, gdp_{it})'$ 包含 3 个内生变量的列向量，不可观测的状态变量 $s_{it} = \{1, \cdots, K\}$（$K$ 表示区制个数）服从 K 状态的遍历不可约的马尔可夫过程，且其转移概率为

$$\mathrm{P}(s_{it} = j_1 \mid s_{it-1} = j_2) = p_{i,\, j_2 j_1} \qquad (j_1,\ j_2 \in \{1,\ \cdots,\ K\}) \qquad (4\text{-}3)$$

另外，关于各省份之间 s_{it} 的同步性问题，Harding（2006）提出了三种主要假设。Agudze 等人（2014）在此基础上对我国省级经济周期特征进行了实证分析。基于不同假设模型（4-2）具有不同的形式和估计，联系到实证内容，本书提出假设 1 至假设 3。

假设 1：各省级财政支出政策非线性效应潜在时期完全不同步。

这个假设实际认为各省级财政支出政策非线性效应区间是完全独立的，即省级的状态变量 s_{it} 完全独立，各省级拥有不同的转移概率矩阵：

$$\mathrm{P}(s_{it} \mid s_{it-1}) = P_i = \begin{bmatrix} p_{i,\,11} & \cdots & p_{i,\,1K} \\ \vdots & \ddots & \vdots \\ p_{i,\,K1} & \cdots & p_{i,\,KK} \end{bmatrix} \qquad (4\text{-}4)$$

与 Billio 等人（2016）主要探讨的 PMS-VAR 设定一致。

假设 2：各省级财政支出政策非线性效应潜在时期不完全同步。

与假设 1 相比较，假设 2 认为各省级财政支出政策非线性效应区间虽然是完全独立的，即省级的状态变量 s_{it} 完全独立，但是各省级拥有相同的转移概率矩阵：

$$\mathrm{P}(s_{it} \mid s_{it-1}) = P = \begin{bmatrix} p_{11} & \cdots & p_{1K} \\ \vdots & \ddots & \vdots \\ p_{K1} & \cdots & p_{KK} \end{bmatrix} \qquad (4\text{-}5)$$

假设 3：各省级财政支出政策非线性效应潜在时期完全同步。

这个假设表示各省级财政支出政策非线性效应区间不仅是完全相同的，即状态变量 $s_{it} = s_t$，而且各省级拥有相同的转移概率矩阵：

$$\mathrm{P}(s_t \mid s_{t-1}) = P = \begin{bmatrix} p_{11} & \cdots & p_{1K} \\ \vdots & \ddots & \vdots \\ p_{K1} & \cdots & p_{KK} \end{bmatrix} \qquad (4\text{-}6)$$

若式（4-6）成立，则说明第三章中所得特征四与我国实际数据并不拟合。另外，在式（4-4）、式（4-5）及和（4-6）的基础上，模型（4-2）有三种不同的模型形式和估计方法。下面依次对其估计方法做简要说明。

4.2 PMS-VAR 模型的估计

在介绍模型（4-2）的估计之前，为了清楚地定义参数的变化及简化模型（4-2）的表达形式，笔者首先定义以下示性函数：

$$\xi_{ikt} = \mathrm{I}(s_{it} = k) = \begin{cases} 1 & (s_{it} = k) \\ 0 & otherwise \end{cases} \tag{4-7}$$

上式中，$k = 1, \cdots, K$，$i = 1, \cdots, N$，$t = 1, \cdots, T$。定义 $\xi_{it} = [\xi_{i1t}, \cdots \xi_{iKt}]'$ 包含第 i 个个体在同一样本时间 t 的所有马尔科夫链信息，那么根据式（4-7），模型（4-2）中的参数可以写为

$$a_i(s_{it}) = \sum_{k=1}^{K} a_{i, k} \xi_{ikt}, \quad A_{ip}(s_{it}) = \sum_{k=1}^{K} A_{ip, k} \zeta_{ilt}, \quad \Sigma_i(s_{it}) - \sum_{k=1}^{K} \Sigma_{ik} \xi_{ikt} \tag{4-8}$$

式中，截距项 $a_{i, k} = (a_{i, 1k}, \cdots, a_{i, Mk})'$ 为 M 维的列向量，滞后项系数和方差协方差矩阵 $A_{ip}(s_{it})$ 及 $\Sigma_i(s_{it})$ 均为 $M \times M$ 维矩阵。本章主要研究财政支出政策对产出的非线性效应，因此由模型（4-2）可知内生变量个数 M 取 3，K 取 2。基于式（4-7）、式（4-8），模型（4-2）等价于：

$$y_{it} = \xi_{i1t} X_{it} \gamma_{i1} + \xi_{i2t} X_{it} \gamma_{i2} + \cdots + \xi_{i1Kt} X_{it} \gamma_{iK} + \varepsilon_{it} \quad \varepsilon_{it} \sim N(0, \Sigma_i(\xi_{it})) \tag{4-9}$$

式中，$X_{it} = I_M \otimes [1 \quad y'_{it-1}, \cdots, y'_{it-p}]'$，$\Sigma_i(\xi_{it}) = \Sigma_i(\xi_{it} \otimes I_M)$，$\Sigma_i = (\Sigma_{i1}, \cdots, \Sigma_{iK})$，$\gamma_{ik} = vec((a_{i, k}, A_{i1, k}, \cdots, A_{iP, k})')'$。

关于模型（4-2）的估计，国内外文献鲜有讨论，其中 Billio 等人（2016）分别讨论了 PMS-VAR 模型的先验分布设定，并且借鉴 Frühwirth（2007）提出的向前滤波向后抽样 FFBS（Forwarding-Filtering Backward Sampling，FFBS）方法对潜在状态变量进行抽样，完成了 PMS-VAR 模型的估计，并基于 PMS-VAR 模型讨论了欧盟和美国的经济周期划分。与 Billio 等人（2016）讨论的 PMS-VAR 模型相比，本书使用的模型（4-2）存在以下两个不同之处：一是 Billio 等人（2016）在 Krolzig（2000）、Anas 等人（2008）的基础上设定只有个体截距项及方差协方差矩阵与区制转换状态有关，滞后项系数不随状态变量变化，即认为式（4-8）中的 $A_{ip, k} = A_{ip}$。为了讨论财政支出政策是否存在非线性效应，将滞后项系数也设定为是随状态变量变化的，如式（4-8），因此利用 Sims 等人（2008）所得结

论分块求最优确定先验分布的初始值。二是 Billio 等人（2016）假设欧盟各国之间经济周期潜在时期是完全独立的，只考虑了假设 1 的情况。本书借鉴 Agudze 等人（2014）的思路，从我国省级面板数据出发基于 AIC 等信息准则检验了模型（4-2）转移概率矩阵的三种形式。

4.2.1 先验分析

Billio 等人（2016）假设模型（4-2）中的参数与方差-协方差矩阵分别服从独立的共轭先验，即参数服从独立正态分布：

$$\gamma_{ik} \sim N(\lambda_{ik}, \underline{\Sigma}_{ik}), i = 1, \cdots, N, k = 1, \cdots, K \quad (4-10)$$

式中，$\mathrm{cov}(\lambda_{ik}, \lambda_{jk}) = O(i \neq j)$，表示个体之间相互独立。另外，假设方差-协方差矩阵的逆服从 Wishart 先验：

$$\Sigma_{ik}^{-1} \sim W(\nu_{ik}/2, r_{ik}/2), i = 1, \cdots, N, k = 1, \cdots, K \quad (4-11)$$

上式中，$v_{ik}/2$ 及 $r_{ik}/2$ 分别是第 i 个个体对应的参数自由度以及精度，并且假设 $\mathrm{cov}(\Sigma_{ik}^{-1}, \Sigma_{ik}^{-1}) = 0$。对于转移概率矩阵的行向量 p_{i, j_2}，$j_2 = 1$，$\cdots$，K 服从独立的 Dirichlet 分布：

$$(p_{i, j_21}, \cdots, p_{i, j_2K}) \sim Dir(\delta_{i1}, \cdots, \delta_{iK}) \quad (4-12)$$

上式中，$\delta_{i, j} = \delta_i$，$(j = 1, \cdots, K)$。式（4-10）、式（4-11）和式（4-12）是在式（4-4）成立条件下模型（4-2）的先验设定。在式（4-5）成立条件下模型（4-2）对应的参数和方差-协方差矩阵先验分布与式（4-10）、式（4-11）一致。转移概率矩阵先验分布如下：

$$(p_{j_21}, \cdots, p_{j_2K}) \sim Dir(\delta_1, \cdots, \delta_K) \quad (4-13)$$

上式中，$\delta_j = \delta$，$(j = 1, \cdots, K)$。在式（4-6）成立条件下对应的转移概率矩阵先验分布与式（4-13）一致，而参数以及方差-协方差矩阵先验分布分别如下：

$$\gamma_k \sim N(\lambda_k, \underline{\Sigma}_k), \Sigma_k^{-1} \sim W(\nu_k/2, r_k/2), k = 1, \cdots, K \quad (4-14)$$

在本章实证分析中，关于先验分布中初值的设定，笔者通过模型（4-2）的似然函数（4-15）求最优得到先验分布中参数的初始值：

$$L(y|\zeta, \gamma, \Sigma, p) = \prod_{i=1}^{N} L(y_i | \zeta_i, \gamma_i, \Sigma_i, P_i) \quad (4-15)$$

在式（4-4）至式（4-6）不同假设下，式（4-15）中的 $L(y_i, \zeta|\gamma_i, \Sigma_i, P)$ 分别为

$$L(y_i, \mid \zeta_i, \gamma_i, \Sigma_i, P_i) = (2\pi)^{-\frac{TM}{2}} \prod_{t=1}^{T} |\Sigma_i(s_{it})|^{-\frac{1}{2}} \exp\{-$$

$$\frac{1}{2} u'_{it} \Sigma_i (s_{it})^{-1} u_{it}\} \prod_{k, l=1}^{K} p_{i, kl}^{\zeta_{ikt} \zeta_{ilt-1}} \qquad (4-16)$$

$$L(y_i \mid \zeta_i, \gamma_i, \Sigma_i, P_i) = (2\pi)^{-\frac{TM}{2}} \prod_{t=1}^{T} |\Sigma_i(s_{it})|^{-\frac{1}{2}} \exp\{-$$

$$\frac{1}{2} u'_{it} \Sigma_i (s_{it})^{-1} u_{it}\} \prod_{k, l=1}^{K} p_{kl}^{\zeta_{ikt} \zeta_{ilt-1}} \qquad (4-17)$$

$$L(y_i \mid \zeta_i, \gamma_i, \Sigma_i, P_i) = (2\pi)^{-\frac{TM}{2}} \prod_{t=1}^{T} |\Sigma(s_t)|^{-\frac{1}{2}} \exp\{-$$

$$\frac{1}{2} u'_{it} \Sigma_i (s_i)^{-1} u_{it}\} \prod_{k, l=1}^{K} p_{kl}^{\zeta_{kt} \zeta_{lt-1}} \qquad (4-18)$$

其中，$u_{it} = y_{it} - (\zeta'_{it} \otimes I_M) X_{it} \gamma_i$。本书采用 Sim 等人（2008）提出的分块求最优方法。一是给定方差-协方差矩阵 Σ^0 和转移概率矩阵 P^0，通过最大化式（4-15）得到参数 γ^1 的估计值；二是给定转移概率矩阵 P^0 和参数 γ^1，通过最大化式（4-15）得到方差-协方差矩阵 Σ^1 的估计值；三是给定方差-协方差矩阵 Σ^1 和参数 γ^1，通过最大化式（4-15）得到转移概率矩阵 P^1 的估计值；四是对前三步进行重复迭代 rept 次，最终得到参数 γ^{rept}、方差-协方差矩阵 Σ^{rept}、转移概率矩阵 P^{rept}，并且通过 FFBS 方法得到状态变量 ζ^{rept}，并将其作为先验分布式（4-10）至式（4-14）相应参数的初始值。

另外，Celeux（1998）、Frühwirth（2001）等提出马尔可夫类模型中存在区制识别的问题，因此 Billio 等人（2016）借鉴 Frühwirth（2001）的思路，将经济周期分为收缩、扩张等状态，对参数施加以下识别条件：

$$\gamma_{im1} < \gamma_{im2} < \cdots < \gamma_{imK}, \quad m = 1, \cdots, M \qquad (4-19)$$

鉴于本章的研究目的，探讨中国省级财政支出政策的非线性效应，等价于识别中国省级财政支出政策非凯恩斯效应和凯恩斯效应区间。其中，凯恩斯效应是指伴随财政支出的增加，产出将显著增加；非凯恩斯效应是指财政支出增加对经济增长不存在显著影响或影响为负，表现为政府支出乘数为零或为负，综上所述，本书依照 Billio 等人（2016）的思路，针对产出方程政府支出变量前面的待估参数施加如式（4-19）的识别条件。

4.2.2 Gibss 抽样

本部分将在上一节先验分布的基础上，对 PMS-VAR 模型（4-2）参数的后验分布进行 Gibbs 抽样（Krolzig，1997；Frühwirth，2007）。首先定义 $\gamma_{i(-k)} = (\gamma_{i1}, \cdots, \gamma_{ik-1}, \gamma_{ik+1}, \cdots, \gamma_{iK})$，$\Sigma_{i(-k)} = (\Sigma_{i1}, \cdots, \Sigma_{ik-1}, \Sigma_{ik+1}, \cdots, \Sigma_{iK})$，那么基于 Gibbs 抽样进行下列迭代可以得到相应参数的估计：

步骤一，从参数 γ_{ik} 中抽取。对于式（4-4）、式（4-5）假设下的模型（4-2）的参数，每个个体 $i = 1, \cdots, N$ 分别进行 Gibbs 抽样，从后验分布 $f(\gamma_{ik} | y_i, \Xi_i, \gamma_{i(-k)}, \Sigma)$ 中抽取 γ_{ik}。此时后验密度服从正态分布如式（4-20）所示。

$$f(\gamma_{ik} | y_i, \Xi_i, \gamma_{i(-k)}, \Sigma) \propto N(\bar{\lambda}_{ik}, \bar{\Sigma}_{ik}) \qquad (4-20)$$

式中，$\Xi_i = (\zeta_{i1}, \cdots, \zeta_{iT})$，$\bar{\lambda}_{ik} = \bar{\Sigma}_{ik}^{-1}(\Sigma_{ik}^{-1}\lambda_{ik} + \sum_{t \in T_{ik}} X'_{ikt}\Sigma_{it}^{-1}y_{ikt})$，$\bar{\Sigma}_{ik}^{-1} = \Sigma_{ik}^{-1} + \sum_{t \in T_{ik}} X'_{ikt}\Sigma_{it}^{-1}X_{ikt}$，$T_{ik} = \{t | \xi_{ikt} = 1, t = 1, \cdots, T\}$。对于式（4-6）假设下的模型参数，从后验分布 $f(\gamma_k | y, \Xi, \gamma_{(-k)}, \Sigma)$ 中抽取 γ_k。

步骤二，从方差-协方差矩阵 Σ_{ik}^{-1} 中抽取。对于式（4-4）、式（4-5）假设下的模型（4-2），从后验分布 $f(\Sigma_{ik}^{-1} | y_i, \Xi_i, \gamma_i, \Sigma_{i(-k)})$ 中抽取 Σ_{ik}^{-1}：

$$f(\Sigma_{ik}^{-1} | y_i, \Xi_i, \gamma_i, \Sigma_{i(-k)}) \propto Wishart(\bar{v}_{ik}/2, \bar{r}_{ik}/2) \qquad (4-21)$$

上式中，$\bar{v}_{ik} = v_{ik} + T_{ik}$，$T_{ik} = \sum_{t=1}^{T} I(\xi_{ikt} = 1)$，$\bar{r}_{ik} = r_{ik} + \sum_{t \in T_{ik}} u_{ikt}u'_{ikt}$。然后对于式（4-6）假设下的模型（4-2）中的方差-协方差矩阵从后验分布 $f(\Sigma_k^{-1} | y, \Xi, \gamma, \Sigma_{(-k)})$ 中抽取 Σ_k^{-1}。

步骤三，从转移概率矩阵 P_i 中抽取。在式（4-4）的假设下，模型转移概率矩阵 P_i 中的元素 $(p_{i,k1}, \cdots, p_{i,kK})$ 从后验分布 $f((p_{i,k1}, \cdots, p_{i,kK}) | y_i, \Xi_i, \gamma_i)$ 中抽取：

$$f((p_{i,k1}, \cdots, p_{i,kK}) | y_i, \Xi_i, \gamma_i) \propto Dir(\delta_1 + N_{i,k1}, \cdots, \delta_K + N_{i,kK})$$
$$(4-22)$$

其中，第 i 个个体从 k 状态转移到状态 j 的次数 $N_{i,kj} = \sum_{t=1}^{T} I(s_{i,t} = j)I(s_{i,t-1} = k)$。在式（4-5）、式（4-6）的假设下，$(p_{k1}, \cdots, p_{kK})$ 从后验分布 $f((p_{k1}, \cdots, p_{kK}) | y, \Xi, \gamma)$ 中抽取。

步骤四，从潜在状态变量 s_{it} 中抽取。式（4-4）、式（4-5）假设下基于 FFBS 对潜在状态变量 s_{it} 进行抽样；同理，对于式（4-6）假设成立的模型，利用 FFBS 方法得到状态变量 s_t。

步骤五，重复迭代步骤一到步骤四 N_1+N_2 次。为了避免抽样相关性，本书取后 N_2 次各参数的抽样分布中位数作为其点估计值。

4.3 中国省级财政支出规模的非线性产出效应特征分析

4.3.1 模型选择及检验

本书选取 1978—2015 年我国 28 个省（自治区、直辖市）的省级面板数据，由于数据的可获得性，其中不包括四川、重庆及西藏。在研究中，关键的三个内生变量为财政支出、财政收入和 GDP 分别来自中经网统计数据库的地方公共财政支出、地方公共财政收入和地区生产总值。考虑到通胀因素，笔者分别以 1978 年为基期的消费者价格指数对各省（自治区、直辖市）地方公共财政总支出、地方公共财政收入和地区生产总值进行了消胀处理，得到实际财政总支出、实际财政收入和实际地区生产总值。最后，分别对各省（自治区、直辖市）的实际财政总支出、实际财政收入和实际地区生产总值取自然对数，可以减弱它们的异方差性。为了保证 PSVAR 模型不存在伪回归，需要对研究中关键的三个内生变量进行面板单位根检验。本书通过 IPS 检验和 PP-Fisher 检验均发现，在 5% 的显著水平下各变量都表现为 $I(1)$ 过程，因此分别对实际财政总支出、实际财政收入和实际地区生产总值的对数形式取差分得到平稳序列。

在对模型（4-2）进行估计前，我们需要对模型（4-2）的形式进行确定，包括区制 K 的个数、各个体之间 s_{it} 的同步性和滞后阶数 p 的选择。具体而言：

第一，关于区制 K 的个数选择。

鉴于国内在财政支出政策非线性效应研究方面均是基于非凯恩斯效应与凯恩斯效应两个区间（王立勇和刘文革，2009），因此出于研究目的本章也最终选取两个区制的 PMS-VAR 模型，即设定 $K=2$。

第二，各个体之间 s_{it} 的同步性和滞后阶数 p 的确定。

根据 s_{it} 同步性的不同假设，模型（4-2）有不同的形式，即在式（4-4）、式（4-5）和式（4-6）的情况下 PMS-VAR 模型形式分别为

$$\begin{cases} y_{it} = a_i(s_{it}) + \sum_{p=1}^{P} A_{ip}(s_{it})y_{it-p} + \varepsilon_{it}, \ \varepsilon_{it} \sim N(0, \Sigma_i(s_{it})) \\ P(s_{it}|s_{it-1}) = P_i = \begin{bmatrix} p_{i,11} & \cdots & p_{i,1K} \\ \vdots & \ddots & \vdots \\ p_{i,K1} & \cdots & p_{i,KK} \end{bmatrix} \end{cases} \quad (4\text{-}23)$$

$$\begin{cases} y_{it} = a_i(s_{it}) + \sum_{p=1}^{P} A_{ip}(s_{it})y_{it-p} + \varepsilon_{it}, \ \varepsilon_{it} \sim N(0, \Sigma_i(s_{it})) \\ P(s_{it}|s_{it-1}) = P = \begin{bmatrix} p_{11} & \cdots & p_{1K} \\ \vdots & \ddots & \vdots \\ p_{K1} & \cdots & p_{KK} \end{bmatrix} \end{cases} \quad (4\text{-}24)$$

$$\begin{cases} y_{it} = a(s_t) + \sum_{p=1}^{P} A_p(s_t)y_{it-p} + \varepsilon_{it}, \ \varepsilon_{it} \sim N(0, \Sigma(s_t)) \\ P(s_t|s_{t-1}) = P = \begin{bmatrix} p_{11} & \cdots & p_{1K} \\ \vdots & \ddots & \vdots \\ p_{K1} & \cdots & p_{KK} \end{bmatrix} \end{cases} \quad (4\text{-}25)$$

接下来，笔者将运用 AIC 准则从式（4-23）至式（4-25）中选择与我国省级面板数据拟合效果最好的 PMS-VAR 模型形式。其中，如果式（4-25）成立，说明我国地方财政支出政策有非线性效应，但是各省级财政支出政策非线性效应所对应区间相同，从而证实了特征一，否定了特征四。

首先，计算式（4-23）至式（4-25）的似然函数（Billio 等，2016）：$p(y|p) = \prod_{t=1}^{T-1} \prod_{i=1}^{N} p(y_{it+1}|y_{it}, p)$；其次，在此基础上得到不同模型的 AIC 值[①]，如表 4.1 所示；最后，通过比较 AIC 值选择最优的模型形式。

表 4.1　不同模型的 AIC 值

滞后阶数	式（4-23）	式（4-24）	式（4-25）
p = 1	1.76×10^5	1.49×10^3	1.37×10^8
p = 2	4.41×10^4	1.12×10^4	8.49×10^7

---

① AIC = 2×待估参数个数-2ln（L）。另外，基于 BIC 值也得到了同样的模型选择结果。

表4.1(续)

滞后阶数	式（4-23）	式（4-24）	式（4-25）
p＝3	7.02×10^3	3.70×10^3	1.30×10^7
p＝4	1.78×10^4	2.07×10^3	1.20×10^7

表4.1表示不同滞后阶数 p（p＝1，…，4）和不同 PMS-VAR 模型形式［式（4-23）至式（4-25）］下模型的 AIC 值。我们发现，当滞后阶数取1且模型形式为式（4-24）的 AIC 值最小，这说明从实际数据出发我们得出我国省级财政政策非线性效应的潜在时期是不完全同步的。因此，在式（4-24）的基础上，选择滞后阶数是1，运用式（4-24）对我国省级财政支出政策的效应进行实证分析。在此基础上，本书又进行了非线性检验得到 LR 统计量为731，伴随概率 p 值为0，这说明我国省级财政支出政策在 1978—2015 年存在显著的非线性效应，即证明了凯恩斯效应与非凯恩斯效应都存在，证实了特征一和特征四。

下面本章将基于选定的模型 PMS-VAR 来进一步探讨我国省级财政支出政策凯恩斯效应与非凯恩斯效应存在的样本区间。在此之前，需要对两个区制进行识别。

4.3.2 中国省级财政支出政策非线性效应区间识别

在上一节模型选择的基础上，本书对式（4-24）进行估计得到了我国省级在不同区制下的系数估计结果。表4.2展示了部分估计系数的结果。在此基础上，笔者又计算了短期政府支出乘数，并且按照国家统计局标准，依照东、中、西三大经济区域进行排列（见表4.3）。另外，表4.4给出了上述两个区制的转移概率矩阵的估计结果。其中，政府支出乘数通常用以衡量财政政策的效应，衡量政府支出变动1个单位会导致产出变化多少。关于政府支出乘数的计算方法，Ilzetzki 等人（2013）定义了以下两种形式：

第一种是短期政府支出乘数，表示政府支出变化在即期对产出的影响：

$$短期政府支出乘数 = \frac{\Delta GDP_0}{\Delta g_0} = \frac{irf_0^{gdp}}{irf_0^g} \times \frac{1}{g/GDP} \qquad (4-26)$$

第二种是长期政府支出乘数，当 T 趋于无穷时代表政府支出变化对产出的一个累积影响。

$$长期政府支出乘数 = \frac{\sum_{t=0}^{T} \Delta GDP_t}{\sum_{t=0}^{T} \Delta g_t} = \frac{\sum_{j=0}^{T} irf_j^{gdp}}{\sum_{j=0}^{T} irf_j^{g}} \times \frac{1}{g/GDP} \qquad (4-27)$$

其中，irf_j^{gdp} 表示滞后第 j 期财政支出冲击对产出的脉冲响应结果，irf_j^{g} 是滞后第 j 期财政支出冲击对财政支出变量的脉冲响应结果，g/GDP 是样本区间内地方财政支出占地区生产总值的平均比例，本章及之后章节均基于以上定义计算政府支出乘数。本节将基于表 4.2 和表 4.3 对两区制进行识别，同时对不同区制下我国各省级的短期政府支出乘数进行详细分析。

表 4.2　产出方程本政府支出变量系数的估计结果

地区	区制 1	区制 2	地区	区制 1	区制 2	地区	区制 1	区制 2
东部地区			中部地区			西部地区		
北京	−0.040	0.081*	山西	−0.049	0.132*	广西	−0.021*	0.110*
天津	−0.008	0.236*	吉林	−0.041	0.018*	内蒙古	−0.019	0.124*
河北	−0.109	0.134*	黑龙江	−0.473*	0.015*	贵州	−0.620*	0.041*
辽宁	−0.362*	0.052*	安徽	−0.182*	0.012*	云南	−0.526*	0.025*
上海	−0.636*	0.029*	江西	−0.047*	0.643*	陕西	−0.046	0.531*
江苏	−0.225*	0.077*	河南	−0.821*	0.013*	甘肃	−0.086	0.034
浙江	−0.010*	0.130*	湖北	−0.073	0.184*	青海	−0.066	0.220
福建	−0.092*	0.411*	湖南	−0.064	0.578*	宁夏	−0.086	0.141*
山东	−0.120*	0.142*				新疆	−0.177*	0.172*
广东	−0.075*	0.535*						
海南	−0.430*	0.114*						

注：*表示在 5% 的显著性水平下显著。

表 4.3　两个区制下我国各省级政府支出乘数估计结果

地区	区制 1	区制 2	地区	区制 1	区制 2	地区	区制 1	区制 2
东部地区			中部地区			西部地区		
北京	−0.101	1.078	山西	−0.013	0.024	广西	−1.021	0.156
天津	−0.047	0.396	吉林	−1.095	0.394	内蒙古	−0.758	0.118
河北	−0.170	0.274	黑龙江	−0.779	0.632	贵州	−0.267	0.132
辽宁	−0.577	0.319	安徽	−0.509	0.273	云南	−0.034	0.004
上海	−0.091	0.822	江西	−0.122	0.001	陕西	−0.322	0.155
江苏	−0.081	0.012	河南	−0.007	0.109	甘肃	−0.301	0.224
浙江	−0.240	0.191	湖北	−0.285	0.736	青海	−0.038	0.028
福建	−0.099	0.435	湖南	−0.026	0.114	宁夏	−1.024	0.014

表4.3(续)

地区	区制1	区制2	地区	区制1	区制2	地区	区制1	区制2
山东	−4.182	0.174				新疆	−2.101	0.284
广东	−0.118	0.003						
海南	−0.023	0.022						

注：表中政府支出乘数均为短期政府支出乘数，即表示政府支出冲击对产出的即期影响。

表4.4　区制转移概率矩阵

	非凯恩斯效应区制	凯恩斯效应区制
非凯恩斯效应区制	0.752	0.248
凯恩斯效应区制	0.103	0.897

表4.2和表4.3分别表示两个区制下系数的估计结果和政府支出乘数。其中，表4.2给出了产出方程中政府支出一阶滞后变量前面的系数估计结果。例如，北京在区制1、区制2下对应的值分别是−0.040、0.081，表示北京在区制1下产出方程政府支出一阶滞后变量前面的系数估计结果为−0.040，意味着区制1下政府支出增加对产出起到负向作用，而北京在区制2下产出方程政府支出一阶滞后变量前面的系数估计结果为0.081，意味着区制2下政府支出增加对产出起到正向作用且作用显著。表4.3主要给出了各区制下省级短期政府支出乘数，也表示不同区制下政府支出冲击对产出的即期影响结果。从表4.2和表4.3来看，首先我们发现与区制2相比，区制1下的各省级产出方程政府支出一阶滞后变量前面的系数、短期政府支出乘数都为负，代表区制1下财政支出政策对产出影响不显著甚至为负，即这一区制的财政支出政策具有非凯恩斯效应。那么，区制2下各省级财政支出政策具有凯恩斯效应。其次，观察表4.2和表4.3中各省级政府支出在区制1下的估计结果可以发现，省级政府支出增加将对产出产生非凯恩斯效应。其中，北京、天津、河北、山西、吉林、湖北、湖南、内蒙古、陕西、甘肃、青海和宁夏政府支出增加对产出并没有显著影响，而辽宁、上海、江苏、浙江、福建、山东、广东、海南、黑龙江、安徽、江西、河南、广西、贵州、云南和新疆政府支出增加对产出起到显著的抑制作用。从省级非凯恩斯效应分布区域来看，与西部地区相比，东部地区和中部地区对产出起到显著抑制作用。最后，观察区制1下各省级产出方程政府支出一阶滞后变量前面的系数估计结果和政府支出乘数，笔者发现，

各省级财政支出政策对产出均起到显著的正向作用。另外，表 4.4 给出了非凯恩斯效应、凯恩斯效应两个区制转移概率矩阵的估计结果，笔者运用下式：

$$持续期 = 1/(1 - p_{ii}) \qquad (4-28)$$

在表 4.4 的基础上可以计算出非凯恩斯效应和凯恩斯效应区制的持续期分别为 4.029 和 9.708。

4.3.3　中国省级财政支出政策效应的区制划分

本节通过计算中国各省级样本区间内处于凯恩斯效应与非凯恩斯效应两个区制下的平滑概率，可以得到各省级财政支出政策对产出增长表现为凯恩斯效应与非凯恩斯效应所对应的样本区间（见表 4.5）。为了进一步分析，在表 4.5 的基础上，笔者又给出了全国及东、中、西三大经济区域地方财政支出政策对产出增长表现为非凯恩斯效应的省份个数。

表 4.5 表示 1980—2015 年全国部分省级财政支出政策对经济增长表现为非凯恩斯效应的样本区间，利用黑竖条标注，其他未标注的表示该省级财政支出政策对经济增长呈现出凯恩斯效应，如北京在 1984—1985 年和 1996—2015 年被标注黑竖条。这说明北京财政支出政策对经济增长呈现出非凯恩斯效应的区间为 1984—1985 年和 1996—2015 年两个样本区间，其他样本区间内财政支出政策对经济增长起到显著的促进作用，表现为凯恩斯效应。通过表 4.5 可以得到如下三个基本结论：

第一，从各省级财政支出政策对经济增长呈现出非凯恩斯效应所在样本区间来看，笔者认为可以将 28 个省（自治区、直辖市）大致分为两大类：第一类包括河北、辽宁、上海、江苏、浙江、福建、山东、海南、吉林、黑龙江、河南、湖北、湖南、广西、内蒙古、云南、陕西、青海、宁夏和新疆。这 20 个省（自治区、直辖市）以 1998 年为分水岭，在 1998 年之前财政支出政策对经济增长表现为既有凯恩斯效应又有非凯恩斯效应，两种效应交替出现；在 1998 年之后财政支出政策对经济增长只表现为凯恩斯效应。第二类包括北京、天津、广东、山西、安徽、江西、贵州和甘肃。与第一类相比较，这 8 个省（直辖市）在 1998 年之前财政支出政策对经济增长表现为凯恩斯效应与非凯恩斯效应的交替，而 1998 年之后财政支出政策对经济增长仍然存在非凯恩斯效应。其中，这 8 个省（直辖市）根据 1998 年之后的财政

表 4.5　中国部分省级财政支出政策非凯恩斯效应存在样本区间

年份	1980	1981	1982	1983	1984	1985	1986	1987	1988	1989	1990	1991	1992	1993	1994	1995	1996	1997	1998	1999	2000	2001	2002	2003	2004	2005	2006	2007	2008	2009	2010	2011	2012	2013	2014	2015
北京	1	1															1	1	1	1	1	1	1	1	1	1	1	1	1	1	1	1	1	1	1	1
天津	1	1	1	1	1	1																														
河北		1	1																																	
辽宁					1										1																					
上海	1							1					1	1	1																					
江苏									1	1	1	1	1	1	1																					
浙江								1	1	1				1	1																					
福建								1	1	1				1	1																					
山东	1						1	1	1							1																				
广东						1	1	1									1																			
海南					1	1				1	1	1					1																			
山西								1																			1			1						
吉林															1		1		1																	
黑龙江				1		1	1	1	1	1																										
安徽				1	1	1		1	1	1	1							1	1	1	1	1	1	1		1	1	1	1			1	1	1	1	1
江西								1	1	1	1			1								1	1									1	1			1
河南				1	1	1		1	1	1																										
湖北				1	1	1		1	1						1			1																		
湖南				1	1	1		1	1	1	1																									
广西		1																																		
内蒙古	1	1	1		1		1	1	1	1	1	1	1	1																						
贵州		1						1	1	1	1	1						1				1	1	1	1	1	1	1			1	1	1	1	1	1
云南		1						1	1	1					1	1					1															
陕西		1						1	1																										1	
甘肃	1		1					1	1																											
青海		1						1	1																											
宁夏		1							1																											
新疆		1							1																											

注：1980—2015 年中国部分省级财政支出政策对产出表现为非凯恩斯效应（用 "1" 表示）。

支出政策对经济增长的效应还可以进一步划分为三类：一是北京、天津、安徽这三个省（直辖市）在 1998 年之后财政支出政策对经济增长基本完全呈现出非凯恩斯效应；二是广东、山西这两个省份在 1998 年之后财政支出政策对经济增长几乎均表现为凯恩斯效应，特别是广东省仅仅只在 2001 年财政支出政策对经济增长呈现为非凯恩斯效应；三是江西、贵州和甘肃这三个省份在 1998 年之后财政支出政策对经济增长表现为非凯恩斯效应与凯恩斯效应的交替出现，其中 1998 年之后江西省财政支出政策对经济增长表现为非凯恩斯效应的样本区间为 1998—2002 年和 2012—2015 年，贵州省财政支出政策对经济增长表现为非凯恩斯效应的样本区间为 1998—2004 年和 2012—2015 年两个样本区间，甘肃省财政支出政策对经济增长表现为非凯恩斯效应的样本区间为 2000—2002 年和 2014—2015 年，1998 年之后其他样本区间内江西、贵州、甘肃财政支出政策对经济增长均表现为凯恩斯效应。

第二，笔者在表 4.5 的基础上，分别得到中国部分省级财政支出政策对经济增长表现为非凯恩斯效应的频率（见图 4.1）。如图 4.1 中的横坐标按照东、中、西三大经济区域分布排列省份，纵坐标表示各省（自治区、直辖市）对应的频率，如北京对应的频率为 0.63，表示在 1980—2015 年北京财政支出政策对经济增长有 60%以上的时间表现为非凯恩斯效应。因此，从频率的大小来看，北京、天津、安徽、江西和贵州这 5 个省（直辖市）在考察的样本区间内财政支出政策对经济增长表现为非凯恩斯效应的时间在 6 成以上，特别是安徽财政支出政策对经济增长的影响有 80%以上的时间表现为非凯恩斯效应。同时，福建、吉林、湖南、广西和陕西这 5 个省（自治区）财政支出政策对经济增长在整个样本区间内表现为非凯恩斯效应的时间不足 1 成，特别是湖南和广西整个样本区间内财政支出政策对经济增长只有 2 年表现出非凯恩斯效应，其余均为凯恩斯效应。

第三，表 4.5 和图 4.1 中中国部分省（自治区、直辖市）都是按照东、中、西部三大经济区域排列，可以看出，以 1998 年为分水岭，将 28 个省（自治区、直辖市）分为两大类，分类与东、中、西三大经济区域并不统一。如 1998 年之后财政支出政策对经济增长的影响仍然有非凯恩斯效应的省（直辖市）包括：东部地区的北京和天津，中部地区的山西、安徽、江西，西部地区的贵州和甘肃。同时，从频率大小上来看，考察的样本区间内财政支出政策对经济增长最容易表现为非凯恩斯效应的省（直辖市）包括：东部地区的北京和天津、中部地区的安徽和江西和西部地区的贵州，同时考察的样本区间内财政支出政策对经济增长最不容易表现为非凯恩斯效应的省（自治区）包括：东部地区的福建、中部地区的吉林和湖南以及西部地区的广西和陕西。这说明财政支出政策对经济增长表现为非凯恩斯效应的频率大小与东、中、西三大经济区域的分布也不存在统一性。

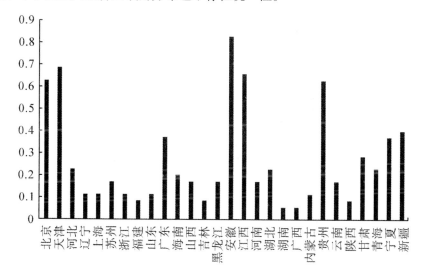

**图 4.1　中国部分省（自治区、直辖市）1980—2015 年
财政支出政策出现非凯恩斯效应的频率**

综上所述，无论是从财政支出政策对经济增长表现为非凯恩斯效应所在的样本区间还是从频率大小来看，我国各省级财政支出政策对经济增长的效应都存在很大差异，并且这个差异性与东、中、西三大地区分布并不统一，因此本章将在下一部分基于主体预期观点和劳动市场观点对我国省级财政支出政策对经济增长表现为非凯恩斯效应的原因进行分析。在此之前，本书在表 4.5 的基础上得到考察的样本区间内全国以及东、中、西三大经济区域在不同时间年度上表现出非凯恩斯效应省（自治区、直辖市）的个数（见图 4.2）。下面将分别对其进行详细分析。

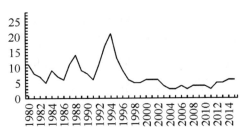

（1）全国

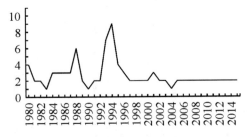

（2）东部地区

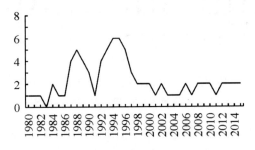

（3）中部地区

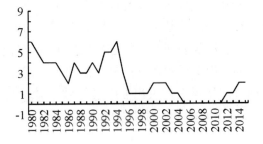

（4）西部地区

图4.2　全国及东、中、西三大经济区域财政支出

政策表现出非凯恩斯效应省（自治区、直辖市）的个数

图4.2（1）中的实线表示在不同年份上有多少个省（自治区、直辖市）

财政支出政策对经济增长影响表现为非凯恩斯效应，例如，实线在 1980 年处的值为 11，表示 1980 年全国（28 个样本）中有 11 个省级财政支出政策对经济增长影响表现为非凯恩斯效应。观察图 4.2（1），笔者以 1998 年为分水岭，分别对 1980—1997 年和 1998—2015 年两个样本区间进行比较分析。首先，对 1980—1997 年财政支出政策对经济增长表现为非凯恩斯效应的省份个数进行详细分析可以发现，1987—1988 年和 1992—1995 年全国范围内财政支出政策对经济增长表现为非凯恩斯效应的省份个数基本均在 14 个以上，超过总样本数的一半，这说明 1987—1988 年和 1992—1995 年我国地方财政支出政策对经济增长更容易具有非凯恩斯效应，这与王立勇和刘文革（2009）所得结论具有一致性。其次，观察 1998—2015 年可以得到以下两个发现：其一，与 1980—1997 年样本区间相比较，1998—2015 年全国范围内财政支出政策对经济增长表现为非凯恩斯效应的省份个数较为稳定，并且从大小来看基本维持在 6 以下，这说明从地方政府视角出发，我国省级财政支出政策对经济增长的影响在 1998 年之后更容易表现为凯恩斯效应。因此，总体来看，无论是 1997 年亚洲金融危机还是 2008 年世界金融危机之后积极财政政策都能有效地促进经济增长。二是 2008—2011 年财政支出政策对经济增长表现为非凯恩斯效应的省份基本维持在 3~4 个，但是从 2012 年开始表现为非凯恩斯效应的省份个数有所增加，直到 2015 年我国已有 6 个省级财政支出政策对经济增长影响出现非凯恩斯效应。因此，为了应对近年来宏观经济的下行压力，如何有效提高财政支出政策效率亟待研究。最后，比较两个样本区间可以发现，1998 年之前我国省级财政支出政策对经济增长更容易出现非凯恩斯效应与凯恩斯效应交替出现，1998 年之后我国省级财政支出政策对经济增长多数表现为只有凯恩斯效应。王立勇和刘文革（2009）基于国家层面对财政支出政策的非线性效应进行考察，同样得到与此基本一致的结论。关于这一结论，王立勇和刘文革（2009）认为是由于我国 1998 年之前商品市场需求相对短缺，劳动市场过度供给及过度需求交替出现（张世英，2002），1998 年之后我国经济主要遭受有效需求不足。本书将在下一节从省级角度对其原因进行进一步分析。

图 4.2（2）至图 4.2（4）分别表示考察样本区间内不同年度东、中、西三大经济区域有多少个省级财政支出政策对经济增长影响表现为非凯恩斯效应。首先来看东部地区。从图 4.2（2）可以看出，东部地区财政支出

政策对经济增长影响表现为非凯恩斯效应的时间主要集中在 1996 年之前，1988 年以及 1993—1994 年东部地区有一半以上的省级财政支出政策对经济增长影响表现为非凯恩斯效应；1996 年之后，东部地区基本维持在只有两个省级财政支出政策对经济增长影响为非凯恩斯效应。其次来看中部地区。从图 4.2（3）中可以看出，在 1998 年之后中部地区财政支出政策对经济增长影响表现为非凯恩斯效应的省份个数基本维持在 1~2 个，因此1998 年之前中部地区财政支出政策对经济增长影响将更容易表现出非凯恩斯效应，具体为 1987—1989 年、1992—1996 年。最后来看西部地区。从图 4.2（4）中可以看出，西部地区财政支出政策对经济增长影响表现为非凯恩斯效应的省份个数的变化趋势总体上与东部、中部区域是一致的，即1996 年之后财政支出政策对经济增长为非凯恩斯效应的省份个数最少，甚至在 2005—2011 年西部地区财政支出政策均表现为凯恩斯效应。另外，1980—1984 年、1992—1994 年西部地区财政支出政策对经济增长影响表现为非凯恩斯效应的省份个数超过一半以上。

4.3.4 中国省级财政支出政策非线性效应的原因分析

我国省级财政支出政策对经济增长的影响既有可能表现为凯恩斯效应也有可能表现为非凯恩斯效应。但是，关于相应效应所对应的样本区间，各省（自治区、直辖市）存在巨大差异，且并不与东、中、西三大区域分布一致，凯恩斯效应出现原因已得到学者一致认可，通常将其归因于政府投资的正外部性和政府支出的负财富效应，并且一致认为就我国而言，政府投资的正外部性大于政府支出的负财富效应，于是最终财政支出政策对经济增长起到显著的促进作用，即财政支出政策在我国是凯恩斯效应。因此，本节将重点对我国各省级非凯恩斯效应产生的原因进行探索，认识到这一点，有助于提高我国地方财政支出政策的有效性，进而应对当下宏观经济面临的下行压力。

笔者在对已有文献进行总结发现，现有文献将非凯恩斯效应存在的原因归因于需求和供给两个方面。其中，需求方面的主要原因集中于考察哪些因素影响了人们对政策的预期，一般包括政府赤字水平和财政调整幅度等（Sutherland，1997；Perotti，1999；王立勇和刘文革，2009），其中较大的财政赤字下，人们会预期接下来政府将增税，因此政府支出增加同时挤出了私人消费（Sutherland，1997）。另外，较大的财政调整幅度，无论是财政扩张期还是财政紧缩期，人们都预期财政态势持续改变是长期性的。作为结果，私人部门会相应减少或增加需求，这两种情况下都会导致非凯恩斯效应出现：需求层面的原因也被称作主体预期观点；供给方面的主要原因是认为财政支出政策通过劳动市场影响私人投资，进而导致非凯恩斯效应。政府通过减少政府部门的工资支出或福利支出等公共支出项目，从而削减了公共就业。由于公共就业作为私人就业的一个替代，这势必会导致失业率增加，降低劳动市场均衡工资压力，最终降低厂商成本增加总产出（方红生和张军，2010；储德银和李善达，2014），供给层面的原因又被称为劳动市场观点。综上，在需求与供给两方面，本书接下来主要选取以下三个解释变量来试图探讨我国省级财政支出政策对经济增长表现为非凯恩斯效应的原因。

X_1：地方政府赤字水平，等于地方政府财政收支盈余与地方生产总值的比值；

X_2：地方财政调整幅度，利用经过周期性调整的基本预算平衡（CAPB）来测度（Blanchard，1990）。具体计算过程如下所示：首先利用实际财政收入减去实际财政支出得到财政盈余，然后实际财政盈余与实际地区生产总值利用 HP 滤波得到两者的趋势值，最后两者相比（储德银和李善达，2014）。

X_3：工资变化率，方红生和张军（2010）等通常选择行政管理费作为劳动市场观点考察的变量。考虑到 2007 年之后实施新的政府收支分类改革，行政管理费被划入一般公共服务支出项目，该变量在 1980—2015 年前后口径将存在不一致的问题（储德银和李善达，2014）。因此，本书最终选取人均工资变化率计入 X_3 变量（王立勇和毕然，2014）。

在此基础上，为了利用上述实证结果对需求和供给两方面原因进行再检验，本节对于每个省份分别建立 Probit 模型进行实证研究。其中：被解释变量 Y 取 1 代表该省（自治区、直辖市）处于非凯恩斯效应，取 0 代表该省（自治区、直辖市）为凯恩斯效应；解释变量 X_1 和 X_2 均代表主体预期观点，X_3 代表劳动市场观点，因此这里本节将其滞后一期 $X_1(-1)$、$X_2(-1)$、滞后二期 $X_1(-2)$、$X_2(-2)$ 以及 X_3 引入 Probit 模型中，并根据 AIC 准则选择合适的模型，最终估计结果如表 4.6 所示。

表 4.6　中国部分省级 Probit 模型估计结果

地区	$X_1(-1)$	$X_1(-2)$	$X_2(-1)$	$X_2(-2)$	X_3
北京	−3.010**		2.072**		
天津	−2.271*			2.569*	0.098^
河北	−1.045**				0.116^^
辽宁	−1.086^^	−1.138**	2.302**		0.194**
上海			0.022		0.069^
江苏	−2.778**		2.475**		
浙江	0.120				0.101**
福建	−0.372**		0.208^^		
山东					0.257**
广东					0.145**
海南	−0.324**				0.621^^
山西	−0.424^	0.314^^			
吉林					0.122^
黑龙江			0.151^		0.132**
安徽		−0.216**			−0.057
江西	−0.756*		0.843*		
河南			0.255^		0.135^
湖北	−14.277**			13.813**	
湖南					0.192^
广西	−0.557				0.621^
内蒙古					0.105^
贵州					0.171**
云南	−0.126^				0.133^
陕西	−3.806^				−0.059
甘肃		−0.239**		0.196^	
青海	−0.123**				

表4.6(续)

地区	X_1（−1）	X_1（−2）	X_2（−1）	X_2（−2）	X_3
宁夏		−0.083^			−0.056
新疆			3.915^	3.353^	

注：*、**、^、~分别表示在1%、5%、10%和15%的显著性水平下显著。

　　表4.6展示了我国部分省级 Probit 模型的系数估计结果，根据系数的显著性不同可以将28个省（自治区、直辖市）分为以下三类：第一类，这类省级财政支出政策对经济增长的影响表现为非凯恩斯效应只是因为主体预期效应，包括北京、江苏、福建、山西、安徽、江西、湖北、陕西、甘肃、青海、宁夏和新疆。从表4.6可以发现，财政赤字水平越高、财政政策调整幅度越大，这12个省级财政支出政策对经济增长的影响越容易表现为非凯恩斯效应。这样的实证结果仅支持主体预期观点，认为财政冲击的效果取决于经济个体对未来政策变化或经济走向的预期。较大的财政调整幅度，无论是财政扩张期还是财政紧缩期，人们都会预期财政态势持续改变是长期性的，或较高政府赤字水平下人们会产生未来税收增加的预期，这两种情况下政府支出增加最终都会挤出私人消费，表现为非凯恩斯效应。第二类，这类省级财政支出政策对经济增长的影响表现为非凯恩斯效应只是因为劳动市场效应，包括上海、浙江、山东、广东、吉林、湖南、广西、内蒙古、贵州。表4.6中的估计结果表明工资变化率越高，这9个省级财政支出政策对经济增长的影响越容易表现为非凯恩斯效应。这样的实证结果与劳动市场观点一致，认为财政支出的增加通过劳动市场导致工资增加，生产成本的上升挤出了部分私人投资和消费，最终导致非凯恩斯效应出现。第三类，这类省级财政支出政策对经济增长的影响表现为非凯恩斯效应不仅因为主体预期效应也因为劳动市场效应，包括天津、河北、辽宁、海南、黑龙江、河南、云南7个省（直辖市）。为了进一步分析这两种效应的强弱，本书针对这7个省（直辖市）分别计算各解释变量对于被解释变量的偏效应，结果如表4.7所示。

表4.7　各解释变量的偏效应

地区	X_1（−1）	X_1（−2）	X_2（−1）	X_2（−2）	X_3
天津			0.849	0.750	0.032
河北	−0.522				0.058

表4.7(续)

地区	$X_1(-1)$	$X_1(-2)$	$X_2(-1)$	$X_2(-2)$	X_3
辽宁	-0.439	-0.461	0.932		0.079
海南	-0.168			0.103	
黑龙江			0.076		0.066
河南			0.127		0.067
云南	-0.063				0.067

在表4.6的基础上，可以得到上述第三类省份的各解释变量对被解释变量的偏效应，计算结果如表4.7所示。例如，天津 $X_2(-1)$、$X_2(-2)$ 和 X_3 偏效应分别为0.849、0.750与0.032，这意味着在其他解释变量不变的情况下，财政支出政策滞后一期调整幅度增加1%，天津财政支出政策对经济增长表现为非凯恩斯效应的概率将提高0.849，财政支出政策滞后两期调整幅度增加1%，天津财政支出政策对经济增长表现为非凯恩斯效应的概率将提高0.750，平均工资增长率提高1%，天津财政支出政策对经济增长表现为非凯恩斯效应的概率将提高0.032。观察表4.7中各省的解释变量所对应的偏效应的结果，可以发现，财政赤字占比和财政支出政策调整幅度的偏效应基本大于人均工资变化率的偏效应。因此，我们可以认为对于第三类省级财政支出政策对经济增长影响出现非凯恩斯效应的原因来说，主体预期观点和劳动市场观点均可以显著的解释，其中与劳动市场观点相比，主体预期效应的作用更加显著。

综上所述，根据表4.6和表4.7的估计结果可以得到以下三个基本结论：其一，总体来看，12个省（直辖市）在样本区间内财政支出政策对经济增长表现出的非凯恩斯效应只可以由主体预期观点来解释，9个省（直辖市）在样本区间内财政支出政策对经济增长表现出的非凯恩斯效应只可以由劳动市场观点来解释，剩下的7个省级财政支出政策对经济增长表现出的非凯恩斯效应既可以由主体预期观点又可以由劳动市场观点来解释，只是与劳动市场观点相比，主体预期观点的解释力度更大。因此，从总体层面来说，我国省级财政支出政策对经济增长出现非凯恩斯效应原因分析支持主体预期观点与劳动市场观点。其中，主体预期观点对我国省级财政支出政策的效应影响更显著，这与储德银和李善达（2014）所得结论一致。其二，主体预期观点对我国19个省级财政支出政策对经济增长表现出的非凯恩斯效应提供了显著解释，结果表明财政赤字水平占比越大、财政支出政策调整幅度越大，该省级财政支出政策对经济增长越容易表现出非凯恩斯效应，主要是因为较大财政赤字占比、较大财政支出调整幅度影响私人对未来的预期，预期未来将面临税负增长压力等，导致挤出私人投资和消费。其三，劳动市场观点对我国 16 个省级财政支出政策对经济增长产生的非凯恩斯效应提供了显著解释。结果表明，平均工资变化率越大，该省财政支出政策对经济增长越容易表现出非凯恩斯效应，主要是因为财政支出的增加通过劳动市场对均衡工资产生上涨压力，增加生产成本，导致挤出私人投资和消费。

4.4　中国省级财政支出结构的非线性产出效应特征分析

在上一节笔者探讨了中国省级财政支出规模政策对经济增长的非线性效应，识别出了中国省级财政支出规模政策出现非凯恩斯效应的样本区间，并且基于主观预期观点和劳动市场观点对其非凯恩斯效应出现的原因进行了实证分析。鉴于不同财政支出项目对经济增长可能存在不同的影响，因此本节首先把总财政支出分为财政服务性支出、财政投资性支出、财政转移性支出、财政消费性支出。考虑到通胀因素，笔者分别以 1978 年为基期的居民消费价格指数对各省（自治区、直辖市）地方财政投资性支出、地方财政消费性支出、地方财政服务性支出、地方财政转移性支出进行了消胀处理，得到实际财政投资性支出、实际财政消费性支出、实际财政服务性支出、实际财政转移性支出。最后分别对各省（自治区、直辖市）的实际财政投资性支出、实际财政消费性支出、实际财政服务性支出、实际财政转移性支出取自然对数，可以减弱它们的异方差性。为了保证 PSVAR 类模型不存在伪回归，需要对研究中关键的四个内生变量进行面板单位根检验。本书通过 IPS 检验和 PP-Fisher 检验均发现在 5% 的显著水平下，各变量都表现为 $I(1)$ 过程，因此分别对实际财政投资性支出、实际财政消费性支出、实际财政服务性支出、实际财政转移性支出的对数形式取差分得到平稳序列。通过模型选择最后确定财政服务性支出、财政投资性支出、财政转移性支出、财政消费性支出所对应的模型均选择模型（4-24），且滞后阶数为 1。在此基础上，分别分析财政服务性支出、财政投资性支出、财政转移性支出、财政消费性支出对经济增长的非线性效应。

4.4.1 中国省级财政服务性支出的非线性产出效应分析

本书对模型（4-24）进行估计得到了中国省级财政在不同区制下的系数估计结果。表4.8展示了部分估计系数的结果，在此基础上通过平滑概率得到中国省级财政服务性支出对经济增长影响在区制1所对应的样本区间，如表4.9所示。

表4.8　产出方程中政府服务性支出变量系数的估计结果

地区	区制1	区制2	地区	区制1	区制2	地区	区制1	区制2
东部地区			中部地区			西部地区		
北京	0.006	0.092*	山西	0.035	0.072*	广西	0.029	0.043*
天津	0.020	0.082*	吉林	0.004	0.020*	内蒙古	-0.004	0.034*
河北	-0.009	0.053*	黑龙江	0.048	0.089*	贵州	0.026	0.076*
辽宁	-0.008	0.247*	安徽	0.011	0.031*	云南	0.029	0.049*
上海	-0.011	0.020*	江西	-0.009	0.028*	陕西	0.002	0.037*
江苏	-0.028	0.052*	河南	0.009	0.018*	甘肃	0.023	0.283*
浙江	-0.023	0.026*	湖北	0.019	0.091*	青海	0.003	0.080*
福建	0.013	0.049*	湖南	0.005	0.015*	宁夏	0.040	0.074*
山东	0.014	0.056*				新疆	0.005	0.040*
广东	-0.023	0.050*						
海南	0.000	0.105*						

注：＊表示在5%的显著性水平下显著。

表4.8分别表示了区制1和区制2下产出方程中政府服务性支出一阶滞后变量前面的系数估计结果。例如，北京市在区制1、区制2下对应的值分别是0.006、0.092，表示北京市在区制1、区制2下产出方程中政府服务性支出一阶滞后变量前面的系数估计结果为0.006和0.092，意味着区制1和区制2下政府支出增加对产出均起到正向作用。但从显著性来看，区制1下北京市政府服务性支出对经济增长并不显著，而区制2下北京市政府服务性支出对经济增长起到显著的正向作用。从表4.8可以看出，与区制1相比，区制2下的各省级产出方程中政府服务性支出一阶滞后变量前面的系数均显著为正，代表区制2下各省级财政服务性支出对经济增长均表现为显著的促进作用，而区制1下各省级产出方程中政府服务性支出一阶滞后变量前面的系数有正有负，但是均不显著，这说明区制1下各省级财政服务性支出对经济增长并没有起到显著性作用。

表 4.9 中国部分省级财政服务性支出区制 1 所对应的样本区间

年份	1997	1998	1999	2000	2001	2002	2003	2004	2005	2006	2007	2008	2009	2010	2011	2012	2013	2014	2015
北京	1	1					1												
天津	1	1			1	1	1												
河北	1		1	1							1	1	1	1	1	1	1		1
辽宁	1	1									1	1	1	1	1	1	1	1	1
上海	1		1	1															1
江苏	1		1	1	1														
浙江	1		1	1					1	1	1	1	1	1	1	1	1	1	1
福建	1		1	1								1	1	1	1	1	1	1	1
山东	1		1	1															
广东	1		1	1															
海南	1	1											1	1	1				
山西	1	1			1														
吉林	1	1	1	1															1
黑龙江	1	1	1	1															

年份	1997	1998	1999	2000	2001	2002	2003	2004	2005	2006	2007	2008	2009	2010	2011	2012	2013	2014	2015
安徽	1	1								1									
江西	1	1																	
河南								1	1		1	1	1	1	1	1	1		1
湖北		1																	
湖南	1					1	1	1	1		1	1	1	1	1	1	1	1	
广西	1	1														1			
内蒙古			1	1		1													
贵州			1	1		1	1				1								
云南							1	1	1	1	1	1	1	1	1	1	1	1	1
陕西						1	1						1						
甘肃	1	1	1											1	1	1	1	1	1
青海	1	1	1									1	1	1	1	1	1	1	1
宁夏	1	1																	
新疆	1	1																	1

注：1997—2015 年中国部分省级财政服务性支出政策对产出表现为区制 1 效应（用"1"表示）。

表 4.9 表示 1997—2015 年中国部分省级财政服务性支出政策对经济增长处于区制 1 的样本区间，利用黑竖条标注，其他未标注的表示该省级财政服务性支出政策对经济增长处于区制 2 的样本区间。例如，北京在 1997—1998 年和 2003 年被标注黑竖条，这说明北京财政服务性支出政策在 1997—1998 年和 2003 年两个样本期间对经济增长并没有显著影响，其他样本区间内财政服务性支出政策对经济增长起到显著的促进作用。观察表 4.9 我们可以得到如下两个基本结论：其一，从各省级财政服务性支出政策效应在区制 1 下所对应的样本区间来看，可以将 28 个样本省（自治区、直辖市）分为两大类：一是财政服务性支出对经济增长并没有起到显著作用的样本区间主要集中在 1997—2007 年，即 2007 年之后财政服务性支出对经济增长将起到显著的促进作用，这类省（自治区、直辖市）包括北京、天津、上海、江苏、浙江、山东、广东、海南、黑龙江、安徽、江西、湖北、广西、贵州、陕西，说明这 15 个省（自治区、直辖市）为了应对当下经济增长压力，可以增加政府服务性支出；二是财政服务性支出对经济增长没有起到显著的促进作用在整个样本区间内都存在，这类省（自治区）包括河北、辽宁、福建、山西、吉林、河南、湖南、内蒙古、云南、甘肃、青海、宁夏和新疆，结果表明对于这 13 个省（自治区）而言，政府服务性支出的增加并不能有效提高政府支出效应。其二，从前面所描述的分类结果可以发现，各省级属于哪一类与东、中、西三大经济区域分布也并不统一，但是本书在表 4.9 的基础上得到考察的样本区间内全国在不同时间年度上财政服务性支出效应处于区制 1 时省份的个数（见图 4.3）。基于图 4.3 可以进一步分析全国层面上财政服务性支出对经济增长的非线性效应。图 4.3 中的实线表示在不同年份有多少个省级财政服务性支出政策对经济增长不存在显著影响。例如，实线在 1997 年处的值为 24，表示 1997 年全国 28 个样本中有 24 个省级财政服务性支出政策对经济增长并不存在显著影响。从图 4.3 中可以发现，实线总体是一个渐进下降趋势，即 1997 年达到最大值 24，之后开始慢慢下降，直到 2002 年之后几乎稳定在 4~7 之间。这种趋势说明，就全国层面而言，地方财政服务性支出对地方经济增长的促进作用越来越明显了。

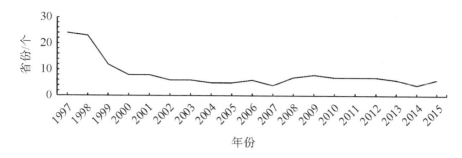

图 4.3　中国财政服务性支出政策表现为区制 1 效应省份的个数

4.4.2　中国省级财政投资性支出的非线性产出效应分析

本书对模型（4-24）进行估计得到了中国省级财政在不同区制下的系数估计结果。表 4.10 展示了产出方程部分估计系数的结果，在此基础上通过半滑概率得到中国部分省级财政投资性支出对经济增长影响在区制 1 所对应的样本区间，如表 4.11 所示。

表 4.10　产出方程中政府投资性支出变量系数的估计结果

地区	区制 1	区制 2	地区	区制 1	区制 2	地区	区制 1	区制 2
东部地区			中部地区			西部地区		
北京	-0.017	0.048*	山西	-0.290*	0.190*	广西	0.047	0.120*
天津	-0.034*	0.044*	吉林	-0.116*	0.136*	内蒙古	-0.109*	0.036*
河北	0.034	0.124*	黑龙江	0.059	0.184*	贵州	0.003	0.067*
辽宁	-0.054	0.238*	安徽	0.100	0.143*	云南	0.052	0.092*
上海	0.018	0.028*	江西	-0.004	0.045*	陕西	-0.016	0.031*
江苏	-0.019	0.043*	河南	-0.069	0.093*	甘肃	-0.023	0.198*
浙江	-0.058*	0.089*	湖北	0.013	0.306*	青海	0.008	0.453*
福建	-0.042	0.083*	湖南	-0.045	0.076*	宁夏	0.078	0.153*
山东	0.046	0.086*				新疆	0.012	0.151*
广东	-0.028	0.663*						
海南	0.033	0.057*						

注：* 表示在 5% 的显著性水平下显著。

表 4.11 中国部分省级财政投资性支出区制 1 所对应的样本区间

年份	1997	1998	1999	2000	2001	2002	2003	2004	2005	2006	2007	2008	2009	2010	2011	2012	2013	2014	2015
北京		1	1								1	1	1	1			1		
天津										1	1	1	1	1					
河北	1																		
辽宁	1									1	1	1	1						
上海	1	1						1	1	1	1	1	1	1	1				1
江苏			1	1	1	1	1	1	1	1	1	1	1	1	1				
浙江				1	1								1	1	1			1	1
福建	1																		
山东	1	1											1						
广东	1	1	1	1															1
海南				1									1	1					
山西													1	1					
吉林					1	1	1	1	1	1	1	1	1	1	1				
黑龙江						1													

年份	1997	1998	1999	2000	2001	2002	2003	2004	2005	2006	2007	2008	2009	2010	2011	2012	2013	2014	2015
安徽												1	1	1					
江西		1	1	1	1	1	1	1	1								1		
河南						1	1												
湖北	1	1	1	1	1	1													
湖南								1	1		1	1	1	1	1				1
广西								1	1		1	1	1	1	1				
内蒙古					1			1	1		1	1	1	1	1			1	1
贵州													1	1					1
云南			1	1	1						1	1	1	1	1	1			1
陕西		1						1			1	1	1	1	1				
甘肃	1	1	1	1	1					1	1	1	1	1	1				
青海								1			1		1	1					
宁夏								1			1	1	1	1	1	1			
新疆	1	1	1	1							1	1	1	1	1				

注：1997—2015 年中国部分省级财政投资性支出政策对产出表现为区制 1 效应（用"1"表示）。

表 4.10 分别表示了区制 1 和区制 2 下产出方程中政府投资性支出一阶滞后变量前面的系数估计结果。例如，北京在区制 1、区制 2 下对应的值分别为 -0.017、0.048，表示北京在区制 1、区制 2 下产出方程政府投资性支出一阶滞后变量前面的系数估计结果分别为 -0.017 和 0.048，意味着区制 1 下政府投资性支出增加对产出均起到不显著的抑制作用，区制 2 下政府投资性支出对产出起到显著的促进作用。从表 4.10 可以看出，与区制 1 相比，区制 2 下各省级产出方程中政府投资性支出一阶滞后变量前面的系数均显著为正，代表区制 2 下各省级财政投资性支出对经济增长均起到显著的促进作用。而区制 1 下各省级产出方程中政府投资性支出一阶滞后变量前面的系数可以分为两类：一类是天津、浙江、山西、吉林和内蒙古产出方程中政府投资性支出一阶滞后变量前面的系数显著为负，表示这 5 个省（自治区、直辖市）财政投资性支出在区制 1 下对经济增长起到显著的抑制作用；另一类是除了上一类之外剩下的 13 个省（自治区），这 13 个省（自治区）产出方程政府投资性支出一阶滞后变量前面的系数虽有正有负，但是均不显著，这说明区制 1 下各省级财政投资性支出对经济增长并没有起到显著性作用。

表 4.11 表示 1997—2015 年中国部分省级财政投资性支出政策对经济增长处于区制 1，利用黑竖条标注，其他未标注的表示该省级财政投资性支出政策对经济增长处于区制 2。例如，北京在 2012—2013 年被标注黑竖条，这说明北京财政投资性支出政策在 2012—2013 年的样本期间对经济增长并没有显著的影响，其他样本区间内财政投资性支出政策对经济增长起到显著的促进作用。观察表 4.11 我们可以得到如下两个基本结论：其一，从各省级财政投资性支出政策效应在区制 1 下所对应的样本区间来看，以我国经济步入新常态为分水岭，可以将 28 个样本省（自治区、直辖市）分为两大类。第一类在 2013 年之后财政投资性支出政策对经济增长的影响一直处于区制 2 下，即表示 2013 年之后这类省级财政投资性支出政策对经济增长起到显著的促进作用，这类省（自治区、直辖市）包括天津、河北、辽宁、江苏、福建、山东、海南、山西、吉林、黑龙江、安徽、江西、河南、湖北、湖南、广西、内蒙古、贵州、云南、陕西、甘肃、青海、宁夏和新疆；第二类在 2013 年之后财政投资性支出政策对经济增长的影响有可能处于区制 1 下，即表示 2013 年之后这类省级财政投资性支出政策对经济增长并不会起到显著的促进作用，这类省（直辖市）包括北京、

上海、浙江和广东。其二，从前面所描述的分类结果可以发现，第二类省份都集中在东部地区，因此可以认为为了应对当前经济下行压力，相较于东部地区，中、西部地区可以通过增加财政投资支出来促进经济增长。另外，本书又在表4.11的基础上得到考察的样本区间内全国在不同时间年度上财政投资性支出效应处于区制1时省份的个数（见图4.4）。基于图4.4可以进一步分析全国层面上财政投资性支出对经济增长的非线性效应。图4.4中的实线表示在不同年份有多少个省级财政投资性支出政策对经济增长不存在显著影响。例如，实线在1997年处的值为7，表示1997年全国28个样本省（自治区、直辖市）中有7个省级财政投资性支出政策对经济增长并不存在显著影响。从整体来看，笔者发现图4.4中的实线呈现一个倒"U"形，自1997年开始财政投资性支出对经济增长没有显著作用的省级数量越来越多，直到2008年世界金融危机之后达到最大值18，2011年之后开始下降，越来越多的省级财政投资性支出对经济增长开始起到显著的促进作用。这说明从整体来看除了在金融危机等经济衰退期间，对于大多数省份，地方财政投资性支出对经济增长依然会起到显著的促进作用。

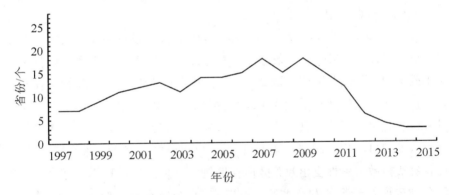

图4.4　中国财政投资性支出政策表现为区制1效应省份的个数

4.4.3　中国省级财政转移性支出的非线性产出效应分析

本书对模型（4-24）进行估计得到了我国省级财政在不同区制下的系数估计结果。表4.12展示了产出方程部分估计系数的结果。在此基础上，通过平滑概率得到我国省级财政转移性支出对经济增长影响在区制1所对应的样本区间，如表4.13所示。

表 4.12　产出方程中政府转移性支出变量系数的估计结果

地区	区制 1	区制 2	地区	区制 1	区制 2	地区	区制 1	区制 2
东部地区			中部地区			西部地区		
北京	-0.279*	-0.018	山西	-0.060*	-0.050	广西	0.048	0.067*
天津	-0.162*	-0.001	吉林	-0.084*	0.010*	内蒙古	0.004	0.119*
河北	-0.028*	0.019	黑龙江	-0.019	0.022*	贵州	0.010	0.119*
辽宁	-0.019	0.073*	安徽	0.030	0.066*	云南	0.052	0.071*
上海	-0.022*	0.040	江西	0.013	0.286*	陕西	0.029	0.069*
江苏	-0.021*	0.004	河南	-0.045*	0.284*	甘肃	0.007	0.697*
浙江	-0.147*	0.003	湖北	-0.014	0.094*	青海	0.005	0.139*
福建	-0.125*	0.035*	湖南	0.008	0.156*	宁夏	0.061	0.115*
山东	0.007	0.135*				新疆	0.004	0.034*
广东	-0.343*	-0.044						
海南	-0.091*	-0.018						

注：*表示在 5%的显著性水平下显著。

表 4.12 分别表示了区制 1 和区制 2 下产出方程中政府转移性支出一阶滞后变量前面的系数估计结果。例如，北京在区制 1、区制 2 下对应的值分别为-0.279、-0.018，表示北京在区制 1、区制 2 下产出方程中政府转移性支出一阶滞后变量前面的系数估计结果分别为-0.279 和-0.018，意味着区制 2 政府转移性支出增加对产出均起到不显著的抑制作用，区制 1 下政府转移性支出增加对产出均起到显著的抑制作用。因此，观察表 4.12 可以得到，对北京、天津、河北、上海、江苏、浙江、广东、海南、山西而言，相较于区制 1，这 9 个省（直辖市）在区制 2 下财政转移性支出对经济增长并不存在显著影响，这 9 个省（直辖市）在区制 1 下财政转移性支出对经济增长均起到显著的抑制作用，这类省份基本集中在东部地区；而对于剩下的 19 个省（自治区、直辖市）而言，相较于区制 1，这 19 个省（自治区、直辖市）在区制 2 下财政转移性支出对经济增长均起到显著的促进作用，这 19 个省（自治区、直辖市）在区制 1 下财政转移性支出对经济增长既有可能表现为显著抑制也有可能表现为不显著影响。

表 4.13　中国部分省级财政转移性支出区制 1 所对应的样本区间

年份	1997	1998	1999	2000	2001	2002	2003	2004	2005	2006	2007	2008	2009	2010	2011	2012	2013	2014	2015
北京	1																		
天津		1		1											1	1	1		1
河北		1	1	1							1	1	1	1	1	1	1	1	1
辽宁	1	1	1	1	1														1
上海									1	1	1	1	1	1	1	1	1	1	1
江苏		1	1	1					1	1	1	1	1	1	1	1	1	1	1
浙江									1	1	1	1	1	1					
福建	1	1																	
山东																			
广东	1	1	1	1					1	1	1	1	1	1	1	1	1	1	1
海南	1	1	1	1															
山西																	1		1
吉林		1	1																1
黑龙江		1	1	1															

年份	1997	1998	1999	2000	2001	2002	2003	2004	2005	2006	2007	2008	2009	2010	2011	2012	2013	2014	2015
安徽		1		1	1	1				1	1	1	1	1	1	1			
江西	1																		
河南	1	1	1	1	1	1	1												
湖北	1	1	1		1														
湖南																1			
广西	1	1	1			1					1	1	1	1	1	1			
内蒙古											1	1	1	1					
贵州	1																		
云南		1	1	1	1	1	1				1	1	1		1			1	1
陕西	1	1	1	1	1	1	1				1	1	1	1	1	1		1	1
甘肃											1	1							1
青海	1											1	1	1					
宁夏	1	1	1									1					1		
新疆	1	1	1														1		

注：1997—2015 年中国部分省级财政转移性支出政策对产出表现为区制 1 效应（用 "1" 表示）。

表 4.13 表示 1997—2015 年中国部分省级财政转移性支出政策对经济增长处于区制 1 的样本区间，利用黑竖条标注，其他未标注的表示该省级财政转移性支出政策对经济增长处于区制 2 的样本区间。例如，北京在 1997 年、2009 年和 2011—2013 年被标注黑竖条，这说明北京财政转移性支出政策在 1997 年、2009 年和 2011—2013 年对经济增长表现为显著的负向影响，其他样本区间内财政转移性支出政策对经济增长并没有显著的影响。表 4.13 按照东、中、西部三大经济区域顺序将各省份进行了排列。总体来看，相较于中、西部地区，东部地区省级财政转移性支出对经济增长影响表现为区制 1 所对应的样本区间个数更多，这说明在样本区间东部地区省级财政转移性支出对经济增长大多数时间起到显著的抑制作用，特别是上海、江苏、浙江和广东。而中、西部地区省级财政转移性支出对经济增长大多数时间起到显著的促进作用，如广西、青海、宁夏等。另外，根据省级财政转移性支出对经济增长表现为区制 1 效应所对应的样本区间在时间维度上的分布进行分析，笔者又在表 4.13 的基础上得到考察的样本区间内东、中、西三大经济区域在不同时间年度上财政转移性支出效应处于区制 1 时省份的个数（见图 4.5）。图 4.5（1）至图 4.5（3）中的实线分别表示在不同年份东、中、西部地区有多少个省级财政转移性支出政策对经济增长表现为区制 1 效应。因此，观察 4.5 可以发现，在样本区间内，东部地区越来越多的省级财政转移性支出对经济增长起到显著的负向作用，而中、西部地区相对越来越多的省级财政转移性支出对经济增长起到显著的正向作用。

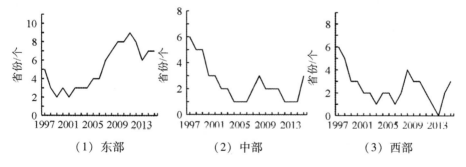

（1）东部 　　　（2）中部 　　　（3）西部

图 4.5　东、中、西三大经济区域层面财政转移性支出政策
表现为区制 1 效应省份的个数

4.4.4 中国省级财政消费性支出的非线性产出效应分析

本书对模型（4-2）进行估计得到了中国省级在不同区制下的系数估计结果。表4.14展示了产出方程部分估计系数的结果，在此基础上通过平滑概率得到中国省级财政消费性支出对经济增长影响在区制1所对应的样本区间，如表4.15所示。

表4.14 产出方程中政府消费性支出变量系数的估计结果

地区	区制1	区制2	地区	区制1	区制2	地区	区制1	区制2
东部地区			中部地区			西部地区		
北京	0.104	0.211*	山西	0.094	0.279*	广西	-0.203*	0.095*
天津	-0.055*	0.092*	吉林	-0.040	0.160*	内蒙古	-0.099*	0.072*
河北	0.004	0.324*	黑龙江	-0.141*	0.161*	贵州	-0.005	0.501*
辽宁	0.007	0.077*	安徽	-0.076	0.174*	云南	-0.034*	0.083*
上海	0.075	0.113*	江西	-0.023	0.161*	陕西	0.017	0.060*
江苏	0.073	0.147*	河南	-0.114*	0.145*	甘肃	-0.001	0.114*
浙江	0.044	0.140*	湖北	-0.017	0.103*	青海	-0.016	0.235*
福建	0.003	0.018*	湖南	-0.052*	0.094*	宁夏	-0.004	0.074*
山东	0.074	0.352*				新疆	0.003	0.017*
广东	0.046	0.091*						
海南	0.007	0.089*						

注：*表示在5%的显著性水平下显著。

表4.14分别表示了区制1和区制2下产出方程中政府消费性支出一阶滞后变量前面的系数估计结果。例如，北京在区制1、区制2下对应的值分别为0.104、0.211，表示北京在区制1、区制2下产出方程政府消费性支出一阶滞后变量前面的系数估计结果分别为0.104和0.211，意味着区制2政府消费性支出增加对产出均起到显著的促进作用，区制1下政府消费性支出对产出并不会表现出显著影响。总体来看，与区制1相比，区制2下省级财政消费性支出对经济增长均起到显著的促进作用，而区制1下天津、黑龙江、河南、湖南、广西、内蒙古、云南财政消费性支出对经济增长均起到显著的抑制作用，其他省级财政消费性支出对经济增长的影响则均不显著。

表 4.15 中国部分省级财政消费性支出区制 1 所对应的样本区间

年份	1997	1998	1999	2000	2001	2002	2003	2004	2005	2006	2007	2008	2009	2010	2011	2012	2013	2014	2015
北京	1	1	1														1	1	1
天津						1	1	1		1									
河北	1		1	1															
辽宁		1	1	1					1						1	1		1	
上海	1	1	1					1			1						1		
江苏	1	1	1	1															
浙江	1	1																	
福建	1											1							
山东			1		1	1					1						1	1	
广东		1	1					1		1	1	1	1			1			
海南											1	1	1	1			1	1	
山西								1				1				1	1	1	
吉林															1	1			1
黑龙江	1		1													1		1	1

年份	1997	1998	1999	2000	2001	2002	2003	2004	2005	2006	2007	2008	2009	2010	2011	2012	2013	2014	2015
安徽	1																1	1	1
江西																	1	1	1
河南	1	1		1													1	1	1
湖北		1														1	1		1
湖南																		1	
广西															1			1	
内蒙古	1	1	1	1	1										1				1
贵州	1	1	1	1		1					1	1		1					1
云南	1	1								1	1							1	1
陕西	1	1	1								1								1
甘肃	1	1	1					1			1	1		1				1	
青海	1	1	1		1	1					1	1		1				1	
宁夏			1	1		1									1	1	1	1	1
新疆	1	1	1			1					1	1		1	1	1	1	1	1

注：1997—2015 年中国部分省级财政消费性支出政策对产出表现为区制 1 效应（用 "1" 表示）。

表 4.15 表示 1997—2015 年中国部分省级财政消费性支出政策对经济增长处于区制 1 的样本区间，利用黑竖条标注，其他未标注的表示该省级财政消费性支出政策对经济增长处于区制 2 的样本区间。例如，北京在 2013—2014 年被标注黑竖条，这说明北京财政消费性支出政策在 2013—2014 年对经济增长的影响并不显著，而其他样本区间内财政消费性支出政策对经济增长将起到显著的促进作用。表 4.15 按照东、中、西部三大经济区域顺序将各省份进行了排列，总体来看，相较于中、西部地区，东部地区省级财政消费性支出对经济增长影响表现为区制 1 所对应的样本区间个数更少，这说明在样本区间东部地区省级财政消费性支出对经济增长大多数时间起到显著促进作用，特别是江苏、浙江和广东。而中、西部地区省级财政消费性支出对经济增长大多数时间起到显著的抑制作用，如广西、青海、新疆等。另外，根据省级财政消费性支出对经济增长表现为区制 1 效应所对应的样本区间在时间维度上的分布进行分析。笔者又在表 4.15 的基础上得到考察的样本区间东、中、西三大经济区域在不同时间年度上财政消费性支出效应处于区制 1 时省份的个数（见图 4.6）。图 4.6（1）至图 4.6（3）中的实线分别表示在不同年份东、中、西部地区有多少个省级财政消费性支出政策对经济增长表现为区制 1 效应。因此，观察 4.6 可以发现：首先从整体趋势来看，在样本区间内，东部地区越来越多的省级财政消费性支出对经济增长起到显著的正向作用，而中、西部地区相对越来越多的省级财政消费性支出对经济增长起到显著的负向作用或并不显著影响，特别是中部地区趋势最为明显；其次具体分析东部地区，东部地区省份在 2015 年财政消费支出对经济增长均起到显著的正向作用，这说明为应对当下经济增长压力，东部地区省级可以增加消费性支出；最后来看中部和西部地区，其中中部地区在 2011 年之后基本一半以上省份，特别是 2014 年达到 7 个省级财政消费性支出对经济增长并没有显著影响或者起到显著的负向作用，西部地区在 1997—2006 年仍然保持增长趋势，并且 2005 年 7 个省级财政消费性支出对经济增长并没有显著影响或者起到显著的负向作用，之后开始下降，但是 2012 年之后继续上升，直到 2015 年依然有一半以上省级财政消费性支出对经济增长并没有显著影响或者起到显著的负向作用。这说明为了提高财政支出效率，中西部地区应适当减少财政消费性支出。

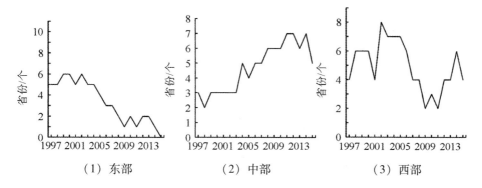

| （1）东部 | （2）中部 | （3）西部 |

图4.6　东、中、西三大经济区域层面财政消费性支出
政策表现为区制1效应省份的个数

4.5　地方财政支出政策的时变特征分析

　　基于中国年度数据对国内生产总值变化与政府支出变化的比值进行了粗略的计算，发现我国政府支出乘数存在一个下降趋势（见图4.7）。由于国内生产总值变化与政府支出变化的比值仅仅只能在统计意义上代表政府支出乘数，因此接下来我们力图通过严格实证分析，探讨中国政府支出乘数是否随时间存在一个下降趋势。为了能更有效刻画财政政策效应长期和渐近式的变化过程，国内外相关文献也讨论了财政支出政策效应在整个样本区间内的动态特征。本节对地方财政支出政策的时变特征进行分析。

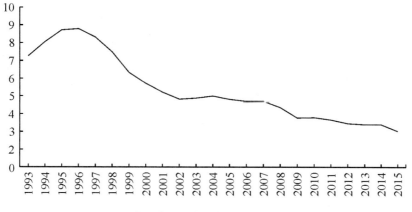

图4.7　国内生产总值变化与政府支出变化的比值

关于财政政策对经济增长的影响或政府支出乘数的大小，国内学者开展了大量的研究，其中以研究的主要方法为分类标志，大体上可概括为如下两类。第一类是基于一般的计量模型，主要指 VAR 类模型。例如，李生祥和丛树海（2004）分别测算了我国理论财政支出乘数与实际财政支出乘数，实证表明理论上我国政府支出乘数围绕 4 上下波动，而实际上基于1985—2000 年数据认为我国政府支出短期乘数在 1.5 左右、长期乘数在 1.65~1.9 之间；陈建宝和戴平生（2008）基于 1985—2006 年我国财政支出和 GDP 数据，采用 VEC 模型和 VAR 模型发现，我国财政支出对经济增长的乘数效应为 4.26，并且呈倒"U"形关系；柳欣和王晨（2008）在1978—2007 年年度数据的基础上，构造了包含 GDP、财政支出与货币供应量及 CPI 的四个内生变量的 VAR 模型，同样得到了财政支出对经济增长起到促进作用，同时还发现长期而言其效果减弱。除此之外，由于 VAR 模型的设定和识别存在随意性，DSGE 模型的建立主要以住户、厂商、银行、政府等经济主体微观经济行为为基础，有效地避免了 VAR 模型设定和识别的随意性，因此第二类是基于微观理论基础的动态随机一般均衡模型。在此基础上，黄赜琳（2005）构建我国三部门 RBC 模型来分析我国财政政策对实际经济波动的解释力度，研究发现，政府购买冲击对产出存在正效应；王国静和田国强（2014）考虑政府消费和私人消费之间的埃奇沃思的互补性、政府投资的外部性和财政政策规则的内生性，因此构建了一个引入以上三个特征的大型 DSGE 模型，分别估计得到中国的政府消费乘数为0.790 4、政府投资乘数为 6.113。

上述国内文献在探讨政府支出乘数时，笔者发现仍然存在两方面问题：其一，关于政府支出乘数的测算结果并没有一致的结论。究其原因，笔者认为，关键在于以上文献实证方法都采用的是线性的 VAR 模型、DSGE 模型，最终得到的财政政策效应也是线性的。鉴于此，国内学者基于门限向量自回归、平滑转移门限向量自回归、区制转移向量自回归等非线性计量模型相继证明了我国财政政策的非线性效应或非对称效应。相较于 TVAR 与 STVAR 等非线性模型，MS-VAR 模型虽然无须预先设定转移变量，在一定程度上避免了模型的误设，但是这三类模型更多的都是体现一种突变、跳跃的非线性变化过程，不能有效刻画财政政策效应长期、渐近式的变化，因此黄威和陆懋祖（2011）、金春雨和王伟强（2016）等分别利用参数时变向量自回归（TVP-VAR）模型讨论了我国财政支出政策的效应。其二，上述文献均是在国家层面数据的基础上对政府支出乘数进行探讨。因此，基于地方政府的视角对政府支出乘数进行分析，有利于扩大样本空间进而保证自由度，有利于对地方政府的财政支出政策的总效应进行更深入探讨。在这方面，方红生和张军（2010）、周波（2014）等基于省际面板数据从地方政府视角对我国财政政策的效应进行了分析，但是并没有考虑到我国财政政策效应的非线性特征。因此，考虑到上述两方面问题，本书试图将 TVP-VAR 模型与面板相结合，最终将基于时变参数的面板结构向量自回归模型（TVP-PSVAR）从地方政府视角对我国政府支出乘数进行实证分析。

对已有文献进行总结，笔者发现，国内对政府支出乘数方面的研究多集中于政府支出乘数、非线性和非对称性三个方面；同时，国内学者在这三方面的研究上也取得了很大的成就，为我们之后对政府支出乘数的深入研究奠定了坚实的基础。然而，关于政府支出乘数的影响因素分析国内学者很少提及。总体来看，这些研究主要涉及贸易开放度、汇率机制、政府债务率和经济发展水平四个影响因素。例如，Ilzetzki 等人（2013）利用 44 个国家（发达国家和发展中国家）的面板数据讨论了经济发展水平、汇率机制、贸易开放度和政府债务状况对政府支出乘数的影响，结果表明经济发展水平越高，贸易开放度越低，国家政府支出乘数越大；Corsetti 等人（2012）扩展了 Perotti（1999）的方法来识别财政政策传导效果，基于 17 个 OECD 国家来考察汇率机制、政府债务状况和金融危机对政府支出乘数的影响，最后得出与 Ilzctzki 等人（2013）一致的结论，同时发现在金融危机时政府支出乘数越大；Born 等人（2013）首先利用面板向量自回归模型研究 OECD 汇率机制对政府支出乘数的影响，发现虽然固定汇率的国家政府支出乘数更大，但是政府支出传导路径与传统的蒙代尔模型并不一致，因此基于新凯恩斯模型解释了这种差异性。上述研究均假设贸易开放度、政府债务率等影响因素对政府支出乘数的作用方向是一成不变的，显然这样的假设过于强烈。因此，本书放宽这个假设，在 TVP-PSVAR 模型下讨论各因素对我国政府支出乘数的影响，如果各因素对我国政府支出乘数的作用确实是不随时间变化的，那么 TVP-PSVAR 模型所得结论与 PSVAR 模型将是一致的。

另外，在计量工具方面，为了从地方政府视角探讨我国政府支出乘数的动态特征及影响因素，本书最终选择 TVP-PSVAR 模型。然而，关于这个计量模型的估计，国内外研究方兴未艾，笔者通过对已有文献进行梳理发现，大多数文献集中在对 TVP-VAR 模型的估计和应用。其中，Cogley 和 Sargent（2001）、Primiceri（2005）分别在状态空间和贝叶斯框架下讨论了 TVP-VAR 模型的估计；国内学者尹雷和赵亮（2016）、刘达禹等人（2016）也分别利用 TVP-VAR 模型实证研究财政政策对物价、产出等宏观经济变量的影响。鉴于此，本书对 TVP-VAR 模型的估计进行扩展，试图在状态空间框架下完成 TVP-PSVAR 模型的估计。

综上所述，关于我国政府支出乘数及影响因素分析，与现有研究相比，本书具体的特色体现在以下三个方面：其一，为了从地方政府视角探索我国政府支出乘数是否随时间变化存在下降趋势，本书将参数时变性扩展到省际面板数据。与已有研究中用到的非线性时间序列模型相比，TVP-PSVAR 模型基于省际面板数据进行分析，能够运用更多样本信息，保证了自由度。其二，关于政府支出乘数下降的影响因素分析，考虑到我国省际统一的汇率制度，本书将借鉴 Ilzetzki 等人（2013）的思路试图探讨贸易开放度、政府债务状况和经济发展水平对我国政府支出乘数的影响，即以贸易开放度、政府债务率、经济发展水平为标准，将我国 31 个省（自治区、直辖市）区分为贸易开放度、政府债务率、经济发展水平较高的省（自治区、直辖市）及贸易开放度、政府债务率、经济发展水平较低的省（自治区、直辖市），分别基于 PSVAR 类模型得到这两组政府支出乘数并探讨其差异性。与 Ilzetzki 等人（2013）的结论不同在于，本书考虑到这三个影响因素对我国政府支出乘数的作用可能存在一定的时变性，因此最终基于 TVP-PSVAR 得到这三组政府支出乘数。与其他文献探讨时运用的平滑转移类模型不同在于，平滑转移类模型并没有考虑到转换变量随时间的变化，样本区间不同将会导致结果不同。其三，关于 TVP-PSVAR 模型的估计，国内外文献鲜有讨论，因此本书将 TVP-VAR 的估计思路拓展到面板上，在状态空间框架下完善 TVP-PSVAR 模型的估计方法。

4.5.1　TVP-PSVAR 模型的设定及估计

4.5.1.1　TVP-PSVAR 模型的设定

为了对政府支出乘数的影响因素进行探讨，Ilzetzki 等人（2013）以贸易开放度、政府债务率、经济发展水平为标准，将 44 个样本国家分为贸易开放度、政府债务率、经济发展水平较高的国家及贸易开放度、政府债务率、经济发展水平较低的国家，分别基于模型（4-28）得到这两组政府支出乘数并探讨其差异性。

$$Ay_{it} = \Gamma_1 y_{i,\ t-1} + \cdots + \Gamma_p y_{i,\ t-p} + \lambda_i + f_t + B\varepsilon_{it} \tag{4-28}$$

其中，$y_{it} = (G_{it},\ GDP_{it})'$ 包含两个内生变量的列向量，分别是政府支出与地区生产总值，i 代表地区，t 代表年份，p 代表滞后阶数，λ_i 和 f_t 分别表示个体固定效应与个体时间效应。矩阵 A 描述了 y_{it} 中所包含的两个内生变量的即期关系，Γ_1，$\cdots$，Γ_p 表示变量之间的动态关系。扰动项 ε_{it} 满足 $E(\varepsilon_{it}) = 0$ 和方差协方差矩阵 $E(\varepsilon_{it}\varepsilon_{jt}') = I$。

上述模型的设定存在两方面问题：一方面，模型（4-28）中假设各系数矩阵 A，Γ_1，$\cdots$，Γ_p 不随时间以及个体的不同而不同，并没有考虑到我国渐近式的改革实践势必不会导致一成不变的财政支出政策效应；另一方面，模型（4-28）中的设定表示共同因子 f_t 对不同个体存在相同效应，这显然是不符合经济学直觉的。因此，本书将借鉴杨继生等人（2013）的结论将个体与时间的交互效应引入模型（4-28）。综上所述，本书最终使用的 TVP-PSVAR 模型的设定如下：

$$Ay_{it} = \Gamma_{1,\ t} y_{i,\ t-1} + \cdots + \Gamma_{p,\ t} y_{i,\ t-p} + \lambda_i + \Lambda_i f_t + B\varepsilon_{it} \tag{4-29}$$

模型（4-29）与 Ilzetzki 等人（2013）使用的传统 PSVAR 模型不同之处主要在于以下两个方面：

第一，参数时变性。参数时变 VAR 模型又可分为方差-协方差矩阵不随时间变化和方差-协方差矩阵随时间变化两类。由于美国在 20 世纪 80 年代前后很多经济变量波动性发生明显变化，而就我国而言，经济增长和财政支出波动并没有那么明显，因此在消去模型（4-29）中个体效应的基础上，得到其简化式形式：

$$z_{it} = \prod_{1,\ t} z_{i,\ t-1} + \cdots + \prod_{p,\ t} z_{i,\ p} + A^{-1}\Lambda_i f_t + \mu_{it} \tag{4-30}$$

其中，$\prod_{1,\ t} = A^{-1}\Gamma_{i,\ t}$，$u_{it} = A^{-1}B\varepsilon_{it}$，残差序列的方差协方差矩阵 $\hat{\Omega}_u$ 则与时间无关。另外，笔者仅仅假设式（4-29）中描述变量之间的动态关系 $\Gamma_{1,\ t}$，$\cdots$，$\Gamma_{p,\ t}$ 将只随时间变化而变化，不随个体变化而变化。这是由于考虑到我国不多的样本数据，一旦假设 $\Gamma_{1,\ t}$，$\cdots$，$\Gamma_{p,\ t}$ 不仅随时间变化而且随个体变化，那么将会多出上百个参数需要估计。

第二，交互效应。杨继生等人（2013）对面板数据的交互效应的估计进行了讨论，其中 f_t 表示不可观测的随时间变化的共同因子，那么模型

（4-29）中 $f_t = (f_{g, t}, f_{2, t})'$，因子载荷矩阵 $\Lambda_i = diag(\lambda_{g, i}, \lambda_{2, i})$ 反映了共同因子对各省（自治区、直辖市）的影响程度。

4.5.1.2 TVP-PSVAR 模型的估计

国内外学者在 TVP-VAR 模型的估计方面开展了大量的研究。我们对其进行总结发现：这类模型的估计主要基于状态空间的估计框架或贝叶斯估计框架，但是却少有文献关注 TVP-PSVAR 模型的估计。因此，本书主要在状态空间的估计框架下试图探讨 TVP-PSVAR 模型的估计。接下来，本节将讨论如何在状态空间估计框架下估计 TVP-PSVAR。具体步骤如下：

第一步，状态空间模型形式。对式（4-30）的数据堆积形式进行一些变化，得到观测式（4-31）。

$$Y_t = \begin{bmatrix} X_{1t} & A^{-1}\Lambda_1 \\ \vdots & \vdots \\ X_{Nt} & A^{-1}\Lambda_N \end{bmatrix} \begin{bmatrix} \beta_t \\ f_t \end{bmatrix} + \tilde{e}_t \tag{4-31}$$

其中，$Y_i = \begin{bmatrix} z_{11t} & \cdots & z_{1kt} & \cdots & z_{N1t} & \cdots & z_{Nkt} \end{bmatrix}$，$z_{ikt}$ 代表第 i 个个体第 k 个内生变量第 t 期的数据；$X_{it} = \begin{bmatrix} x_{i1t}' & 0 & 0 \\ \vdots & \ddots & \vdots \\ 0 & 0 & x_{ikt}' \end{bmatrix}$，$x_{ikt} = \begin{bmatrix} z_{it-1}', \cdots, z_{it-p}' \end{bmatrix}'$；$\beta_t = vec(\prod_{1, t}, \cdots, \prod_{p, t})$；$\tilde{e}_t = vec(A^{-1}B\varepsilon_{1t}, \cdots, A^{-1}B\varepsilon_{Nt})$ 及方差-协方差矩阵为 $\hat{\Omega}_u \otimes I_N$。同时，为了捕捉系数的变化，假设 β_t 服从一个 AR（1）过程，即状态方程如下所示：

$$\beta_t = B\beta_{t-1} + w_t \tag{4-32}$$

其中，$w_t \sim MVN(0, R)$。

第二步，式（4-31）、式（4-32）组成状态空间模型。这类模型通常基于卡尔曼滤波利用极大似然估计得到参数估计值。考虑通过牛顿-拉夫森（Newton-Raphson）算法寻找最优值要花费很大计算量，因此本书利用 EM 算法对似然函数进行优化得到参数估计值。具体而言，首先给定待估参数集初值为 $\hat{\Theta}_1$，通过滤波得到状态变量 β_t，其次在此基础上最大化式（4-33）来得到参数估计值 $\hat{\Theta}_2$，最后循环迭代直到收敛。

$$\hat{\Theta}_2 = \arg \max_{\Theta} E_{\beta|\hat{\Theta}_1} [\log L(\Theta \mid Y, \beta)] \tag{4-33}$$

第三步，基于第二步得到观测式（4-31）中残差序列的方差-协方差

矩阵 $\hat{\Omega}_u$。由 $u_{it} = A^{-1}\varepsilon_{it}$，得

$$\Omega_u = A^{-1}BB'A_i^{-1'} \tag{4-34}$$

由于 $\hat{\Omega}_u$ 中只有 3 个简化式参数估计值，而矩阵 A 和 B 中有 8 个未知数，因此需要至少施加 5 个约束条件才可以通过式（4-34）得到 A 和 B 的估计值。关于财政支出的识别条件如何设定，国内外学者进行了大量讨论，但这不是本书研究的重点。因此，本书借鉴 Blanchard 和 Perotti（2002）的识别方法，假设财政支出对产出当期影响为零，结构矩阵设定为：$A = \begin{bmatrix} 1 & 0 \\ a_{21} & 1 \end{bmatrix}$，$B = \begin{bmatrix} b_{11} & 0 \\ 0 & b_{22} \end{bmatrix}$。通过最小化式（4-35）得到 $\hat{A}$ 及 $\hat{B}$。

$$\ln L_c(A, B) = -\frac{NkT}{2}\ln(2\pi) + \frac{NT}{2}\ln|A|^2 - \frac{NT}{2}\ln|B|^2 - \frac{NT}{2}tr(A'B^{-1'}A\hat{\Omega}_u)$$

$$\tag{4-35}$$

式中，N 表示模型（4-30）中的个体数目，k 表示内生变量个数，T 表示第 i 个个体的时间样本区间。根据 $\hat{A}$ 与式（4-31）得到模型（4-30）中所有结构系数矩阵 $\hat{\Gamma}_{1,t}, \cdots, \hat{\Gamma}_{p,t}$。

4.5.2　地方财政支出政策的时变特征分析

本节选用 1990—2015 年我国 31 个省（自治区、直辖市）的年度数据，在研究中关键的两个内生变量为政府支出、GDP，分别来自中经网统计数据库的地方公共财政支出和地区生产总值。考虑到通胀因素，笔者分别以 1990 年为基期 CPI 对各省（自治区、直辖市）地方公共财政支出和地区生产总值进行了消胀处理，得到实际财政支出和实际地区生产总值。最后，分别对各省（自治区、直辖市）的实际财政支出和实际地区生产总值取自然对数，可以减弱它们的异方差性。另外，关于本书所关注的贸易开放度、政府债务率、经济发展水平三个影响因素，贸易开放度用进出口总额占地区生产总值的比重来衡量，地方公共财政支出与地方公共财政收入地区之差占地区生产总值的比重表示政府债务率，经济发展水平则利用人均地区生产总值表示。

在对模型（4-30）进行估计前，需要对研究中关键的两个内生变量进行面板单位根检验。通过 IPS 检验和 PP-Fisher 检验均发现在 5% 的显著水平下，各变量都表现为 $I(1)$ 过程，因此分别对实际政府支出和实际地区生产总值的对数形式取差分得到平稳序列，以保证 TVP-PSVAR 模型不存在

伪回归。关于模型（4-30）滞后阶数的选取，根据时变参数 PSVAR 模型中的 AIC 或 HQ 等信息准则来确定，因此本节最终选定 TVP-PSVAR 模型滞后阶数为 2 阶。接下来，本节将基于模型（4-30）分别对中国政府支出乘数的时变特征和影响因素进行实证分析。

4.5.2.1 中国政府支出乘数时变特征分析

基于我国省际面板数据，在模型（4-30）的基础上得到 1993—2015 年中国政府支出乘数。如图 4.8 所示，1993 年中国政府支出乘数为 3.6，表示 1993 年中国短期政府支出乘数为 3.6。观察图 4.8 我们可以将总体区间大致分为三个样本区间，即 1993—1999 年、2000—2009 年、2010—2015 年，分别对这三个样本区间的政府支出乘数进行分析可以得出以下三个基本结论：其一，与其他样本区间相比，1993—1999 年中国政府支出乘数波动最剧烈，即中国政府支出乘数 1994 年下降到最小值 -3.4，1995 年开始缓慢上涨，直到 1996 年上涨到最大值 5.1，随后 1998 年下降到 -3.2。另外，在此期间，1994—1995 年和 1998 年中国政府支出政策表现为非凯恩斯效应，这与王立勇和刘文革（2009）、方红生和张军（2010）所得结论相一致。其二，在整个样本区间，中国政府支出乘数在 2000—2009 年表现较为稳定，并且基本均为正。其三，中国政府支出乘数在 2010—2015 年仍然均为正，但是总体表现为下降趋势，即 2010 年政府支出乘数达到最大值 3.1，之后缓慢下降，联系到 2008 年世界金融危机的爆发，这说明中国政府支出政策在经济衰退期"挤入效应"更显著，并且证明 4 万亿元的投资计划确实有效地推动了国民经济的稳步增长。从上述三个基本结论发现，2000 年之前中国政府支出乘数表现出在凯恩斯效应与非凯恩斯效应之间交替出现，而 2000 年之后中国政府支出乘数基本均为凯恩斯效应。王立勇和刘文革（2009）认为，这是由于中国 2000 年之前商品市场需求相对短缺，劳动市场过度供给及过度需求交替出现，2000 年之后中国经济主要遭受有效需求不足。另外，自 2000 年之后；中国实行稳健财政政策，导致财政支出政策效果在 2000—2009 年相对较弱。伴随 2008 年世界金融危机，中国宏观经济面临下行压力，当局政府开始实行积极财政政策。然而，自 2010 年之后，中国政府支出乘数却表现为下降趋势，导致中国财政支出政策效果减弱的原因亟待研究。

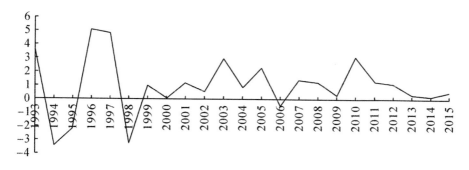

图 4.8　中国政府支出乘数

4.5.2.2　不同贸易开放度、经济发展水平、政府债务率下的政府支出乘数

对国外已有文献进行总结，政府支出乘数的影响因素分析主要集中在贸易开放度、汇率制度、政府债务率和经济发展水平四个方面。对我国而言，除了统一的汇率制度外，贸易开放度、政府债务率和经济发展水平对地方财政支出政策效应同样有着重要影响。自改革开放以来，长期高速的经济发展、贸易开放带来了资本、技术等，改变了地方政府禀赋，从而将诱致地方政府财政效应发生变化。另外，近年来，随着地方政府债务率提高，抑制了财政政策实行空间，有可能降低地方政府财政支出效应。因此，为了进一步探索贸易开放度、经济发展水平、政府债务率如何影响政府支出乘数，本书基于我国 31 个省（自治区、直辖市）的贸易开放度，将其分为贸易开放度低与贸易开放度高两组，并且分别在模型（4-30）的基础上得到其政府短期支出乘数，如图 4.9 所示。图 4.10 和图 4.11 同理可得。这个思路与 Ilzetzki 等人（2013）所得结论基本一致，不同之处在于我们考虑了贸易开放度、经济发展水平和政府债务率下的政府支出乘数可能存在时变性，最终基于 TVP-PSVAR 模型我们发现贸易开放度、经济发展水平、政府债务率对中国政府支出乘数的影响并不是一成不变的，而是存在一定的时变特征。下面我们对图 4.9 至图 4.11 分别进行详细说明。

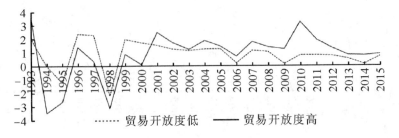

图 4.9　不同贸易开放度下政府支出乘数

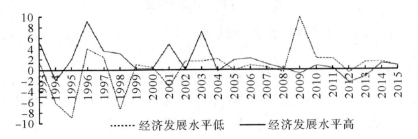

图 4.10　不同经济水平下政府支出乘数

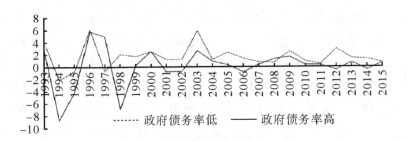

图 4.11　不同政府债务率下政府支出乘数

图 4.9 中的虚线与实线分别表示 1993—2015 年贸易开放度低和贸易开放度高的两组省（自治区、直辖市）的政府支出乘数。从图 4.9 中我们可以得到以下几个基本结论：其一，不同贸易开放度下省（自治区、直辖市）政府支出乘数的差异性存在时变性。具体而言，在 2000 年之前，除了 1993 年贸易开放度高的组的政府支出乘数大于贸易开放度低的组，达到样本区间最大值 3.7；1994—2000 年贸易开放度低的组有更大的政府支出乘数，这与 Ilzetzki 等人（2013）所得结论一致。在 2000 年之后，相较于贸易开放度低的组，贸易开放度高的组有更大的政府支出乘数。由此，我们认为，这可能是贸易开放度对政府支出乘数存在两个方面的作用：一方

面，贸易开放度越高会促进技术进步，从而提高了政府外部效率，同时技术和管理知识向政府内部扩散与溢出，提高了政府部门的生产效率，最终导致政府支出乘数更大；另一方面，政府支出增加又将导致国内需求增加，从而恶化净出口，挤出部分产出，而贸易开放度越高挤出效应将越明显，政府支出乘数将越小。这两个一正一负的作用最终导致贸易开放度对政府支出乘数的影响存在时变性。第二，整体而言，贸易开放度低与贸易开放度高这两组的政府支出乘数趋势与图 4.8 相一致。特别是贸易开放度高的组在整个样本区间政府支出乘数的波动性较大。这说明 1997 年亚洲金融危机、2000 年我国加入世贸组织及 2008 年世界金融危机都在一定程度上更容易导致贸易开放度高的组的政府支出政策效应不稳定。

如图 4.10 所示，虚线和实线分别表示 1993—2015 年经济发展水平低与经济发展水平高的组的政府支出乘数。我们可以将整个样本区间分为三个子区间，即 1993—1999 年、2000 2008 年和 2009—2015 年。首先，1993—1999 年，此时我们发现相较于经济发展水平低的组，经济水平高的组有更大的政府支出乘数。这是因为，一方面，经济越发达的省（自治区、直辖市）基础设施等公共资本更为完善，有利于提高财政政策的效率，最终导致较大的政府支出乘数；另一方面，在此期间，中国经济高速发展，通常伴随扩张性的财政政策，那么此时的预期会产生负的财富效应，挤出消费，这个挤出幅度取决于消费者的流动性约束，经济发展水平较低的省（自治区、直辖市）拥有相对较高的流动性约束，进而存在较大的挤出效应，最终导致政府支出政策效果减弱。其次，2000 2008 年，除了 2002 年和 2004 年外，其他样本年份经济发展水平高的组的政府支出乘数仍然大于经济发展水平低的组。另外，我们也发现在这个样本区间两组政府支出乘数随时间变化较为稳定，特别是经济发展水平低的组。最后，2009—2015 年，与经济发展水平高的组相比，经济发展水平低的组政府支出乘数更大，这说明经济越发达的省（自治区、直辖市）财政支出政策对拉动经济增长作用较弱，而经济较不发达的省（自治区、直辖市）财政支出政策在短期内对经济增长有较强的拉动作用，这与郭庆旺和贾俊雪（2005）、刘建民等人（2012）所得结论一致，证明扩张性财政政策有助于缩小我国区域经济差异。之因为造成这种现象，笔者认为可能是近年来经济越发达的地区产业化升级加快，劳动力市场出现结构性短缺。

图 4.11 中的虚线与实线分别表示政府债务率低和政府债务率高的两个组在 1993—2015 年的政府支出乘数。从整体来看，与政府债务率低的组相比，政府债务率高的组在整个样本区间基本都有较小的政府支出乘数。这是因为：一方面，政府债务率越高，政府支出的增加将导致未来政府实行财政紧缩，这促使民众形成了相应的预期，抵消部分政府支出扩张带来的效应；另一方面，在较高的政府债务率水平下，扩张性政府投资支出政策将大大增加政府债务的违约风险，继而增大国债利率溢价，可能导致实际利率提高，这两方面都会挤出私人消费及私人投资，降低了政府支出政策的有效性，最终导致政府支出乘数减小。

4.5.2.3 中国政府支出乘数影响因素分析

基于上述两方面实证分析，我们发现中国政府支出乘数在 1993—2015 年存在一定时变特征，并且除了政府债务率外，贸易开放度和经济发展水平对中国政府支出乘数的影响都具有一定的时变特征，在此基础上我们将进一步探索 2010 年之后中国政府支出乘数减小的原因。在此之前，我们首先对中国 1993—2015 年贸易开放度、经济发展水平和政府债务率的变化趋势进行统计描述，这三个影响因素与前面一致。

图 4.12（1）至图 4.12（3）分别描述了 1993—2015 年我国贸易开放度、经济发展水平和政府债务率的波动路径。如图 4.12（1）所示，我国贸易开放度在 2000 年之前基本稳定在 0.3~0.4，直到 2001 年我国正式加入 WTO 之后，我国贸易开放度表现为明显的上升趋势，在 2007 年达到最大值 0.6；随后 2008 年世界金融危机爆发，受到外部需求不足的影响，我国贸易开放度开始下降，2010 年虽然我国贸易开放度有所回升，但是随后我国贸易开放度依然下降。根据图 4.12（2），我们对人均 GDP 去通胀，得到实际的人均 GDP，发现我国经济发展水平在整个样本区间内呈上升趋势。从图 4.12（3）中我们可以看出，我国政府债务率的波动路径可以分为三个区间：2002 年之前我国政府债务率呈上升趋势；从 2003 年开始我国政府债务率下降，甚至在 2007 年出现盈余；2008 年受世界金融危机影响，我国采取积极财政政策，因此政府债务率开始上升，直到 2015 年上升到样本区间最高值。

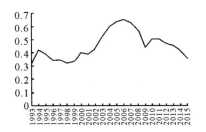

（1）贸易开放度

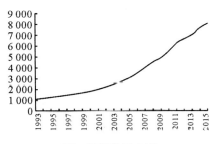

（2）经济发展水平

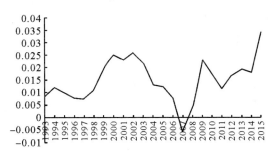

（3）政府债务率

图 4.12　1993—2015 年中国贸易开放度、经济发展水平和政府债务率

表 4.16　中国政府支出乘数影响因素分析

时间	贸易开放度		经济发展水平		政府债务率	
1993—1999	稳定	无	上升	正	上升	负
2000—2009	先上升 后下降	先正后负	上升	先不确 定后负	先下降 后上升	先正后负
2010—2015	下降	负	上升	负	上升	负

　　为了便于进一步分析，本书将 1993—2015 年中国贸易开放度、经济发展水平和政府债务率的波动路径及对中国政府支出乘数的影响放到一个表中，如表 4.16 所示。例如，表 4.16 中贸易开放度下第一列表示中国贸易

开放度的波动路径，第二列表示中国贸易开放度对中国政府支出乘数的影响方向。另外，表 4.16 中第一列是样本区间，这与中国政府支出乘数所表现出的时变特征相一致。观察表 4.16 我们可以发现：其一，1993—1999 年，中国贸易开放度对政府支出乘数影响并不大，上升的经济发展水平对中国政府支出乘数起到正向作用的同时，政府债务率的提高促使中国政府支出乘数下降。其二，就 2000—2009 年而言，可以继续划分为 2000—2007 年和 2008—2009 年两个区间。2000—2007 年，中国贸易开放度上升及政府债务率下降促使中国政府支出乘数增加，但是上升的经济发展水平在 2002 年和 2004 年对中国政府支出乘数起到负的作用，而 2008—2009 年中国贸易开放度下降、经济发展水平上升及上升的政府债务率都对政府支出乘数起到负向作用。其三，2010—2015 年，中国贸易开放度下降，经济发展水平和政府债务率上升，这些都对中国政府支出乘数起到负向的作用，这在一定程度上可以解释图 4.8 中 2010 年之后中国政府支出乘数的下降趋势。

总结上述三部分分析，我们可以得到结论如下：其一，中国政府支出乘数在 1993—2015 年存在一定的时变特征：2000 年之前变化剧烈且在 1994—1995 年和 1998 年表现出非凯恩斯效应，之后变化稳定，直到 2007 年开始有所下降，随后受到金融危机影响大型扩张性财政政策使得 2010 年政府支出乘数再次达到极值 3.1，随后政府支出乘数出现下降趋势。其二，在 Ilzetzki 等人（2013）的框架下探讨贸易开放度、经济发展水平与政府债务率对中国政府支出乘数的影响发现，除了政府债务率对政府支出乘数起到负向作用之外，其他两个因素对政府支出乘数的影响都是存在一定时变的。其中：2000 年之前贸易开放度低会促进政府支出乘数增加，2000 年之后贸易开放度高对政府支出乘数起到正向作用；2000 年之前经济发展水平越高政府支出乘数越大，2008 年之后经济发展水平低将有更大的政府支出乘数。其三，进一步对 1993—2015 年中国贸易开放度、经济发展水平和政府债务率的波动路径进行分析，我们发现 2007—2015 年以来下降的贸易开放度、上升的政府债务率和经济发展水平在一定程度上解释了 2007—2015 年中国政府支出乘数的下降趋势。

4.6 本章小结

从利用地区生产总值变化率与财政支出变化率的比值作为政府支出乘数的粗略估计来看，特征一表明我国地方财政支出政策有非线性效应，特征四表明我国各省级财政支出政策也有非线性效应，并且各省对应非线性效应区间并不一致。因此，本章笔者主要试图利用更为严格的实证分析对我国省级财政支出政策非线性效应存在性进行探讨，进一步讨论非线性效应存在的原因。为此，本章首先设定 PMS-VAR 模型的三种形式，基于 AIC 准则选择最优的 PMS-VAR 模型形式，这证实了特征四的可靠性，在此基础上基于 LR 检验又证实了特征一的可靠性。

其次，借鉴 Billio 等人（2016）的思路完善该模型估计，通过识别各省级财政支出政策非线性效应区间发现，各省级两种效应所在区间存在差异，并且这些差异性与东、中、西三大经济区域分布并不统一。因此，基于实证结果，本书又分省建立 Probit 模型对主体预期观点和劳动市场观点进行再检验。实证表明：从总体层面来说，我国省级财政支出规模对产出表现为非凯恩斯效应的原因分析支持主体预期观点与劳动市场观点，其中主体预期观点对我国省级财政支出政策的效应影响更显著。其中，12 个省（直辖市）在样本区间内财政支出规模对产出表现出的非凯恩斯效应只可以由主体预期观点来解释，9 个省（直辖市）在样本区间内财政支出规模对产出表现出的非凯恩斯效应只可以由劳动市场观点来解释，剩下的 7 个省级财政支出规模对产出表现出的非凯恩斯效应既可以由主体预期观点又可以由劳动市场观点来解释，只是与劳动市场观点相比，主体预期观点的解释力度更大。

最后，鉴于不同财政支出项目对产出可能存在不同的影响，本章又分别分析财政服务性支出、财政投资性支出、财政转移性支出、财政消费性支出对产出的非线性效应。结果发现，就全国层面而言，地方财政服务性支出对地方产出的显著的促进作用越来越明显了，地方财政投资性支出对产出依然起到显著的促进作用；另外，相较于东部地区，中、西部地区可以通过增加财政投资支出来促进经济增长；相较于中、西部地区，东部地区省级财政转移性支出对产出影响表现为区制 1 所对应的样本区间个数更多；东部地区越来越多的省级财政消费性支出对产出起到显著的正向作用，而中、西部地区相对越来越多的省级财政消费性支出对产出起到显著的负向作用或并不显著影响。

除此之外，本章最后一节从地方政府视角分析地方财政支出政策的时变特征。首先对中国国内生产总值变化与政府支出变化的比值进行核算，作为政府支出乘数统计意义上的代表变量我们发现其自 1997 年以来呈现一个下降趋势，那么我们不禁要问中国政府支出乘数是否真的在下降。本书从地方政府视角出发，利用 1990—2015 年中国省级面板数据，基于 TVP-PSVAR 模型进行严格的实证分析发现我国政府支出乘数存在很明显的时变特征：2000 年之前我国政府支出乘数表现为凯恩斯效应和非凯恩斯效应的交替出现，主要是 1994—1995 年和 1998 年表现为非凯恩斯效应，其他样本区间表现为凯恩斯效应；伴随稳健财政政策的实施，2000—2009 年中国政府支出乘数基本表现为较弱凯恩斯效应，且存在稳定波动；为了应对金融危机，面对我国宏观经济下行压力，财政政策由稳健型转向积极型，然而 2010 年政府支出乘数达到极大值，之后却开始出现下降趋势。鉴于此，借鉴 Ilzetzki 等人（2013）的思路继续探索贸易开放度、经济发展水平与政府债务率三个因素对中国政府支出乘数的影响，最终发现 2010 年之后中国较低的贸易开放度、较高的政府债务率和经济发展水平导致了政府支出乘数的下降。基于上述分析结果可以得到以下政策启示：经济衰退期间，扩张性财政政策将有效地促进经济增长，而在经济正常期间，财政政策效果一般。伴随经济发展步入新常态，为了提高财政政策的有效性，我国需要合理控制政府的债务规模，从而提升市场信心，改变私人预期，抑制财政政策的溢出效应。另外，面对世界经济低增长、外需低迷，我国需要坚定不移地实行外贸结构调整、降低外贸企业成本、提升贸易便利化等措施来增加我国出口贸易。

5 中国财政支出政策省域非对称性效应研究

关于财政支出政策的非对称性研究，包括不同省级财政支出政策对经济增长的非对称性分析和不同经济周期阶段下财政支出政策对经济增长的非对称性研究。不同经济周期阶段下财政支出政策对经济增长的非对称性研究将在下一章进行详细实证分析，本章将主要探讨不同省级财政支出政策对经济增长影响的非对称性。若各省级财政支出政策对经济增长的影响存在差异性，则说明不同省级财政支出政策对经济增长有非对称性的影响。

5.1 动态异质且截面相关的 PSVAR 模型设定

关于地方政府视角下财政支出政策对经济增长的影响分析，国内学者齐福全（2007）基于向量自回归模型仅仅探讨了北京市财政支出与经济增长之间的关系，郭庆旺和贾俊雪（2005）、王春元（2009）等在面板回归模型的基础上更全面地分析了我国地方财政支出对经济增长的影响。考虑到财政支出与经济增长之间的双向关系，国外学者 llzetzki 等人（2013）通过建立模型（5-1）在 44 个样本国家（发达国家和发展中国家）的面板数据得到财政支出冲击对产出的脉冲响应函数：

$$Ay_{it} = \Gamma_1 y_{i,\,t-1} + \cdots + \Gamma_p y_{i,\,t-p} + \lambda_i + \varepsilon_{it} \tag{5-1}$$

其中，$y_{it} = (G_{it},\ Tax_{it},\ GDP_{it})'$，特别指出的是上式中的 t 代表季度，这是由于在识别财政支出冲击时，通常假设面对产出的变化政府机构不能及时改变财政支出，因此 llzetzki 等人（2013）认为这个滞后期为 1 季度最为合适。

考虑到我国省级数据的特点和各省级经济发展中可能具有的较大差异

性以及相依性等问题，模型（5-1）并不能直接用于探讨我国省级财政支出政策对经济增长的影响，因此本书最终使用的动态异质且截面相关 PSVAR 模型的基本设定如下：

$$A_i y_{it} = \Gamma_{i,1} y_{i,t-1} + \cdots + \Gamma_{i,p} y_{i,t-p} + \lambda_i + \varepsilon_{it} \qquad (5-2)$$

模型（5-2）与 llzetzki 等人（2013）使用的 PSVAR 模型不同之处主要体现在以下三个方面：

第一，考虑到我国各省级经济发展存在异质性。本书将其分为静态异质与动态异质。静态异质是指不随时间变化的异质性，通过个体固定效应 λ_i 来反映；动态异质更多表现为省际动态响应的显著性、传导路径等方式的不同，因此矩阵 A_i，$\Gamma_{i,1}$，$\cdots$，$\Gamma_{i,p}$ 对不同省级而言，随着 i 取值的不同，A_i，$\Gamma_{i,1}$，$\cdots$，$\Gamma_{i,p}$ 不再是固定不变的。

第二，考虑到我国省级经济发展之间存在相依性。此时，模型（5-2）将存在截面相关性，即 ε_{it} 不再满足 $E(\varepsilon_{it}\varepsilon_{jt}') = 0 (i \neq j)$，Pesaran（2003）、Bai（2009）等利用共同因子的思想来研究面板回归模型的截面相关性。将这个思想借鉴到 PSVAR 模型中，具体而言，扰动项 $\varepsilon_{it} = (\varepsilon_{g,it}, \varepsilon_{2,it}, \varepsilon_{3,it})'$ 包含政府支出冲击 $\varepsilon_{g,it}$，可以将其分解为如下形式：

$$\varepsilon_{it} = \Lambda_i \bar{\varepsilon}_t + \tilde{\varepsilon}_{it} \qquad (5-3)$$

式中，$\tilde{\varepsilon}_{it} = (\tilde{\varepsilon}_{g,it}, \tilde{\varepsilon}_{2,it}, \tilde{\varepsilon}_{3,it})'$ 被称为异质性冲击或特有冲击，表示来自各省级自身的结构冲击，一般认为满足：$E(\tilde{\varepsilon}_{it}\tilde{\varepsilon}_{jt}) = 0$（$i \neq j$），即各省级的异质性冲击只对自身有影响；$\bar{\varepsilon}_t = (\bar{\varepsilon}_{g,t}, \bar{\varepsilon}_{2,t}, \bar{\varepsilon}_{3,t})'$ 表示共同冲击，代表同时影响各省级的结构冲击，$E(\bar{\varepsilon}_t\bar{\varepsilon}_t') = I$，由于存在共同冲击导致各省级经济变量不止受到来自自身冲击的影响，同时还受到来自全国层面或区域层面共同冲击的影响；因子载荷矩阵 $\Lambda_i = diag(\lambda_{g,i}, \lambda_{2,i}, \lambda_{3,i})$ 反映了共同冲击对各省（自治区、直辖市）的影响程度。

第三，由于我国省级财政支出数据只有年度数据，现有国内文献仍然基于模型（5-1）利用我国省级年度数据对我国区域财政政策效应进行研究（陈安平，2007；靳春平，2007；邓力平和林峰，2014 等），因此本书按照现有文献做法，设定模型（5-2）中的 t 代表年份，并基于 1978—2015 年我国省级数据探讨自改革开放后我国地方财政支出政策对经济增长的影响。另外，郭庆旺等人（2003）、王春元（2009）等均实证发现，我国财政不同支出项目对经济增长影响不同。鉴于此，本书又基于模型（5-2）分析了地方财政支出结构对经济增长的影响。

5.2 截面相关且动态异质 PSVAR 模型估计

由于模型（5-2）中截面相关的存在，传统 PSVAR 模型的估计方法不再适用，需要构建新的估计方法。通过已有文献发现，根据对共同因子寻找代理变量的方式不同又可分为共同相关效应估计（CCE）和主成分估计（PC）两种。接下来，本书将介绍如何将 CCE 和 PC 两种处理截面相关的思路分别用于动态异质且截面相关的 PSVAR 模型，进而识别出异质性冲击和共同冲击的效应。

5.2.1 CCE 估计

Pedroni（2013）将 CCE 估计思路引入动态异质且截面相关 PSVAR 模型的估计。下面笔者借鉴 Pedroni（2013）估计思路完成模型（5-2）的估计，具体步骤如下：

第一步，为消去模型（5-2）中的个体效应，令 $z_{it} = \Delta y_{it} - \Delta \bar{y}_i$，则模型（5-2）的简约型形式为

$$z_{it} = \Pi_{i,1} z_{i,t-1} + \cdots + \Pi_{i,p} z_{i,p} + u_{it} \tag{5-4}$$

其中，
$$\Pi_{i,k} = A_i^{-1} \Gamma_{i,k}, \quad u_{it} = A_i^{-1} \varepsilon_{it} \tag{5-5}$$

对简约型模型（5-4）进行估计得到其参数估计值 $\hat{\Pi}_{i,1}, \cdots, \hat{\Pi}_{i,p}$、残差序列 $\hat{u}_{it}$ 及方差协方差矩阵 $\hat{\Omega}_{i,u}$。

第二步，模型（5-2）的结构向量自回归形式可以表示为

$$z_{it} = A_i(L) \varepsilon_{it} \tag{5-6}$$

其中，$A_i(L) = \sum_{s=0}^{\infty} A_{i,s} L^s$。对式（5-6）各变量基于截面维度取其均值，得

$$\bar{z}_t = N_t^{-1} \sum_{i=1}^{N_t} z_{it}$$

$$= N_t^{-1} \sum_{i=1}^{N_t} A_i(L)(\Lambda_i \bar{\varepsilon}_t + \tilde{\varepsilon}_{it})$$

$$= \left(N_t^{-1} \sum_{i=1}^{N_t} A_i(L) \Lambda_i \right) \bar{\varepsilon}_t + N_t^{-1} \sum_{i=1}^{N_t} A_i(L) \tilde{\varepsilon}_{it} \tag{5-7}$$

当 $N_t \rightarrow \infty$ 时，$N_t^{-1} \sum_{i=1}^{N_t} A_i(L) \tilde{\varepsilon}_{it} \rightarrow 0$ [①]，因此式（5-7）可等价于下式：

$$\bar{z}_t = \bar{A}(L) \bar{\varepsilon}_t \tag{5-8}$$

由式（5-8），得

$$\bar{\varepsilon}_t = \bar{A}(L)^{-1} \bar{z}_t = \sum_{l=0}^{\infty} \delta_{il}' \bar{z}_{t-l} \tag{5-9}$$

其中，$\bar{A}(L) = N_t^{-1} \sum_{i=1}^{N_t} \bar{A}_i(L)$，$\bar{A}_i = A_i(L) \Lambda_i$。

第三步，将式（5-9）代入式（5-4），得

$$z_{it} = A_i^{-1} \Gamma_{i,1} z_{i,t-1} + \cdots + A_i^{-1} \Gamma_{i,p} z_{i,p} + A_i^{-1} \sum_{l=0}^{p_T} \Lambda_i \delta_{il}' \bar{z}_{t-l} + e_{it} \tag{5-10}$$

上式中，p_T 设置为 $T^{\frac{1}{3}}$ 的整数值，那么截面均值 $p_T + 1$ 之后的滞后值以及异质性冲击都放在 e_{it} 中。基于式（5-10），利用 GLS 得到式（5-4）待估参数 $W_i = [\Pi_{i1}, \cdots, \Pi_{ip}]$：

$$\hat{W}_i' = (X_i' M_q X_i)^{-1} (X_i' M_q Y_i) \tag{5-11}$$

其中，$X_{it} = [z_{it-1}', \cdots z_{it-p}']'$，$X_i = [X_{i,p+1}, \cdots, X_{i,T}]'$，$Y_i = [z_{i,p+1}, \cdots, z_{i,T}]'$，投影矩阵：

$$M_q = I - \bar{Q}(\bar{Q}'\bar{Q})^{-1} \bar{Q}', \quad \bar{Q} = \begin{bmatrix} \bar{z}_{p+1}' & \cdots & \bar{z}_{p+1-p_T}' \\ \vdots & \ddots & \vdots \\ \bar{z}_T' & \cdots & \bar{z}_{T-p_T}' \end{bmatrix}$$

第四步，基于式（5-11）可以得到式（5-4）的参数估计值 $\hat{\Pi}_{i,1}$，$\cdots$，$\hat{\Pi}_{i,p}$，残差序列的方差协方差矩阵 $\hat{\Omega}_{i,u}$。由 $u_{it} = A_i^{-1} \varepsilon_{it}$，得

$$\Omega_{i,u} = A_i^{-1} A_i^{-1'} \tag{5-12}$$

由于 $\hat{\Omega}_{i,u}$ 中只有 6 个简化式参数估计值，而 A_i 中有 9 个未知数，因此需要至少施加 3 个约束条件才可以通过式（5-12）得到 A_i 的估计值。关于财政支出的识别条件如何设定，国内外学者进行了大量讨论，如 Blanchard 和 Perotti（2002）、Müller（2004）、Corsetti 和 Müller（2007）、Kim 和 Roubini（2008）等，但这不是本书研究的重点。因此，本书借鉴 Blanchard 和 Perotti（2002）的识别方法，假设财政支出对财政收入及产出当期响应均

[①] Coakley 等人（2001）、Pesaran 和 Smith（1995）等已经证明。

为零，并且财政收入对产出当期响应也为零，因此结构矩阵设定为 $A_i =$

$\begin{bmatrix} a_{11}^i & 0 & 0 \\ a_{21}^i & a_{22}^i & 0 \\ a_{31}^i & a_{32}^i & a_{33}^i \end{bmatrix}$，通过乔莱斯基分解得到 $\hat{A}_i$，根据 $\hat{A}_i$ 与式（5-5）得到模

型（5-2）中所有结构系数矩阵 $\hat{\Gamma}_{i,1}$，…，$\hat{\Gamma}_{i,p}$ 和扰动项的估计值 $\hat{\varepsilon}_{it}$。

第五步，利用 Bai（2009）对上一步得到的组合冲击 $\hat{\varepsilon}_{it}$ 提取共同冲击 $\hat{\bar{\varepsilon}}_t$，并且得到因子载荷矩阵估计值 $\hat{\Lambda}_i$。

第六步，通过前 5 步将组合冲击分解为异质性冲击和共同冲击。由于组合冲击和共同冲击的方差-协方差矩阵都为单位阵，根据式（5-3）我们得到此时 $\Omega_{i,\tilde{\varepsilon}} = I - \Lambda_i \Lambda_i'$。为了使三类冲击具有可比性，采用以下形式：

$$z_{it} = A_i(L)\varepsilon_{it} = A_i(L)\left(\Lambda_i \bar{\varepsilon}_t + (I - \Lambda_i \Lambda_i')^{1/2} \tilde{\varepsilon}_{it}^*\right) \tag{5-13}$$

其中，$\tilde{\varepsilon}_{it} = (I - \Lambda_i \Lambda_i')^{1/2} \tilde{\varepsilon}_{it}^*$，$\Omega_{i,\tilde{\varepsilon}^*} = I$，从而各省（自治区、直辖市）共同冲击的脉冲函数为 $A_i(L)\Lambda_i$，各（自治区、直辖市）异质性冲击的脉冲函数为 $A_i(L)(I - \Lambda_i \Lambda_i')^{1/2}$。

5.2.2 PC 估计

PC 估计与 CCE 估计最大区别在于共同因子选取不同，因此本节将重点介绍 PC 估计共同因子是如何找寻的。基于式（5-4）、式（5-12）和施加的识别条件可以直接得到 $\hat{\varepsilon}_{it}$，并且提取共同冲击 $\hat{\bar{\varepsilon}}_t$。此时，式（5-4）等价于：

$$z_{it} = A_i^{-1}\Gamma_{i,1}z_{i,t-1} + \cdots + A_i^{-1}\Gamma_{i,p}z_{t-p} + A_i^{-1}(\Lambda_i \bar{c}_t + \tilde{\varepsilon}_{it})$$

上式可表述为

$$Y_i = X_i W_i' + (\bar{\varepsilon}\Lambda_i' + \tilde{\varepsilon}_i)A_i^{-1} \tag{5-14}$$

其中，$X_{it} = [z_{it-1}', \cdots z_{it-p}']'$，$X_i = [X_{i,p+1}, \cdots, X_{i,T}]'$，$Y_i = [z_{i,p+1}, \cdots, z_{i,T}]'$，$\bar{\varepsilon} = [\bar{\varepsilon}_{p+1}, \cdots, \bar{\varepsilon}_T]'$，$\tilde{\varepsilon}_i = [\tilde{\varepsilon}_{i,p+1}, \cdots, \tilde{\varepsilon}_{i,T}]'$。对式（5-14）两边同时乘投影矩阵 $\hat{M}_F = I - \hat{\bar{\varepsilon}}(\hat{\bar{\varepsilon}}'\hat{\bar{\varepsilon}})^{-1}\hat{\bar{\varepsilon}}'$，得

$$\hat{W}_i' = (X_i'\hat{M}_F X_i)^{-1}(X_i'\hat{M}_F Y_i) \tag{5-15}$$

由式（5-4）、式（5-14）和 $\hat{W}_i$，进而得到组合冲击的估计值 $\hat{\varepsilon}_{it}$，利用 Bai（2009）对组合冲击 $\hat{\varepsilon}_{it}$ 提取共同冲击 $\hat{\bar{\varepsilon}}_t$，并且得到因子载荷矩阵估计值 $\hat{\Lambda}_i$；然后代入式（5-14），重复以上步骤直到 $\hat{\bar{\varepsilon}}_t$ 收敛；最后通过式（5-13）得到各省级财政支出冲击对产出的脉冲响应函数。

5.3 两种估计方法的蒙特卡洛模拟

关于上述两种处理截面相关的方法孰优孰劣并没有一个明确结论，如 Chudik 和 Pesaran（2015）利用蒙特卡洛模拟比较了两种方法运用于一般静态异质面板回归模型斜率系数估计量的小样本性质发现 CCE 优于 PC，Westerlund 和 Urbain（2015）比较了两种方法运用于一般静态同质面板回归的小样本性质，得出的结论与 Chudik 和 Pesaran（2015）的结论一致。Song（2013）比较两种方法运用于单变量动态异质面板回归模型的截面相关，却发现 PC 方法优于 CCE。因此，本节接下来将基于蒙特卡洛模拟，比较这两种方法被用于处理动态异质且截面相关 PSVAR 模型的小样本性质。

5.3.1 数据生成过程

利用如下模型来生成数据：

$$z_{it} = A_i(L)\varepsilon_{it}, \quad A_i(L) = \sum_{s=0}^{Q_i} A_{i,\,s} L^s \tag{5-16}$$

其中，

$$A_{i,\,s} = base_s + C_i\exp\left(-\frac{(s-\delta)^2}{\gamma}\right)(\delta = 5, \ \gamma = 30) \tag{5-17}$$

$$\varepsilon_{it} = \Lambda_i\bar{\varepsilon}_t + \tilde{\varepsilon}_{it}, \quad \Omega_{\bar{\varepsilon}} = I, \quad \Omega_{i,\,\tilde{\varepsilon}} = I - \Lambda_i\Lambda_i' \tag{5-18}$$

需要说明的是，如式（5-17）所示，本书以 $base_s$ 为基准，利用指数函数使得各个体的脉冲存在动态异质性。下面分别从基准和指数函数参数的选取这两方面进行说明。

第一，基准的选取。$base_s$ 的 $s = 1, \cdots, 20$ 是脉冲响应函数的滞后阶数，在这里本书首先基于全国数据估计的一个 SVAR 模型：

$$z_t = (G_t, \ Tax_t, \ GDP_t)' = A(L)(\varepsilon_{g,\,t}, \ \varepsilon_{2,\,t}, \ \varepsilon_{3,\,t})' \tag{5-19}$$

其中，施加约束条件如式（5-12）所示，那么将式（5-19）结构脉冲函数定义为基底。式（5-19）中关键的三个内生变量为政府支出、政府收入和 GDP，分别来自 1978—2015 年中经网统计数据库的地方公共财政支出、地方公共财政收入和国内生产总值的年度数据。考虑到通胀因素，本书分别对地方公共财政支出、地方公共财政收入和国内生产总值进行了消胀处理，采用居民消费指数将地方公共财政支出、地方公共财政收入和国内生产总值换算成以 1978 年的不变价格表示的实际财政支出、实际财政收入和实际产出，同时分别取其对数形式来减弱异方差性。另外，通过 ADF 检验发现在 5% 的显著水平下，各变量都表现为 $I(1)$ 过程，因此分别对实际财政支出、实际财政收入和实际生产总值的对数形式取差分得到平稳序列后对式（5-19）进行估计。

第二，指数函数。当 $\delta = 5$ 时表示个体脉冲函数在滞后第 5 期时偏离基准脉冲的幅度最大，当 $\gamma = 30$ 表示个体脉冲函数在大约滞后第 16 期时与基准脉冲无差异。C_i 为 3×3 的矩阵，测量个体脉冲函数偏离基准脉冲的异质性，如 c_i [①] 大于（小于）零表示个体脉冲函数在基准脉冲函数之上（下），c_i 等于零代表个体脉冲函数与基准脉冲函数重合。如图 5.1 所示，虚线分别代表 $r_i = 0.03$ 或 $c_i = 0.06$ 下根据式（5-17）计算得到的个体脉冲函数，实线是基准脉冲函数，即基于全国样本数据估计出来的财政支出冲击对产出的脉冲响应函数。此时我们可以发现，短期内生成的个体脉冲函数都与基准脉冲存在差异，在滞后第 5 期时达到最大，在大约滞后第 16 期时差异消失。另外，c_i 越大，生成的个体脉冲函数越偏离基准脉冲。

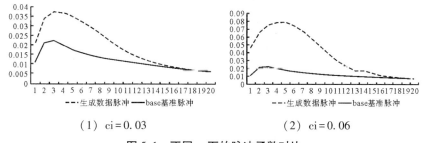

（1）ci = 0.03　　　　　　（2）ci = 0.06

图 5.1　不同 c_i 下的脉冲函数对比

5.3.2　模拟结果比较分析

首先，基于数据生成过程式（5-16）至式（5-18）得到 N 个异质个体，其中，C_i 从一个多元均匀分布中抽取，即 $C_i \sim U(-c_{\max}, c_{\max})$。为了使个体之间存在截面相关性，式（5-18）中的载荷矩阵 Λ_i 将起到关键作

---

① 表示 C_i 矩阵第 3 行第 1 列的元素。

用，Λ_i 度量组合冲击与共同冲击之间的相关性，故范围在 0~1 之间，因此本书设定 $\Lambda_i(1, 1)$，$\Lambda_i(2, 2)$，$\Lambda_i(3, 3) \sim U(0.05, 0.95)$。另外，本书分别设定 $c_{max} = 0.03$、$c_{max} = 0.06$，目的是为了考察不同差异化程度下两种估计方法的效果。

其次，本书通过 500 次模拟，利用 RMSE 来分别衡量两种方法下估计的脉冲函数与真实脉冲函数的偏差。由于脉冲函数滞后期不同对应的 RMSE 也不同，因此本书取滞后前 10 期的 RMSE 的均值作为比较对象，结果如表 5.1 所示。

表 5.1　滞后前 10 期平均 RMSE

个体	$C_{max} = 0.03$			$C_{max} = 0.06$		
	30	50	100	30	50	100
	PC 方法			PC 方法		
30	0.019 6	0.015 6	0.014 1	0.027 7	0.023 8	0.022 6
50	0.017 0	0.014 7	0.014 8	0.025 9	0.022 4	0.021 9
100	0.016 7	0.012 6	0.014 0	0.022 1	0.020 4	0.020 9
	CCE 方法			CCE 方法		
30	0.007 4	0.005 2	0.003 0	0.011 9	0.006 3	0.005 5
50	0.006 3	0.004 7	0.002 9	0.013 4	0.005 9	0.004 3
100	0.005 7	0.003 8	0.002 8	0.009 0	0.005 4	0.004 0

从表 5.1 可以得到以下三个主要结论：

第一，对比同一种估计方法 $c_{max} = 0.03$、$c_{max} = 0.06$ 下的 RMSE，发现 c_{max} 越大，RMSE 越大。这表明个体之间的异质性增加，两种估计方法对真实脉冲函数的估计偏差都会增加。

第二，在同一 c_{max} 下，我们发现随着 N 和 T 的增加，同一方法所得的 RMSE 越来越小，即随着样本的增加，两种估计方法所得的脉冲函数都将更接近真实脉冲函数。

第三，当 $c_{max} = 0.03$、$c_{max} = 0.06$ 时，CCE 估计方法下的 RMSE 均小于 PC。这说明，无论个体间异质性是大还是小，利用 CCE 估计方法估计所得的脉冲函数都将更接近真实脉冲函数。

第四，基于蒙特卡洛小样本模拟的结果表明，利用 CCE 估计方法估计得到的脉冲函数比 PC 估计能更接近真实脉冲函数，且结果不随个体之间的异质性的变化而变化，但是具体原因有待进一步证明。因此，本章将 CCE 处理截面相关的思路引入动态异质且截面相关 PSVAR 模型中。

5.4　中国省级财政支出政策对产出的影响分析

基于 CCE 估计思路通过对模型（5-2）进行估计，得到中国省级财政支出冲击对产出的脉冲响应结果：其一，比较分析省级的脉冲响应结果，在此基础上得到东、中、西三大区域地方财政支出政策效应，如图 5.2 和图 5.3 所示，并且分析省级财政支出政策产出效应的差异性是否显著；其二，在脉冲响应结果的基础上进一步得到省级政府支出乘数和全国及东、中、西三大区域的政府支出乘数，并且分析省级政府支出乘数的差异性是否显著；其三，基于截面回归模型分析中国省级财政支出政策效应存在差异性的原因；其四，考虑到不同财政支出项目对产出将可能存在不同的影响结果，因此本节又将总财政支出分为财政投资性支出、财政消费性支出、财政服务性支出、财政转移性支出，分别得到四类财政支出对产出的影响结果。

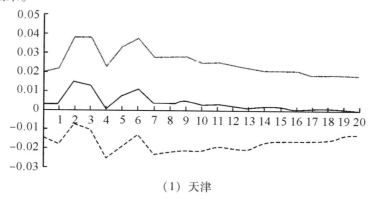

（1）天津

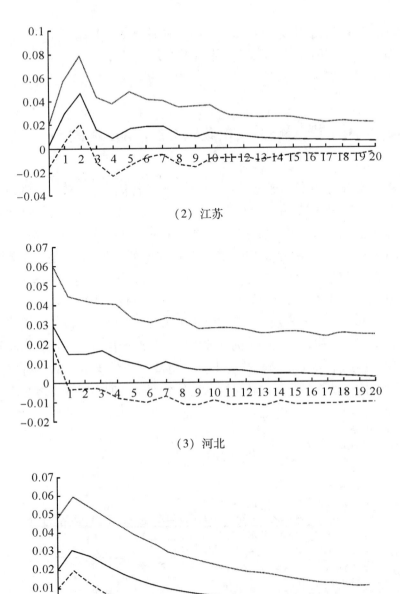

（2）江苏

（3）河北

（4）青海

图 5.2　天津、江苏、河北和青海财政支出冲击对产出的脉冲响应

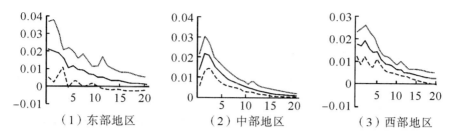

图 5.3　东、中、西部地区产出对政府支出冲击的动态响应

5.4.1　财政支出冲击对产出的脉冲响应分析

基于 CCE 估计思路，本书对模型（5-2）进行估计分别得到各省级财政支出冲击对产出的脉冲响应结果。基于此，本节将从两个方面进行分析：一方面，直接比较分析各省（自治区、直辖市）的脉冲响应结果，并以政府支出是否对产出产生显著影响为基础，得到政府支出冲击作用于产出的四组不同效果类别，以天津、江苏、河北、青海为四组代表分别描述了政府财政支出冲击在 20 期内对产出的影响。图 5.2 中的虚线为通过 1 000 次模拟得到的脉冲响应函数 95% 的区间估计。另外，为了与已有文献进行对比，又分别分析了东、中、西三大经济区域的财政支出政策效应及差异性（见图 5.3）；另一方面，为了讨论全国层面和三大经济区域内部这种差异性是否显著，本书设定滞后期为 20，利用 bootstrap[①] 模拟 1 000 次，分别得到处于 25% 和 75% 分位数下脉冲响应函数分布的均值及 95% 的置信区间带。如果我国各省（自治区、直辖市）的产出对政府财政支出冲击的动态响应结果不存在显著差异，则不同分位数下的脉冲响应结果不会存在显著差异，表现为不同分位数下的置信区间带将会相交。Mishra 等人（2014）也通过上述思想分析了低收入国家货币政策效应差异的显著性。

5.4.1.1　各省脉冲响应分析

面对正向的财政支出冲击，各省级产出变化存在很大差异。基于政府

---

① 通过多次 bootstrap 可以得到产出对政府财政支出冲击的均值或在 p 分位数下脉冲响应结果的分布情况，具体步骤如下：其一，从 N 个省（自治区、直辖市）中有放回的抽取 N 个个体，N 根据研究的样本不同而不同，比如后文提到的全国层面，则 $N=28$；东部地区层面，$N=11$。其二，对上一步中抽得的样本分别取其滞后 s 期（$s=0, 1, 2, 3, \cdots, 20$）上面的均值或 p 分位数对应的脉冲值。其三，将第 1 步和第 2 步重复多次，将得到滞后 s 期（$s=0, 1, 2, 3, \cdots, 20$）时均值或 p 分位数对应的脉冲值的分布情况。

支出政策对产出是否会产生影响，得到了政府支出政策作用于产出的四组不同结果，揭示了28个省（自治区、直辖市）所处的不同效果类别。

第一，财政支出对产出没有显著影响。

该类效果组别中包含3个省（自治区、直辖市），分别是天津、福建、山东。以天津为例做具体分析，如图5.2（1）所示，面对1%的财政支出冲击，天津产出变化都在零附近波动，并且观察到95%的置信区间带始终包含零值线，这说明天津财政支出冲击对产出没有显著影响。

第二，财政支出对产出即期没有显著影响，滞后期存在显著影响。

该类效果组别表示财政支出在即期对产出没有显著影响，从滞后期开始慢慢对产出产生显著影响，即财政支出对产出的影响存在一定时滞效应。这类组别包含8个省，分别是江苏、吉林、黑龙江、安徽、江西、河南、湖北、云南。以江苏为例做具体分析，如图5.2（2）所示，面对1%的财政支出冲击，江苏产出在即期增加0.002%，但是并不显著。从滞后1期开始产出变化增加到0.028%，直到第2期增加到最大值0.047%，之后变化幅度慢慢减弱，这说明江苏财政支出政策对产出产生影响存在1期的滞后效应。

第三，财政支出对产出只有即期存在显著影响。

该类效果组别中包含4个省（自治区、直辖市），分别是河北、上海、广西、新疆。这4个省（自治区、直辖市）政府支出冲击在即期都对产出产生显著的正向影响。以河北为例进行具体分析，如图5.2（3）所示。面对1%的财政支出冲击，河北产出在即期增加到最大值0.029%，随后产出增加幅度慢慢减弱。另外，观察到只有即期95%的置信区间带在零值线以上，其他滞后期零直线均在90%的区间带，这说明河北财政支出冲击对产出只有在即期存在显著影响。

第四，财政支出对产出有显著影响。

该类效果组别中包含13个省（自治区、直辖市），分别是北京、辽宁、浙江、广东、海南、山西、湖南、内蒙古、贵州、陕西、甘肃、青海、宁夏。这13个省（自治区、直辖市）财政支出冲击都对产出产生显著的正向影响。以脉冲响应函数显著性影响持续性最长的青海为例做具体分析，如图5.2（4）所示。面对1%的财政支出冲击，青海产出即期增加0.02%，随后滞后1期产出增加到最大值0.03%，随后产出增加幅度慢慢减弱，同时观察到95%的置信区间带始终位于零值线以上，这说明青海财政支出政策对产出存在显著影响。

5.4.1.2 东、中、西部地区产出对财政支出冲击的动态响应

基于各省级财政支出冲击对产出的脉冲函数结果，本节拟利用 bootstrap 方法模拟 1 000 次分别得到东、中、西部三大经济区域中位数脉冲响应函数的分布，从而分析这三大区域产出对政府财政支出冲击的动态响应的情况及差异性。

如图 5.3 所示，中间实线代表滞后 s 期（s=0，1，2，3，…，20）时三大经济区域中位数对应的脉冲值分布的均值，外侧虚线表示 95% 的置信区间带。面对财政支出 1% 的正向冲击，我们发现，总体而言，东、中、西部地区产出均是呈现出"挤入效应"。具体来说，东部地区面对 1% 的正向财政支出冲击，产出在即期增加到 0.021%，从滞后第 1 期开始增加强度慢慢减弱，大概在第 10 期消退到零，这是因为我们观察到从 10 期开始零值线已经位于 95% 的置信区间带内；中部地区产出变化表现为一个倒"U"形，在即期增加 0.013%，第 1 期增加到最大值 0.022%，第 2 期增加幅度减弱；西部地区产出增加 0.018%，之后增长幅度也慢慢减弱。总而言之，中西部地区在整个滞后期零值线始终位于 95% 的置信区间带的下方，说明东、中、西部地区产出在前 10 期都表现为显著的"挤入效应"，但是政府支出冲击对中、西部地区的持续性要大于东部地区。另外，从这三大经济区域的政府支出冲击对产出的累积效应来看，分别为东部地区（0.167%）、中部地区（0.151%）、西部地区（0.178%），东、中部地区产出对政府支出冲击的即期响应效果大于西部地区，但是累积效应小于西部地区，这与郭玉清和姜磊利用面板回归模型所得结论一致。最后，我们观察到图 5.3 中这三个置信区间带是相交的，说明这三大经济区域存在差异，但是这种差异性并不是显著的。

5.4.1.3 脉冲响应结果差异的显著性分析

从上文分析可以看出，我国各省（自治区、直辖市）之间和东、中、西三大经济区域之间的产出对政府支出冲击脉冲响应都存在一定差异，这三大经济区域之间的差异并不显著，那么各省（自治区、直辖市）之间的这种差异是否显著呢？为了回答这个问题，本书分两个层面对其脉冲响应函数的显著性进行分析：一是从全国层面出发，利用 28 个省（自治区、直辖市）的脉冲响应结果，通过 1 000 次 bootstrap 可以得到 25% 和 75% 的分位数上脉冲响应函数的分布［见图 5.4（1）］，进而分析全国范围内各

省（自治区、直辖市）是否存在显著差异；二是从东、中、西三大经济区域出发，分别得到东部11个、中部8个及西部9个省份25%和75%的分位数上脉冲响应函数的分布，进而分析这三大经济区域内部是否存在显著差异性［图5.4（2）至图5.4（4）］。

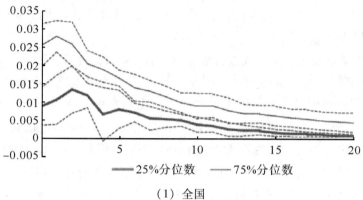

（1）全国

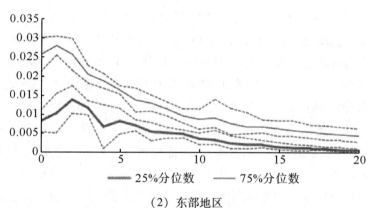

（2）东部地区

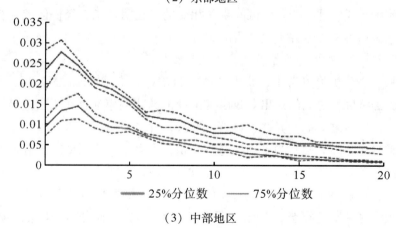

（3）中部地区

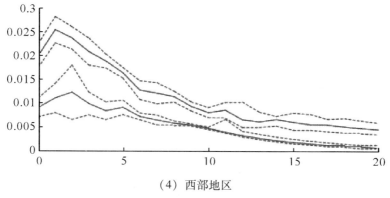

（4）西部地区

图 5.4　脉冲响应函数的显著性分析

如图 5.4 所示，首先，从全国地区及东、中、西部地区 25% 的分位数上脉冲响应函数的分布可以发现，面对政府支出 1% 的正向冲击，产出在即期均增加 0.008% 左右，第 1 期增加幅度加强，第 2 期增加到最大值 0.013% 左右，之后增加强度逐渐减弱。其次，从全国地区及东、中、西部地区 75% 的分位数上脉冲响应函数的分布可以发现，全国地区及东、中、西部地区产出在即期均增加，分别为 0.025%、0.026%、0.023% 和 0.019%，并且在第 1 期产出增加到最大值，除了西部地区增加到 0.025% 外，其他地区均增加到最大值 0.027%，从第 2 期开始各地区增加幅度减弱。最后，总体来看，两个分位数的脉冲响应分布表明，产出对政府支出冲击均存在显著的正向反应，但是我们观察到 25% 的分位数的置信区间带与 75% 的分位数的置信区间带几乎都不相交，这就回答了本部分开篇所提的问题。面对政府财政支出冲击，对全国而言，即使是东、中、西三大经济区域内部，各个省（自治区、直辖市）之间的脉冲响应都存在显著的差异性。

综上所述，其一，面对正向的财政支出冲击，我国各省（自治区、直辖市）产出变化存在显著差异，我们观察到这种差异主要表现为两个方面：一方面，政府支出政策是否能影响产出，如天津等 3 个省（直辖市）产出并没有显著的变化；另一方面，政府支出政策有效性的期限不同，如江苏等 8 个省级政府支出政策对产出的作用存在时滞性，河北等 4 个省级政府支出政策只有即期对产出有效，而北京等 13 个省级政府支出政策对产出存在多期的作用。其二，对全国而言，我国各省级财政支出政策效应存在显著差异。而就三大经济区域而言，三者之间虽存在一定差异，但是差异并不是显著的，且三大经济区域内部我国各省（自治区、直辖市）也存在显著差异。这说明，仅仅采取东、中、西部地区的差异化扶持等财政政策是不够的，应该具体到各省（自治区、直辖市）。

5.4.2 政府支出乘数

为了进一步探讨中国省级财政支出政策效应的非对称性，以及中国省级政府支出乘数是否存在差异，接下来将从以下三个方面进行分析：首先直接比较分析中国省级的短期政府支出乘数和长期政府支出乘数（见表5.2）；其次又分别分析了全国及东、中、西三大经济区域的短期政府支出乘数和长期政府支出乘数及差异性；最后分析全国及东、中、西三大经济区域内部省级政府支出乘数差异性是否显著。

表 5.2　中国部分省级政府支出乘数

短期政府支出乘数							
地区	财政乘数	地区	财政乘数	地区	财政乘数	地区	财政乘数
北京	1.929*	黑龙江	0.897	山东	1.398	贵州	1.401*
天津	0.540	上海	2.256*	河南	1.789	云南	0.438
河北	5.448*	江苏	0.360	湖北	1.396	陕西	3.246*
山西	3.185*	浙江	5.789*	湖南	3.317*	甘肃	1.334*
内蒙古	1.990*	安徽	1.723	广东	5.812*	青海	0.944*
辽宁	2.980*	福建	0.096	广西	1.414*	宁夏	0.849*
吉林	0.283	江西	2.043	海南	1.794*	新疆	1.084*
长期政府支出乘数							
地区	财政乘数	地区	财政乘数	地区	财政乘数	地区	财政乘数
北京	4.307*	黑龙江	3.565*	山东	−2.620	贵州	3.430*
天津	3.760	上海	7.313	河南	6.238*	云南	3.178*
河北	6.049*	江苏	9.044*	湖北	5.010*	陕西	4.585*
山西	4.632*	浙江	7.658*	湖南	5.146*	甘肃	2.745*
内蒙古	4.454*	安徽	5.230*	广东	8.073*	青海	2.001*
辽宁	5.880*	福建	−1.726	广西	5.054*	宁夏	2.740*
吉林	3.722	江西	4.881*	海南	3.913*	新疆	3.299*

注：表中短期政府支出乘数表示财政支出冲击对产出的即期影响，长期政府支出乘数表示滞后20期财政支出冲击对产出的累积影响；*表示在10%的显著性水平下显著。

5.4.2.1 各省级政府支出乘数

根据以上估计得到财政支出冲击对产出的脉冲响应函数，联系前文其所定义的政府支出乘数的计算公式［见式（4-26）、式（4-27）］，最终得到各省级短期、长期政府支出乘数，如表5.2所示。

首先，来看各省级短期政府支出乘数，从总体上看各省级短期政府支出乘数都是正的，换句话说，财政支出增加在即期都将改善各省级的产出。但是，从各省级短期政府支出乘数的显著性大小上看，存在很大的差异性，其中天津等11个省级短期政府支出乘数并不显著，即政府支出政策在即期对产出并没有显著作用，这与上文各省级的政府支出冲击对产出的脉冲响应分析结果一致，这11个省（直辖市）均属于前两组。

其次，从各省级长期政府支出乘数发现，天津等5个省级的长期政府支出乘数并不显著，即政府支出政策在长期对产出并没有显著影响，除此之外其他省级长期政府支出乘数均显著。另外，联系这5个省级的脉冲响应函数图，发现其中天津、福建、山东这3个省（直辖市）政府支出即期及整个滞后期内对产出几乎没有影响，上海政府支出政策在即期对产出产生显著正向影响，从第二期开始产出表现为"挤出效应"，最终导致长期累积效应并不显著；吉林政府支出政策仅仅在滞后2期时对产出有显著影响，之后影响均不显著。

最后，观察发现，各省级政府支出政策无论是短期有效还是长期有效，都并不与东、中、西部经济区域的划分相一致，如东部地区的天津、中部地区的吉林的短期和长期政府支出乘数均不显著。另外，可以看出，短期政府支出乘数不显著的省（直辖市）长期政府支出乘数也不显著，比如江苏省短期政府支出乘数与天津等都不显著，但是其长期政府支出乘数却显著为9.044。

5.4.2.2 全国及东、中、西部地区政府支出乘数

基于所求得的各省级政府支出乘数结果，本书继续利用bootstrap方法模拟1 000次分别可以得到全国地区及东、中、西部地区政府支出乘数的分布，从而分析全国地区及东、中、西部地区政府支出乘数是多少及差异性。为了便于观察和比较，本书将四个地区的政府支出乘数分布的均值表示在一张图中（见图5.5）。

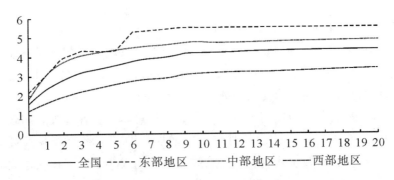

图 5.5　全国及东、中、西部地区长期政府支出乘数

如图 5.5 所示，四条实线分别代表全国及东、中、西部地区在 0～20 期内的长期政府支出乘数，比如第 2 期东部地区长期政府支出乘数为 3.95，表示东部地区的政府支出累积乘数在第 2 期（为 3.95）。那么，对比四条实线我们可以发现，全国及东、中、西部地区的政府支出乘数存在一定的差异。首先，就短期政府支出乘数而言，全国政府支出乘数为 1.55，东部地区政府支出乘数为 2.14，中部地区政府支出乘数为 1.79，西部地区政府支出乘数为 1.19；其次，就长期政府支出乘数而言，全国政府支出乘数为 4.35，东部地区政府支出乘数为 5.52，中部地区政府支出乘数为 4.82，西部地区政府支出乘数为 3.38；最后，总体来说，东中部地区无论是短期政府支出乘数还是长期政府支出乘数，均高于全国平均水平，也高于西部地区（刘建民等，2012）。但是，观察东、中、西三大区域政府支出乘数的三个置信区间带均是相交的[①]，说明东、中、西部地区政府支出乘数的这种差异性并不是显著的。

5.4.2.3　政府支出乘数的显著性分析

从上文分析可以看出，各省级之间以及东、中、西三大经济区域之间的政府支出乘数都存在一定差异，三大经济区域之间的差异并不显著。那么，各省（自治区、直辖市）之间的这种差异是否显著呢？为了回答这个问题，这部分依照 bootstrap 抽样方法分别在全国及东、中、西三大经济区域层面对其政府支出乘数的显著性进行分析。

如图 5.6 所示，首先从全国地区及东、中、西部地区 25% 的分位数上

---

① 为了比较全国及东、中、西部地区的政府支出乘数，本书将其放在一个图中。但是，由于每个地区的政府支出乘数的区间带相交，导致图像较乱，因此关于每个地区政府支出乘数含有 95% 的区间带的图并没有放在原文中。

脉冲响应函数的分布可以发现，政府支出即期乘数分别为 0.871、0.849、1.302、0.831，政府支出长期乘数分别为 3.173、3.163、3.622、2.828；其次，从全国地区及东、中、西部地区 75% 的分位数上脉冲响应函数的分布可以发现，政府支出即期乘数分别为 2.597、2.597、2.289、1.871，政府支出长期乘数分别为 5.354、5.337、4.982、4.630；最后，总体来看，两个分位数的政府支出乘数分布表明，产出对政府支出冲击均存在显著的正向反应，但是我们观察到 25% 的分位数的置信区间带与 75% 的分位数的置信区间带几乎都不相交，这就回答了本部分开篇所提的问题，对全国而言，即使是东、中、西三大经济区域内部，各个省（自治区、直辖市）的政府支出乘数都存在显著的差异性。

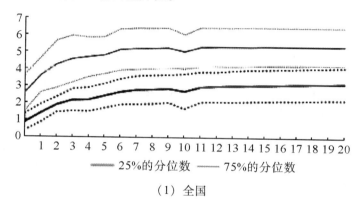

（1）全国

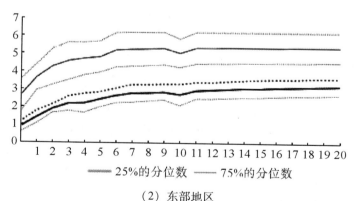

（2）东部地区

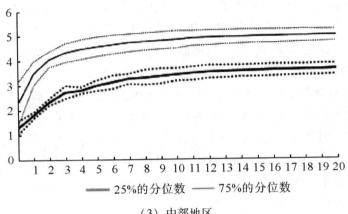

（3）中部地区

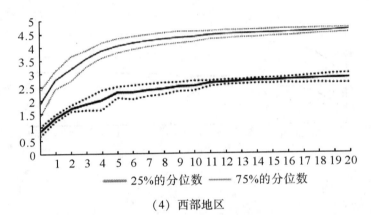

（4）西部地区

图5.6　长期政府支出乘数的显著性分析

　　由此，我们可以得到如下结论：其一，各省级政府支出政策短期和长期的有效性并不一致，具体可分为四类：①天津、福建、山东、吉林这4个省（直辖市）无论是短期政府支出政策还是长期政府支出政策，都对产出没有显著影响；②上海政府支出对产出由于长期存在"挤出效应"，仅短期存在显著正向影响，长期来看是无效的；③江苏、黑龙江、安徽、江西、河南、湖北、云南这7个省政府支出政策在短期对产出没有显著影响，在长期对产出存在显著的正向影响；④北京、河北、辽宁、浙江、广东、海南、山西、湖南、广西、内蒙古、贵州、陕西、甘肃、青海、宁夏、新疆这16个省（自治区、直辖市）政府支出政策在短期和长期都对产出有显著的正向影响。其二，全国及东、中、西部地区短期政府支出乘数分别为1.55、2.14、1.79、1.19，长期政府支出乘数分别为4.35、5.52、

4.82、3.38，并且都显著大于零，即说明无论是对全国还是对三大经济区域而言，平均来看财政支出对产出都是显著的"挤入效应"。其三，对全国而言，各省级政府支出乘数存在显著差异，且其差异性并不与三大经济区域分布相统一。而就三大经济区域而言，三者之间虽存在一定差异，但是差异并不是显著的，且三大经济区域内部各省（自治区、直辖市）也存在显著差异，这说明仅仅采取东、中、西部地区的差异化扶持等财政政策是不够的，应该具体到各省（自治区、直辖市）。

5.4.3 中国省级财政支出对产出的差异性原因分析

从脉冲响应函数和政府支出乘数可以发现，中国省级财政支出规模对产出的作用均存在显著差异，此时基十总体或三大经济区域样本的研究结果势必是一个"被平均"的现象，将趋向于现象占优的一方，不利于结构调整的深化，而这种差异又与所处的东、中、西部经济区域也不存在统一性。那么，是什么导致各省级财政总支出效应存在显著差异呢？为了探索这个问题，下面将从以下两个方面进行讨论。

第一，解释变量的选取和来源。近年来，国内外学者的研究已经突破关于财政政策在理论上是否有效的相关研究，而是更多和现实数据相一致，开始研究在不同经济环境下政府支出乘数的差异性（徐祥云，2013）。关于政府支出乘数的影响因素方面的相关研究，主要以国外文献为主，国内学者很少提及。因此，对现有文献进行总结，笔者发现，这些研究主要涉及贸易开放度（Barrell 等，2012；Ilzctzki 等，2013）、政府债务水平（Kirchner 等，2010；Ilzetzki 等，2013）、汇率制度（Born 等，2013；Ilzetzki 等，2013）、经济发展水平（Ilzetzki 等，2013）、收入分配差距（Brinca 等，2015）和财政分权等方面，由于各省级汇率制度一样，因此接下来将主要考察贸易开放度、政府债务率、经济发展水平、收入分配差距和财政分权 5 个因素是否可以解释各省级显著不同的财政支出政策效应。其中：贸易开放度用进出口总额占地区生产总值的比重来衡量；政府债务率用地方公共财政支出与地方公共财政收入地区之差占地区生产总值的比重来衡量；经济发展水平用人均地区生产总值表示；收入差距的衡量一般使用基尼系数，但由于我国并没有各省（自治区、直辖市）的基尼系数，因此参考刘建民等人（2015）利用城乡收入差距系数来衡量收入分配差距，即城乡人均收入之差与城乡人均收入之和的比值，城乡人均收入分别采用各省（自治区、直辖市）的城镇居民人均可支配收入和农村居民人均纯收入来衡量；财政分权用财政自主度来衡量，即人均省级政府财政收入与人均省级政府财政支出的比值（谢贞发和张玮，2015）。

第二，截面回归分析。首先，考虑到财政总支出冲击对产出增长的脉冲响应结果随滞后期的不同而不同，并没有一个确定的数能准确测量脉冲的效果，因此表5.3中第1至3列分别考察即期脉冲、累计脉冲和平均脉冲结果与贸易开放度、政府债务水平、经济发展水平、收入分配差距和财政自主度的回归结果。其次，笔者通过逐步回归及 white 检验保证无异方差的情况下，最终得到回归结果。最后，由表5.3可以得到如下结论：总体来看，贸易开放度越低、政府债务率越低、经济发展水平较低、收入分配差距较大且财政自主度较大的省份，地方财政支出政策对经济增长将有更大的促进作用。就这样的结论，笔者认为可以通过以下原因来解释：贸易开放度越高，会促进技术进步，市场效率提升，提高了政府外部效率（李建军和王德祥，2011），同时技术和管理知识向政府内部扩散与溢出，提高了政府部门的生产效率，最终导致政府支出政策更有效；同时，随着政府支出增加，国内需求增加导致净出口恶化，最终挤出部分产出，贸易开放度越高挤出效应将越明显，最终削弱产出的增长幅度。对于拥有过高政府债务的地区，国外文献表明，政府支出增加将导致未来政府实行财政紧缩，这促使民众形成了相应的预期，从而抵消部分政府支出扩张带来的效应，降低了政府支出政策的有效性。经济发展水平越低和收入分配差距较大的省份将拥有更有效的政府支出政策，这与郭庆旺和贾俊雪（2005）、郭玉清和姜磊（2009）等所得结论一致。相较于东部地区，中西部地区财政支出政策更有效，也与刘建民等人（2015）所得结论相一致，认为财政政策将有利于缩短收入分配差距；财政自主度越大意味着地方依靠自有收入为其支出融资能力增强（Ebel 和 Yilmaz，2002；陈硕和高琳，2012），有助于地方政府将资源从低效率向高效率调整，从而提高了地方政府支出政策效应。

表5.3　中国省级财政支出效应差异性原因分析

解释变量	即期脉冲	累计脉冲	平均脉冲
截距项	−0.013	0.006	−0.006
贸易开放度			−0.005[**]
政府债务水平		−0.035[***]	−0.031[***]

表5.3(续)

解释变量	即期脉冲	累计脉冲	平均脉冲
经济发展水平		-0.002^{***}	
收入分配差距	0.050^{***}		
财政自主度		0.013^{***}	0.015^{*}
样本个数	28	28	28
拟合优度	0.135	0.447	0.290
F 统计量 P 值	0.049	0.003	0.045

注：$*$ 、$**$ 、$***$ 分别表示在15%、10%、5%的显著性水平下显著。

5.4.4 中国省级财政支出结构对产出的影响

鉴于不同类型财政支出对经济增长存在不同的影响（饶晓辉和刘方，2014；武晓利和晁江锋，2014 等），本节将从地方政府视角对不同类型政府支出乘数进行探讨（见表5.4、表5.5）。

表5.4 中国省级财政支出项目短期政府支出乘数

地区	服务性	投资性	转移性	消费性	地区	服务性	投资性	转移性	消费性
北京	1.262^{*}	-0.790	6.963^{*}	-0.090^{*}	山东	2.011	0.448	-2.414	3.602^{*}
天津	0.782^{*}	-1.173	4.196	0.027	河南	1.719	-4.448^{*}	-3.812^{*}	4.272^{*}
河北	3.013^{*}	-5.122^{*}	-3.876^{*}	5.755^{*}	湖北	3.064^{*}	0.900	-7.710^{*}	-0.567^{*}
山西	4.872^{*}	-2.781	6.136	1.652^{*}	湖南	1.910	1.659	-6.281	2.166^{*}
内蒙古	3.563^{*}	-3.112^{*}	-3.204	2.838*	广东	1.516	-2.322^{*}	0.988	0.980^{*}
辽宁	1.228	2.493	1.087^{*}	-0.117	广西	2.328^{*}	-2.820^{*}	-4.127^{*}	2.816^{*}
吉林	1.020	-3.800	-1.916^{*}	3.290*	海南	1.049	0.128	-2.995^{*}	2.452^{*}
黑龙江	1.407	-1.654	-6.394^{*}	3.605*	贵州	1.225*	0.933	6.079^{*}	0.458
上海	0.866	-1.166^{*}	4.626^{*}	0.562	云南	1.492	-1.084^{*}	-3.863	1.004^{*}
江苏	1.745	-1.281	1.684	4.720^{*}	陕西	0.857	-1.556	2.176	1.376^{*}
浙江	2.029	-2.595	3.622^{*}	-0.095	甘肃	-2.272	-0.576	1.682^{*}	-1.338^{*}
安徽	2.824^{*}	-1.220	-1.388	1.977	青海	2.003^{*}	-0.216	-0.224	0.729^{*}
福建	3.346^{*}	1.900^{*}	-1.806	-0.399	宁夏	1.792^{*}	-1.609^{*}	-3.288^{*}	1.735^{*}
江西	2.062^{*}	-0.019	-9.153^{*}	0.779	新疆	-0.060	-1.040	-2.073	1.652^{*}

注：$*$ 表示在10%的显著性水平下显著。

表 5.5　中国省级财政支出项目长期政府支出乘数

地区	服务性	投资性	转移性	消费性	地区	服务性	投资性	转移性	消费性
北京	0.981	-1.298	1.717*	0.758*	山东	5.121*	-9.095	-4.223	10.945*
天津	1.155*	-5.712*	-1.557	0.451	河南	3.632	-9.419*	-5.040*	5.128*
河北	5.399*	-1.129*	-4.806*	5.975*	湖北	4.381*	2.302*	-8.362*	-3.123*
山西	4.736*	1.303	4.912	2.639	湖南	2.383	-2.882	-3.044	3.303*
内蒙古	6.471*	-2.103	-2.515	4.492*	广东	2.340	-4.400*	-7.018	1.746*
辽宁	9.219*	5.291*	5.721*	4.488*	广西	2.144*	-8.517*	-9.969	2.363*
吉林	2.163	-2.838	-4.639*	4.028*	海南	2.363*	0.207	-1.632	1.993*
黑龙江	0.518	0.617	-1.707	2.440	贵州	1.333*	0.708	3.040	0.678
上海	0.561	-1.113	4.737*	0.786	云南	1.910*	-2.244*	-6.482	0.947*
江苏	2.914	-3.099	3.639	4.480*	陕西	2.106	-0.943	-5.539	2.136
浙江	2.855	-8.183*	6.157	4.203*	甘肃	-4.183	1.210	8.386*	-7.978*
安徽	3.268*	2.143	-6.907	2.388	青海	2.404*	-0.524	2.012*	1.768*
福建	3.652	3.063*	-3.232	-0.978	宁夏	4.391*	-3.540*	-5.223*	2.795*
江西	2.479	0.861	-2.626*	0.233	新疆	0.902	-1.126	-2.347	1.706*

注：*表示在10%的显著性水平下显著。

　　基于式（5-2）、式（4-26）可以得到中国省级不同类型财政支出政策的短期政府支出乘数，如表5.4所示。表5.4表示了中国省级政府服务性支出、政府投资性支出、政府转移性支出以及政府消费性支出对经济增长的短期作用。从表5.4可以得到如下四个基本结论：其一，地方政府服务性支出对于中国省级经济增长基本起到促进作用（甘肃和新疆除外），其中北京、天津、河北、山西、内蒙古、安徽、福建、江西、湖北、广西、贵州、青海、宁夏这13个省（自治区、直辖市）政府服务性支出对其经济增长起到显著的促进作用；其二，河北、内蒙古、上海、河南、广东、广西、云南、宁夏这8个省（自治区、直辖市）政府投资性支出对其经济增长起到显著的抑制作用，福建省政府投资性支出能够显著促进经济增长，除此之外其他19个省级政府投资性支出对于经济增长并不存在显著作用；其三，地方政府转移性支出对于北京、辽宁、上海、浙江、贵州、甘肃的经济增长起到显著的促进作用，对于河北、吉林、黑龙江、江西、河南、湖北、广西、海南、宁夏的经济增长起到显著的抑制作用，对于剩余的13个省份的经济增长并不存在显著影响；其四，地方政府消费性支出对河北、山西、内蒙古、吉林、黑龙江、江苏、山东、河南、湖南、广东、广西、海南、云南、陕西、青海、宁夏、新疆的经济增长均起到显著的促进作用，北京、湖北和甘肃的经济增长受到政府消费性支出影响，其余8个省份的经济增长均不受政府消费性支出影响。

另外，基于式（5-2）、式（4-27）可以得到中国省级不同类型财政支出政策的长期政府支出乘数，如表5.5所示，表5.5表示了中国省级政府服务性支出、政府投资性支出、政府转移性支出以及政府消费性支出对经济增长的长期作用。从表5.5可以得到如下四个基本结论：其一，长期来看，我国地方政府服务性支出对于我国各省级经济增长基本起到促进作用（甘肃除外），其中天津、河北、山西、内蒙古、辽宁、安徽、山东、湖北、广西、海南、贵州、云南、青海、宁夏的政府服务性支出对经济增长的促进作用是显著的；其二，天津、河北、浙江、河南、广东、广西、云南、宁夏的政府投资性支出对其经济增长起到显著的抑制作用，辽宁、福建、湖北省政府投资性支出对经济增长能够起到显著的促进作用，除此之外其他17个省份的政府投资性支出对于经济增长并不存在显著作用；其三，地方政府转移性支出对于北京、辽宁、上海、甘肃、青海的经济增长起到显著的促进作用，对于河北、吉林、江西、河南、湖北、宁夏的经济增长起到显著的抑制作用，对于剩余的17个省份的经济增长并不存在显著影响；其四，地方政府消费性支出对北京、河北、内蒙古、辽宁、吉林、江苏、浙江、山东、河南、湖南、广东、广西、海南、云南、青海、宁夏、新疆的经济增长均起到显著的促进作用，湖北和甘肃经济增长受到政府消费性支出显著的负向影响，其余9个省份的经济增长均不受政府消费性支出影响。

笔者通过对表5.4和表5.5所得结论进行比较分析，关于中国省级财政支出结构对经济增长的影响主要体现在以下四个方面：其一，整体来看，政府服务性支出趋向于促进经济增长，其中对天津、河北、山西、内蒙古、安徽、湖北、广西、贵州、青海、宁夏而言，促进作用在短期和长期均是显著的，对北京、福建、江西而言仅仅是短期显著，对辽宁、山东、海南和云南而言是长期作用显著，上述没有提及的其余11个省级政府服务性支出对经济增长作用并不显著。其二，对大多数省份而言，无论是长期政府投资性支出还是短期政府投资性支出都对经济增长的影响不显著，河北、河南、广东、广西、云南、宁夏的政府投资性支出的增加将对经济增长起到显著的抑制作用，内蒙古、上海的政府投资性支出对经济增长只在短期起到抑制作用，长期并无影响，而天津、浙江的政府投资性支出在长期对经济增长起到显著的反向作用，短期并无影响。另外，福建的政府投资性支出对经济增长起到显著的促进作用，辽宁、湖北的显著促进作用只在长期显现。其三，根据地方政府转移性支出对经济增长影响的方向及显著性可将我国 28 个样本省（自治区、直辖市）分为：一是北京、辽宁、上海、甘肃的政府转移性支出对经济增长无论是短期还是长期都起到显著的促进作用，浙江、贵州的政府转移性支出只在短期对经济增长起到显著的促进作用，长期并没有显著作用，而青海与之刚好相反；二是河北、吉林、江西、河南、湖北、宁夏的政府转移性支出对经济增长无论是短期还是长期都起到显著的抑制作用，黑龙江、广西、海南的政府转移性支出只在短期对经济增长起到显著的抑制作用；三是对于剩余的不在上述两类中的其他省份，政府转移性支出对经济增长并无显著影响。其四，河北、内蒙古、吉林、江苏、山东、河南、湖南、广东、广西、海南、云南、青海、宁夏、新疆的政府消费性支出对经济增长在短期和长期均起到了显著的促进作用，山西、黑龙江、陕西的政府消费性支出对经济增长仅仅在短期起到了显著的促进作用，北京、辽宁、浙江的政府消费性支出对经济增长仅在长期起到促进作用；另外，湖北、甘肃的政府消费性支出对经济增长起到了显著的负向作用，北京的政府消费性支出对经济增长在短期起到了显著的抑制作用。

5.5 中国省级房价波动与宏观调控政策的配置

党的十九大报告再次强调"房子是用来住的，不是用来炒的"，房价这一关乎民生的话题一直是社会各界关注的焦点之一。自 2009 年以来，为了应对上涨势头强劲的房价，国家先后实施了一系列宏观调控政策，这些政策对房价波动是否起到显著调控作用？关于这一点，国内学者况伟大（2010）、谭政勋和王聪（2015）、郑世刚和严良（2016）、王文甫等人（2017）均基于国家层面进行了大量研究，为我们之后的深入探讨奠定了坚实的基础。然而，鉴于我国区域发展严重不平衡，宏观调控政策对各省级房价波动分别有什么影响？这些影响有什么具体差异？不同宏观调控政策对各省级房价影响效果有什么不同？这些问题的准确认识将为调节房价、提高宏观调控政策效率提供一定的借鉴意义。基于2008—2016年我国各省级房价和政策变量的面板数据，本节对以上问题进行了实证分析。

关于房价波动的影响因素，国内外学者分别从经济层面和政策层面出发对其进行了大量研究，其中 Iacoviello 和 Neri（2007）、Aizenman 和 Jinjarak（2009）、Beltratti 和 Morana（2010）、Gete（2010）、徐建炜等人（2012）、陈斌开等人（2012）认为通胀、技术进步、消费者偏好、人口结构等经济基本面能很好地解释房价波动。沈悦和刘洪玉（2004）、余华义（2010）等实证发现我国经济层面因素对房价的影响能力有限，郑世刚和严良（2016）认为这主要是由于我国市场化程度不高以及较为特殊的制度环境所导致的，因此国内大部分文献集中于探讨影响房价波动的政策效果。

影响房价波动的政策主要包括财政政策、货币政策以及土地政策等，其中对货币政策的讨论尤其多，如谭政勋和王聪（2015）认为房价波动应该纳入我国货币政策规则中，而货币供应量和利率对房价的波动反应并不充分。然而，况伟大（2010）等实证表明，我国货币政策规则的操作并没有将房价纳入其中。以上文献均是探讨房价在货币政策设定中的作用。王先柱和杨义武（2015）、郑世刚和严良（2016）肯定了货币政策对房价调控的重要影响，并且郑世刚和严良（2016）指出货币供应量是导致房价上涨的主要原因。除此之外，宫汝凯（2012）、王猛等人（2013）均认为土地财政与房价相互存在促进作用，郑世刚和严良（2016）在肯定这一正向作用的同时指出土地供应量对房价的影响非常有限。与货币政策及土地政策相比，财政政策对房价的影响关注相对较少，其中踪家峰等人（2010）、郑世刚和严良（2016）、王文甫等人（2017）讨论了政府支出对房价的影响。

综观国内相关文献，大部分研究均是基于国家层面研究宏观调控政策对房价的影响（郑世刚和严良，2016；王文甫等，2017），吕伟和刘晨辉（2012）、宫汝凯（2015）等虽然运用省级数据探讨了地方财政政策和土地政策对房价的作用，但是现有文献均忽略了宏观调控政策对房价的影响可能存在的异质性。鉴于我国幅员辽阔，省级区域之间经济发展不平衡，地方财政能力也存在巨大差异等基本国情，关于宏观调控政策对房价的影响，主要做了以下三方面扩展：其一，通过在省级层面的分组检验来考察组间财政政策对房价影响的差异性。现有文献鞠方等人（2013）、潘金霞

（2013）均是基于地理位置分析东、中、西三大区域间的土地政策、财政政策对房价的作用。本节构建面板 SVAR 模型，运用分组检验识别出财政政策效应显著不同的省级群。其二，周晖和王擎（2009）发现货币政策对不同城市调节效果不同。因此，通过交互效应面板 SVAR 模型测量组内货币政策对各省级房价影响的不同效果。其三，将财政政策与货币政策放在一个系统中进行研究，以观测不同宏观调控政策对省级房价波动的影响。

5.5.1　模型设定

5.5.1.1　中国省级房价波动与宏观调控政策发展趋势

潘金霞（2013）、郑世刚和严良（2016）、王文甫等人（2017）均认为扩张性财政政策对房价起到提升作用。而本书通过观察我国各省级房价波动与财政政策发展趋势之间的关系发现，并不是所有省份都符合这一结论。下面以上海与宁夏为例进行说明。

图 5.7 中的实线和虚线分别表示上海和宁夏的固定资产投资变化趋势及房价波动，其中房价波动等于实际房地产销售价格的对数差，固定资产投资差额为实际固定资产投资的对数差。郑世刚和严良（2016）认为，财政购买性支出是我国财政政策调控的主要方式之一，因此本书也采用固定资产投资表征财政政策，数据来源于中经网数据库的省级固定资产投资资金中的国家预算内资金。如图 5.7 所示，与上海相比，宁夏的房价波动与固定资产投资变化正向相关性更加明显，即伴随固定资产投资的增加房价也上升；而对上海而言，固定资产投资变化与房价波动呈反向关系，如2011—2013 年，上海固定资产投资变化从−0.48 增加到极大值 1.56，之后下降到−0.03，对应的房价波动从−0.04 减小到−0.06，再上升到 0.13。

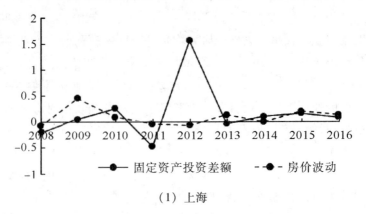

（1）上海

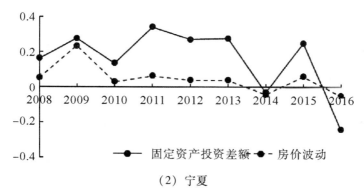

（2）宁夏

图5.7 2008—2016年上海、宁夏房价波动与固定资产投资差额

另外，货币供给与利率作为常用的货币政策的表征变量（周晖和王擎，2009；郑世刚和严良，2016），又将各省级房价波动与货币政策发展趋势放到一个图中，如图5.8所示。可以发现，为了应对2008年世界金融危机，货币供给与利率均上升，上海与宁夏在2009年房价均达到整个样本区间的极大值点，只是程度有所不同。

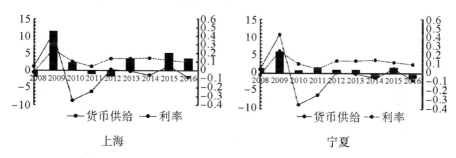

上海   宁夏

图5.8 2008—2016年上海、宁夏房价波动与货币政策

从图5.7和图5.8可以发现，中国省级财政政策对房价的影响作用方向、大小存在一定差异，货币政策对各省级房价的影响程度同样不同。鉴于上述数据特征所得结论，接下来力图通过严格实证分析，探讨宏观调控政策对中国各省级房价波动的影响。

5.5.1.2 面板SVAR模型的设定

为了探讨宏观调控政策对房价波动的影响，本书以各省级房价 HP 为被解释变量、财政政策与货币政策为解释变量建立以下面板回归模型：

$$HP_{it} = \varphi_1 GE_{i,t} + \varphi_2 GE_{i,t-1} + \varphi_3 HP_{i,t-1} + v_i + g_i F_t + \xi_{it} \quad (5-20)$$

其中，GE 是固定资产投资，$F_t = (M_{2t}, SI_t)'$ 包含货币供给与利率，v_i 为个体效应。φ_1 和 φ_2 分别衡量固定资产投资对房价波动即期、滞后一期的影响大小，φ_3 表示房价波动的惯性。从图 5.7 和图 5.8 可以看出固定资产投资与货币政策对房价的异质性影响。为了表达方便，这里首先设定固定资产投资前面系数同质，后文将详细论述其分组检验，g_i 表示货币政策对各省房价的不同作用。由于房价波动与财政政策存在相互影响的关系，然而况伟大（2010）、谭政勋和王聪（2015）等实证表明房价并没有被纳入我国货币政策规则中，因此本书将模型（5-20）扩展为面板 SVAR 模型：

$$Ay_{it} = \Gamma_1 y_{i, t-1} + \lambda_i + \Lambda_i F_t + \varepsilon_{it} \tag{5-21}$$

式（5-21）中，$y_{it} = (GE_{it}, HP_{it})'$，货币政策 F_t 作为外生变量引入模型（5-21）。面板 SVAR 模型不能直接估计，因此对上式两边同时乘 A^{-1} 得到如下对应的简约方程：

$$y_{it} = \prod{}_1 y_{i, t-1} + b_i + S_i F_t + u_{it} \tag{5-22}$$

其中，$\prod{}_1 = A^{-1}\Gamma_1$，$b_i = A^{-1}\lambda_i$，$S_i = A^{-1}\Lambda_i$，$u_{it} = A^{-1}\varepsilon_{it}$。

5.5.2 模型估计

5.5.2.1 面板 VAR 模型的估计

待估模型（5-21）与常用的面板 SVAR 模型的不同之处在于模型（5-21）中存在交互效应，因此基于 Bai（2009，2013）、杨继生和徐娟（2015）所得结论给出模型（5-21）的估计思路。

基于上述文献对面板数据交互效应的处理方式，本书首先对共同因素货币政策变量 F_t 进行标准化处理，使得 $F_t F_t' = I$；其次，通过去离差消去式（5-22）中的个体效应后，构造投影矩阵 $M_F = I - F_t' F_t$，等式两边同时乘投影矩阵得到待估系数：

$$\hat{\prod}{}_1 = (\tilde{Z}_{it} \tilde{Z}_{it-1}')^{-1}(\tilde{Z}_{it-1} \tilde{Z}_{it-1}') \tag{5-23}$$

其中，$\tilde{Z}_{it-k}' = \tilde{y}_{it-k} M_F$，$\tilde{y}_{it-k} = y_{it-k} - \bar{y}_t$。然后，基于 $\hat{\prod}{}_1$ 得到货币政策在第 i 个省份的即期效应为 $\hat{S}_i$ 的估计值：

$$\hat{S}_i = (\tilde{Z}_i - \hat{\prod}{}_1 \tilde{Z}_{i, -1}) F'(FF')^{-1} \tag{5-24}$$

式（5-24）中，$\tilde{Z}_i = (\tilde{Z}_{i1}, \cdots, \tilde{Z}_{iT})'$。最后在 $\hat{\prod}{}_1$ 和 $\hat{S}_i$ 的基础上，可以得到个体效应 $\hat{b}_i$、残差 $\hat{u}_{it}$ 以及方差-协方差矩阵 $\hat{\Omega}$，通过 $u_{it} = A^{-1}\varepsilon_{it}$ 可得 $\Omega =$

$A^{-1}A^{-1}$，假设本期的房价波动取决于本期的固定资产投资，而本期固定资产投资取决于上一期的房价波动，因此此时结构矩阵 A 设定为如下形式：$A = \begin{bmatrix} a_{11} & 0 \\ a_{21} & a_{22} \end{bmatrix}$。本书利用乔莱斯基分解得到 $\hat{A}$ 以及模型（5-21）中待估参数 $\hat{\Gamma}_1 = \hat{A}\prod_1$，$\hat{\lambda}_i = \hat{A}\hat{b}_i$，$\hat{\Lambda} = \hat{A}\hat{S}_i$。

5.5.2.2 分组检验

如前所述，鉴于我国各省级经济发展严重不平衡、财政能力存在巨大差异，接下来通过分组检验将财政政策对房价波动影响效果相似的省份放在一组，此时每组间将存在显著的差异。

在分组检验之前从模型（5-22）中抽取第 1 个方程，并将固定资产投资变量前面的系数变为异质，得到下列形式：

$$HP_{it} = \pi_{1i}GE_{i,\,t\,1} + \pi_2 HP_{i,\,t-1} + v_i + s_i F_t + \zeta_{it} \tag{5-25}$$

其中，π_{1i} 表示不同省份固定资产投资对房价波动的异质性效应。根据上一部分估计思路，对式（5-25）进行估计可以得到 $\hat{\pi}_{1i}$，$\hat{\pi}_2\hat{v}_i\hat{s}_i$，对 $\hat{\pi}_{1i}$ 从小到大进行排列，据此调整各省份的顺序，并在此基础上定义：

$$R_{it} = HP_{it} - \hat{\pi}_2 HP_{i,\,t-1} - \hat{v}_i - \hat{s}_i F_t \tag{5-26}$$

如果假设不同省级财政政策对房价波动的影响相同，那么可得如下形式的受约束模型：

$$R_{it} = \pi_1 GE_{i,\,t-1} + \tilde{\xi}_{it} \tag{5-27}$$

然后，先将总样本分成 2 个组，即每组对应不同省份的标号：$1 \sim l$ 与 $(l+1) \sim N$，$l = 1 \sim (N-1)$。此时，假设两组样本之间存在显著差异，而组内相似，从而有半约束模型：

$$R_{it} = \pi_{11} GE_{i,\,t-1} + \pi_{12} I_i GE_{i,\,t-1} + \tilde{\xi}_{it} \tag{5-28}$$

上式中，示性函数 $I_i = \begin{cases} 1(i = 1 \sim l) \\ 0(i = (l+1) \sim N) \end{cases}$。对式（5-27）和式（5-28）进行估计，分别得到带约束残差平方和 RSS_r 以及无约束残差平方和 RSS_u，然后构造 F 统计量：

$$F_l = \frac{(RSS_r - RSS_u)/q}{RSS_u/(n-k)} \sim F(q,\,n-k) \tag{5-29}$$

其中，q 表示约束条件个数，即式（5-27）与式（5-28）待估参数之差，n 和 k 分别为无约束模型（5-29）的样本个数以及待估参数个数，当 F_l 大于临界值时说明带约束模型与半约束模型之间存在显著差别，因此我们选择模型（5-29）。l 从 1 取值到 $(N-1)$，对应可以得到 $N-1$ 个 F 统计量，从中选取最大 F 值所对应的 l 值，我们就从这里截断暂时将整个样本分为两组，如此时第一组为省份 $1 \sim M$，第二组为省份 $(M+1) \sim N$。接下来，对组一 $1 \sim M$ 的省份和组二 $(M+1) \sim N$ 的省份分别按照上述方法继续分组，直到每组里的所有 F 统计量均小于临界值为止。

5.5.3　宏观调控政策对中国省级房价波动的影响分析

5.5.3.1　数据来源及处理

考虑到 2007 年年底次贷危机引发的全球金融危机影响了宏观调控政策的强度和方向，郑世刚和严良（2016）也发现 2008 年前后我国调控政策对房价影响存在巨大差异，因此本书主要选取 2008—2016 年中国省级面板数据对省级调控政策的效果进行实证分析。模型（5-21）中涉及的内生变量包括省级固定资产投资和房价波动，分别来源于中经网数据库中的固定资产投资资金中国家预算内资金以及商品房平均销售价格。考虑到通胀因素，本书分别以 2008 年为基期的 CPI 对各省固定资产投资和房价进行了消胀处理，得到实际固定资产投资和实际房价。另外，模型（5-21）中的外生块货币政策包括货币供给量和利率，盛松成和吴培新（2014）、郑世刚和严良（2016）均认为相较于银行间同业拆借利率，一年期贷款利率对房价波动影响更为显著，因此本书也选取了一年期贷款利率减去通货膨胀率所得的实际贷款利率 SI，货币供应量选取广义货币供给 M2 的数据。最后，分别对模型（5-21）中的内生变量以及货币供给量取自然对数，可以减弱它们的异方差性。为了保证模型（5-21）不存在伪回归，需要对研究中涉及的所有变量进行面板单位根检验。本书通过 LLC 检验发现在 5% 的显著水平下，内生变量以及货币供给量都表现为 $I(1)$ 过程，SI 为平稳序列，因此分别对实际固定资产投资、实际房价和货币供应量的对数形式取差分得到平稳序列。

5.5.3.2　宏观调控政策对中国各省级房价波动的具体效应和地区差异

第一，分组检验

在前文所述的基础上，根据财政政策对房价的不同影响效果，在 5% 的显著性水平下将我国 31 个省（自治区、直辖市）分为 4 个组（见表 5.6）。从表 5.6 中可以看出，第 1、2、3 组中均包括了东、中、西三大区域的省份，第4组中的三个省份均属于东部地区，这说明财政政策对房价影响的差异性与东、中、西三大区域分布并不一致。接下来，本书将在此分组的基础上，分别探讨组间财政政策效应和组内货币政策的对房价的效应。

表5.6 分组检验结果

第1组	宁夏、云南、山西、广西、北京、辽宁、新疆、重庆、河南
第2组	湖北、四川、上海、河北、西藏、内蒙古、黑龙江、青海、广东、天津
第3组	吉林、甘肃、安徽、陕西、贵州、湖南、山东、江西、海南
第4组	江苏、福建、浙江

第二，财政政策对房价波动的影响分析

如图5.9所示，面对1%正向的固定资产投资冲击，第2、3、4组房价均呈现一个倒"U"形，其中，第2组房价在即期下降0.02%，第3、4组房价在即期分别上升0.03%和0.05%，第2、3、4组的房价在滞后第1期均分别上升到极大值0.04%、0.07%和0.13%，随后逐渐衰减到零。然而，从衰减速度来看，第4组衰减最慢，这说明固定资产投资冲击对第4组房价的影响具有更长的持续性。固定资产投资增加1%，第1组房价在即期上升0.01%，滞后1期后下降到0.04%，随后负向影响逐渐消失。

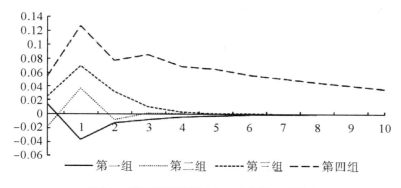

图5.9 固定资产投资冲击对房价波动的影响

总体来看，固定资产投资对中国各省级房价影响存在一定的滞后性，伴随固定资产投资的增加，第2、3、4组房价增加，第1组房价减少。这说明固定资产投资对第2、3、4组房价起到促进作用。本书认为主要是由于大量基础设施项目的建设和投入使用能够改善房地产产品周围的环境，起到保值与增值的作用，从而使得固定资产投资对这些区域房价起到正向作用。对第1组地区而言，固定资产投资的增加意味着保障住房计划的有力实施，因此在宁夏、云南、山西、广西、北京、辽宁、新疆、重庆、河南这些地区固定资产投资对房价起到抑制作用。

第三，货币政策对房价影响的效应分析

表5.7中表示面对1%的货币供给冲击或利率冲击，中国各省房价在滞后10期内变动的累计百分比。按照前文所述的分组进行排列，可以观察到如下两个特点：其一，从整体来看，货币供给对中国各省房价基本均起到促进作用（云南、山西、辽宁和青海除外），这与经济直觉相一致；其二，利率对各省级房价的影响方向存在差异，其中第1、2、3组中17个省份房价在面临贷款利率增加时表现为上升结果，这与经济理论不相符。郑世刚和严良（2016）基于国家层面也得到了相一致的结论。郑世刚和严良（2016）将其归因于一方面我国利率市场化的不完全导致了利率对房价传导渠道不通顺，另一方面货币供给的高速增加带来的房地产收益率高于利率水平。另外，贷款利率对第4组和第1、2、3组中东部省份房价基本表现为负向作用。

表5.7 中国各省级货币政策对房价波动的累积脉冲响应结果 单位：%

省份	M2	SI	省份	M2	SI	省份	M2	SI	省份	M2	SI
宁夏	0.05	-0.07	湖北	0.02	-0.04	吉林	0.07	0.09	江苏	0.81	-0.82
云南	-0.02	-0.01	四川	0.01	0.03	甘肃	0.06	0.16	福建	0.54	-0.43
山西	-0.02	0.17	上海	0.04	-0.09	安徽	0.02	0.28	浙江	0.52	-1.08
广西	0.02	-0.02	河北	0.03	-0.04	陕西	0.04	0.03			
北京	0.02	-0.19	西藏	0.09	0.13	贵州	0.08	0.04			
辽宁	-0.01	0.03	内蒙古	0.00	0.08	湖南	0.06	0.04			
新疆	0.00	0.05	黑龙江	0.00	0.05	山东	0.01	0.05			
重庆	0.02	-0.03	青海	-0.02	0.07	江西	0.06	-0.12			
河南	0.00	0.00	广东	0.01	-0.02	海南	0.03	0.08			
			天津	0.00	0.00						

5.5.3.3 政策层面中国省级房价波动的动力来源

第一，财政政策对省级房价波动的解释力度

图5.10表示在给定货币环境下固定资产投资对每组房价波动的解释力度。例如，第1组在0期和10期的解释力度分别对应1.72与11.21，这意味着第1组的房价波动，固定资产投资在即期解释力度为1.72%，累计滞

后 10 期之后解释力度达到 11.21%。观察图 5.10 中的四条虚实线，第 1、2 组房价波动分别有 11.21% 和 6.36% 来自固定资产投资，第 3、4 组固定资产对房价的解释力度在即期略微不同，但是长期来看固定资产投资均能解释房价波动的 30% 左右。总体来说，给定货币环境下，第 3、4 组财政政策对房价波动的影响力度大于第 1、2 组。

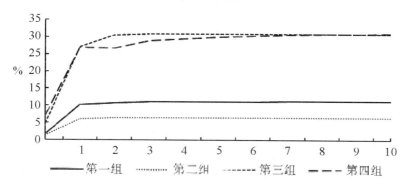

图 5.10　给定货币环境下财政政策对房价波动的解释力度

第二，货币政策对中国省级房价波动的解释力度

表 5.8 表示不同货币政策工具对中国各省房价波动的贡献程度。例如，宁夏对应的表格中的数据分别为 3.6% 和 11.22%，这说明宁夏的房价波动中，长期来看，货币供给能够解释 3.6%，贷款利率能够解释 11.22%，剩下的部分由财政政策与房价惯性冲击解释。关于财政政策对房价波动的贡献程度，根据图 5.10 和表 5.8 可以直接计算。例如，宁夏财政政策对房价波动的贡献程度为 9.55% ⌊(1-3.60%-11.22%)×11.21%]。为了进一步分析财政政策与货币政策对各省房价波动的调控力度，本书在下一部分基于此又分别给出了两种政策对房价波动的贡献程度，如表 5.8 所示。从表 5.7 中房价波动的动力分解结果来看，总体来说，相较于货币供给工具，贷款利率对于房价波动的影响更灵敏（贵州、天津和福建除外）。

表 5.8　中国省级货币政策对房价波动的贡献程度　　单位:%

省份	M2	SI	省份	M2	SI	省份	M2	SI	省份	M2	SI
宁夏	3.60	11.22	湖北	1.11	18.75	吉林	6.57	12.46	江苏	21.74	22.98
云南	1.85	5.33	四川	0.64	48.28	甘肃	3.89	28.37	福建	13.62	9.01
山西	0.49	62.62	上海	6.92	15.06	安徽	0.25	53.26	浙江	8.59	37.85
广西	0.46	27.18	河北	2.05	11.95	陕西	2.37	10.20			
北京	0.34	43.65	西藏	13.91	32.21	贵州	8.42	0.03			
辽宁	0.09	20.31	内蒙古	0.39	12.14	湖南	4.54	6.78			
新疆	0.04	27.41	黑龙江	0.53	8.70	山东	0.54	3.65			
重庆	0.53	60.73	青海	2.14	35.75	江西	4.60	15.82			
河南	0.80	7.97	广东	0.32	3.25	海南	2.45	26.49			
			天津	1.29	1.02						

第三,货币政策与财政政策比较

表 5.9 给出了中国省级房价波动中财政政策及货币政策的贡献程度,比如宁夏财政政策的贡献为 9.55%,货币政策的贡献为 14.82%,剩下的部分由房价惯性冲击贡献 75.63%。从房价波动的动力来源分解结果来看,第 1、2、4 组房价基本都表现为对货币冲击更为敏感,而第 3 组财政冲击对房价贡献较大(甘肃、安徽和海南除外)。另外,与第 1、2 组相比,第 3、4 组省份房价的变化整体上对财政冲击更为敏感。

表 5.9　中国省级财政政策、货币政策对房价波动的贡献程度　　单位:%

省份	财政	货币	省份	财政	货币	省份	财政	货币	省份	财政	货币
宁夏	9.55	14.82	湖北	5.10	19.86	吉林	24.99	19.03	江苏	17.14	44.72
云南	10.41	7.19	四川	3.25	48.92	甘肃	20.91	32.26	福建	23.98	22.63
山西	4.14	63.11	上海	4.96	21.98	安徽	14.35	53.51	浙江	16.60	46.44
广西	8.11	27.64	河北	5.47	14.00	陕西	26.98	12.57			
北京	6.28	43.99	西藏	3.43	46.11	贵州	28.25	8.45			
辽宁	8.93	20.40	内蒙古	5.56	12.54	湖南	27.37	11.32			
新疆	8.14	27.45	黑龙江	5.77	9.23	山东	29.57	4.19			
重庆	4.34	61.26	青海	3.95	37.89	江西	24.56	20.43			
河南	10.23	8.77	广东	6.13	3.57	海南	21.93	28.93			
			天津	6.22	2.31						

5.5.3.4　房价上涨压力的空间传递

模型(5-22)中的 $\frac{1}{NT}\sum_{i=1}^{N}(y_i - \Xi_i\hat{\Pi}_{i,PC})'(y_i - \Xi_i\hat{\Pi}_{i,PC})\hat{F} = \hat{F}\hat{V}$ 表示去

除固定资产波动、货币政策变化以及房价惯性冲击之外的房价波动值，可以说明房价上涨压力的空间上的差异性。表5.10给出了中国不同省份的个体效应的估计值。

表5.10　中国省级房价上涨压力的空间差异

省份		省份		省份		省份	
宁夏	0.08	湖北	0.19	吉林	-0.12	江苏	0.22
云南	0.01	四川	0.07	甘肃	-0.12	福建	0.11
山西	-0.38	上海	0.03	安徽	-0.10	浙江	0.08
广西	-0.05	河北	0.18	陕西	0.15		
北京	0.25	西藏	-0.29	贵州	0.00		
辽宁	-0.11	内蒙古	-0.10	湖南	0.12		
新疆	-0.13	黑龙江	-0.07	山东	0.03		
重庆	0.19	青海	-0.15	江西	0.14		
河南	0.00	广东	0.01	海南	-0.32		
		天津	0.04				

比较不同组内的个体效应估计值发现，第4组地区个体效应均为正，另外第1组中的北京、重庆，第2组的湖北、河北、上海、广东、天津，第3组的陕西、湖南、山东、江西也均为正。这说明中东部地区较为发达的省级房价空间上存在上涨压力。相对应的个体效应较小的为山西、新疆、西藏、海南、青海等中西部较为不发达的省份。这说明房价的上涨在空间上自较发达的中东部地区向较不发达的中西部地区传递。

5.6　本章小结

本章充分考虑到中国省级财政政策效应的异质性和相依性，不仅基于动态异质且截面相关的PSVAR模型讨论中国省级地方政府支出政策对经济增长的影响，还基于CCE及PC两种处理截面相关的方法完善了动态异质且截面相关的PSVAR模型的估计，同时利用蒙特卡洛模拟比较分析这两种方法的小样本性质发现CCE的拟合效果优于PC，且不随样本大小、个体异质性的变化而变化。在 CCE 思路估计出动态异质且截面相关 PSVAR 模型的基础上探讨 1978—2015 年中国省级财政支出政策对经济增长的影响发现：

第一，中国省级财政支出政策对产出的影响大部分显著为正，并且从全国及东、中、西三大经济区域来看，财政支出政策对产出都表现出显著的"挤入效应"，这一结论与已有研究一致。

第二，中国省级财政支出政策对产出的影响存在差异性。通过 bootstrap 方法观察脉冲响应函数以及政府支出乘数在不同分位数下的分布发现中国省级财政支出政策效应的这一差异性是显著的，且这种差异性与三大经济区域的分布并不一致，因此认为不同省级财政支出政策效应是非对称的。

第三，笔者在此基础上通过截面回归得到引起中国省级财政支出政策效应存在显著差异的原因是，拥有较低贸易开放度、政府债务率、经济发展水平以及较高收入分配差距、财政自主度的省级财政支出政策对产出影响越大。

第四，考虑到不同类型财政支出对经济增长可能存在不同影响，笔者又基于动态异质且截面相关 PSVAR 模型再次探讨了中国省级政府服务性支出、政府投资性支出、政府消费性支出、政府转移性支出对经济增长的影响，发现总体来看一半以上的省级政府服务性支出、政府消费性支出对经济增长长期或短期起到显著的促进作用，而一半以上省级政府投资性支出对经济增长起到显著的抑制作用，一半以上省级政府转移性支出并不会对经济增长产生显著影响。

除此之外，鉴于中国省域经济发展不平衡，财政能力、制度等方面存在较大差异，本书运用分组检验，根据财政政策对房价的不同效应将中国 31 个省（自治区、直辖市）分为 4 个组，在此基础上构建含外生变量的面板 SVAR 模型分析各组间财政政策对房价的区别效应，组内货币政策对房价影响的异质性，并且比较两种政策对房价波动的贡献程度。实证结果表明：其一，根据财政政策影响房价的区别效应得到 4 组类别。从分组结果来看，财政政策对房价影响的差异性与东、中、西三大区域分布并不一致。其二，财政政策对房价的调控存在一定的滞后性，并且固定资产投资支出对第 2、3、4 组房价起到促进作用，对第 1 组房价起到抑制效果。另外，货币供给对各省房价基本均起到促进作用，贷款利率对中东部省份房价基本起到负向作用。其三，从政策层面来看，第1、2、4组的房价波动主要来源于货币政策，并且相较于货币供给工具，贷款利率工具对房价波动的影响更灵敏；第3组财政政策冲击对房价贡献较高。从空间上来看，房价的上涨容易自较发达的中东部地区向较不发达的中西部地区传递。基于上述分析结果，可以得到以下政策启示：其一，伴随中国步入新常态时期，为保持经济稳步增长，政府实施积极财政政策，在积极财政政策取向不变的情况下，充分发挥财政政策在房地产市场的调控作用，地方政府需要进一步优化财政支出结构，特别是在第2、3、4组，应增加公共性和保障性住房的投资；其二，为了有效调控房价，一方面可以有效控制货币供应量，另一方面提高市场化程度以推进利率在房地产市场的传导机制，使利率对房价抑制效果更明显，其三，由于各组对货币冲击和财政冲击的敏感性存在差异，同样的宏观调控政策对于不同省份的房价有不同的作用效果。因此，为了不扭曲各项政策的调控效果，货币政策的设计应以第1、2、4组为基础，财政政策的设计应以第3组为基准。另外，根据房价上涨空间的传递结果，房价的调控起点应该是较为发达的中东部地区。

6　不同经济周期地方财政支出政策效应的非对称性研究

本章主要探讨地方财政支出政策对经济增长的非对称性。与国内其他相关文献相比，本章主要将运用我国省级面板数据，一方面扩大样本容量增加了自由度，另一方面可以探讨我国地方财政支出规模和财政支出结构对地区经济增长影响的非对称性。

鉴于我国财政支出政策具有非线性效应特征，在带交互效应 TVP - PSVAR 模型的基础上进行实证分析。除此之外，伴随中国经济发展进入新常态，积极财政政策如何能更有效促进经济增长备受社会和学术界的共同关注。从制度背景出发，本书运用 1994—2015 年省级面板数据基于平滑转移面板向量自回归（PSTVAR）模型考察了财政分权对政府支出乘数的影响。

6.1　PSTVAR 模型设定

为了探讨我国财政支出政策对经济增长的非对称效应，满向昱等人（2015）设定平滑转移向量自回归模型（STVAR）如下：

$$Ay_t = \Gamma_1 y_{t-1} + \cdots + \Gamma_p y_{t-p} + (\Gamma_1^* y_{t-1} + \cdots + \Gamma_p^* y_{t-p}) F(Z_{t-d}, \beta, c) + \varepsilon_t$$

$$(6-1)$$

上式中，$y_t = (G_t, Tax_t, GDP_t)'$ 包含三个内生变量的列向量，分别是政府支出、税收与国内生产总值。另外，$F(Z_{t-d}, \beta, c)$ 为机制转换函数，取值在 $0 \sim 1$ 之间。Terasvirta 和 Anderson（1992）等提到现有文献通常选用以下两种机制转换函数：

Logistic 函数　　　$F_t = 1 - \exp(-\beta(Z_{t-d} - c)^2)$　　　$(6-2)$

指数函数　　　　$F_t = \{1 + \exp(-\beta(Z_{t-d} - c))\}^{-1}$　　　$(6-3)$

式（6-2）、式（6-3）中，Z_{t-d} 表示机制转换的引导变量，c 是引导变量的阈值，β 决定转移速度。基于研究目的，满向昱等人（2015）最终选定转换的引导变量为实际 GDP 的增长率，机制转换函数形式如式（6-3）。关于引导变量的滞后期 d 的选择，满向昱等人（2015）认为，一方面为了避免同期反馈，另一方面一般认为 d 不大于 STVAR 模型滞后阶数 p。因此，关于 d 的选择，满向昱等人（2015）通过构造辅助函数及最小 P 原则实现（Terasvirta，1994）。

为了进一步从地方政府视角对不同经济周期下我国财政支出政策效应的非对称性进行讨论，笔者将式（6-1）推广到面板数据，即

$$Ay_{it} = \Gamma_1 y_{i, t-1} + \cdots + \Gamma_p y_{i, t-p} + (\Gamma_1^* y_{i, t-1} + \cdots +$$
$$\Gamma_p^* y_{i, t-p}) F(Z_{i, t-d}, \beta, c) + \lambda_i + \varepsilon_{it} \qquad (6-4)$$

考虑到我国各省级经济发展存在异质性，式（6-4）中通过引入机制转换函数 $F(Z_{i, t-d}, \beta, c)$，各省级的转换变量 $Z_{i, t-d}$ 随着个体 i 和时间 t 的不同决定机制转换函数 $F(Z_{i, t-d}, \beta, c)$ 不同的值，最终导致各省级待估模型系数不仅与时间有关，也体现了其异质性，形式上与杨继生（2011）讨论的非线性 PSVAR 模型一致。

然而，考虑到我国各省级经济发展之间存在相依性，与式（5-2）类似，此时模型（6-4）与杨继生（2011）所讨论的模型不同之处在于，模型（6-4）将存在截面相关性，即 ε_{it} 不再满足 $E(\varepsilon_{it} \varepsilon_{jt}') = 0 (i \neq j)$。Pesaran（2006）、Bai（2009）等利用共同因子的思想来研究面板回归模型的截面相关性。将这个思想借鉴到非线性 PSVAR 模型中，扰动项 $\varepsilon_{it} = (\varepsilon_{g, it}, \varepsilon_{2, it}, \varepsilon_{3, it})'$ 包含政府支出冲击 $\varepsilon_{g, it}$，可以将其分解为如下形式：

$$\varepsilon_{it} = \Lambda_i \bar{\varepsilon}_t + \tilde{\varepsilon}_{it} \qquad (6-5)$$

上式中，$\tilde{\varepsilon}_{it} = (\tilde{\varepsilon}_{g, it}, \tilde{\varepsilon}_{2, it}, \tilde{\varepsilon}_{3, it})'$ 被称为异质性冲击或特有冲击，表示来自各省级自身的结构冲击，一般认为满足：$E(\tilde{\varepsilon}_{it} \tilde{\varepsilon}_{jt}) = 0$（$i \neq j$），即各省级的异质性冲击只对自身有影响；$\bar{\varepsilon}_t = (\bar{\varepsilon}_{g, t}, \bar{\varepsilon}_{2, t}, \bar{\varepsilon}_{3, t})'$ 表示共同冲击，代表同时影响各省级的结构冲击，$E(\bar{\varepsilon}_t \bar{\varepsilon}_t') = I$，由于存在共同冲击导致各省级经济变量不止受到来自自身冲击的影响，还受到来自全国层面或区域层面共同冲击的影响；因子载荷矩阵 $\Lambda_i = diag(\lambda_{g, i}, \lambda_{2, i}, \lambda_{3, i})$，反映了共同冲击对我国各省（自治区、直辖市）的不同影响程度。叶小青（2014）等对带交互效应的非线性动态面板模型的估计进行了讨论，这为模型（6-4）的估计提供了借鉴思路。

在式（6-4）的基础上，笔者又可以进一步得到面板平滑转移向量自回归模型的更一般形式：

$$Ay_{it} = \Gamma_1 y_{i,t-1} + \cdots + \Gamma_p y_{i,t-p} + \sum_{j=1}^{M}(\Gamma_{1j}^* y_{i,t-1} + \cdots + \Gamma_{pj}^* y_{i,t-p})F(Z_{i,t-d},\beta_j,c_j) + \lambda_i + \varepsilon_{it} \tag{6-6}$$

综上所述，基于面板平滑转移向量自回归模型来探讨不同经济周期阶段下我国财政支出政策对经济增长的非对称效应，在估计之前笔者首先要解决模型（6-6）相关参数的设定问题：其一，模型中滞后阶数 p 的选择；其二，关于机制转换函数 $F(Z_{i,t-d},\beta,c)$ 的形式，即是选择式（6-2）Logistic 函数还是选择式（6-3）的指数函数；其三，机制转换引导变量的选择及滞后阶数 d 的选择；其四，模型（6-6）中参数 M 的选择。因此，接下来笔者将分别介绍面板平滑转移向量自回归模型的识别检验和估计。

6.2　PSTVAR 模型估计

本书选取 1978—2015 年我国 28 个样本省（自治区、直辖市）的面板数据，由于数据的可获得性，其中不包括四川、重庆和西藏。在研究中关键的三个内生变量为财政总支出、财政收入和地区生产总值可以直接获得，分别来自中经网统计数据库。根据数据处理过程最终将所得的实际财政总支出增长率、实际财政收入增长率和实际地区生产总值增长率三个内生变量代入模型（6-4），对我国省级财政支出政策的非对称效应进行探讨。另外，关于模型（6-4）中转移变量的选取，满向昱等人（2015）选取实际 GDP 增长率作为转换变量，储德银和崔莉莉（2014）利用产出缺口率作为转换变量。上述文献均是基于国家层面考察我国财政支出政策对经济增长的非对称性问题。为了从地方政府视角探讨我国财政支出对经济增长的非对称性问题，本书分别对以上两种转换变量的选取进行了检验，其中实际国内生产总值增长率为实际地区生产总值增长率。产出缺口率借鉴储德银和崔莉莉（2014）的处理办法，即利用 HP 滤波对实际地区生产总值进行趋势分解，得到潜在地区生产总值；再计算实际地区生产总值与潜在地区生产总值的差值；最后利用上一步计算得到的差值除以潜在地区生产总值即可得到产出缺口率。

在讨论面板平滑转移向量自回归模型的估计方法之前，笔者将基于一定先验信息和统计检验对模型（6-6）的具体形式进行识别。

第一，线性面板向量自回归模型，如式（6-7）所示。

$$Ay_{it} = \Gamma_1 y_{i, t-1} + \cdots + \Gamma_p y_{i, t-p} + \lambda_i + \varepsilon_{it} \tag{6-7}$$

基于 AIC 准则选择滞后阶数 $p=2$，利用线性面板向量自回归模型的滞后阶数来确定非线性面板向量自回归模型的滞后阶数，这与储德银和崔莉莉（2014）等的处理方法相一致。

第二，关于模型（6-4）中机制转换函数的形式、转移变量的选取以及转移变量的滞后数 d 的确定。本书首先构造辅助函数式（6-8）。

$$Ay_{it} = C_0 X_{it} + C_1 X_{it} Z_{it-d} + C_2 X_{it} Z_{it-d}^2 + \lambda_i + \varepsilon_{it} \tag{6-8}$$

上式中，$X_{it} = [y_{i, t-1}', \cdots, y_{i, t-p}']'$，检验模型（6-4）是否具有非线性特征，相当于检验模型（6-4）中 β 是否为零，等价于检验式（6-8）中系数矩阵 C_1 和 C_2 是否均为零，即设定原假设 H_{01}：$C_1 = C_2 = 0$，若不能拒绝原假设，那么笔者认为模型（6-4）不存在非线性性，也就是说认为我国省级财政支出政策对经济增长的影响与经济周期无关；若拒绝原假设，说明我国省级财政支出政策对经济增长的影响与经济周期有关，那么应选取哪一种转换函数形式呢？笔者接下来分别检验：H_{02}：$C_2 = 0$ 和 H_{03}：$C_1 = 0 | C_2 = 0$，若拒绝 H_{02} 则倾向于选择式（6-2）的 Logistic 函数作为转换函数形式，若拒绝 H_{03} 则选择式（6-3）的指数函数作为转换函数形式。另外，关于转移变量的选取和转移变量滞后阶数 d 的选择，为了避免同期反馈，转移变量的滞后阶数 d 将大于或等于 1，并且基于 d 不能大于原模型滞后阶数 p 的原则，那么转移变量的滞后阶数 d 取值为 1 或 2，最后通过最小 P 原则决定转移变量选取产出缺口率、转移变量的滞后阶数 d 取值为 1。

第三，为了确定模型（6-6）中的参数 M，笔者在模型（6-4）的基础上继续构造辅助函数式（6-9）。

$$Ay_{it} = B_1 X_{it} + B_2 X_{it} F(Z_{i, t-d}, \beta, c) + B_3 X_{it} Z_{i, t-d} +$$
$$B_3 X_{it} Z_{i, t-d}^2 + \lambda_i + \varepsilon_{it} \tag{6-9}$$

式（6-9）中，若原假设 H_{04}：$B_3 = B_4 = 0$ 不能被拒绝，这说明模型（6-9）中的参数 M 取值为 1，否则 $M=2$，在此基础上可以继续按照式（6-9）构造辅助函数检验参数 M 的取值。

综上所述，基于以上三步检验分析，确定模型滞后阶数 $p=2$，转移变量滞后阶数 $d=1$，转移函数形式如式（6-3）所示，参数 $M=1$，这意味着转换函数机制个数为 2。满向昱等人（2015）、储德银和崔莉莉（2014）分别将其定义为经济扩张与经济衰退时期，那么本书最终将基于式(6-10)对我国省级财政支出政策的非对称性进行讨论：

$$Ay_{it} = \Gamma_1 y_{i,\,t-1} + \Gamma_2 y_{i,\,t-2} + \sum_{j=1}^{1} (\Gamma_{1j}^* y_{i,\,t-1} + \Gamma_{2j}^* y_{i,\,t-2}) F(Z_{i,\,t-1},\ \beta_j,\ c_j) +$$
$$\lambda_i + \varepsilon_{it} \tag{6-10}$$

下面在此基础上笔者将对模型（6-4）的估计进行说明。

关于面板平滑转移向量自回归模型的估计，国内学者杨继生（2011）等对其进行了讨论；随后叶小青（2014）进一步利用 Bai（2009）的方法讨论了带交互效应的非线性动态面板数据模型。因此，针对截面相关且非线性的模型（6-4），在 Bai（2009）的方法基础上对模型（6-4）进行估计的步骤如下：

第一步，基于二维格点搜索法，把 β 和 c 确定在一定取值范围内，即转移速度 β 选取 $0.01 \sim 200$ 的范围，步长为 0.01；关于阈值 c，从对省级产出缺口率的统计描述来看，在整个样本区间内省级产出缺口率为 $-0.2 \sim 0.3$，因此笔者将其设定为 $-0.5 \sim 0.5$，步长为 0.001，从而得到 $(\beta,\ c)$ 的序列。

第二步，对于网络序列 $(\beta,\ c)$ 中给定 $(\beta^1,\ c^1)$，为了消去模型（6-4）中的个体效应，令 $z_{it} = y_{it} - \bar{y}_i$，$\tilde{z}_{it} = y_{it} F_{it} - T^{-1} \sum_{t=1}^{T} y_{it} F_{it}$，则模型（6-4）的简约型形式为

$$z_{it} = \Pi_{i,\,1} z_{i,\,t-1} + \cdots + \Pi_{i,\,p} z_{i,\,p} + \Pi_{i,\,1}^* \tilde{z}_{i,\,t-1} + \cdots + \Pi_{i,\,p}^* \tilde{z}_{i,\,p} + u_{it} \tag{6-11}$$

其中，

$$\Pi_{i,\,k} = A_i^{-1} \Gamma_{i,\,k},\ \Pi_{i,\,k}^* = A_i^{-1} \Gamma_{i,\,k}^*,\ u_{it} = A_i^{-1} \varepsilon_{it} \tag{6-12}$$

对简约型模型（6-11）进行估计得到其参数估计值 $\hat{\Pi}_1^0,\ \cdots,\ \hat{\Pi}_p^0$、$\hat{\Pi}_1^{*0},\ \cdots,\ \hat{\Pi}_p^{*0}$、残差序列 $\hat{u}_{it}^0$ 及方差协方差矩阵 $\hat{\Omega}_u^0$。

第三步，由 $u_{it} = A^{-1} \varepsilon_{it}$，得

$$\Omega_u = A^{-1} A^{-1\,'} \tag{6-13}$$

由于 $\hat{\Omega}_u$ 中只有 6 个简化式参数估计值，而 A_i 中有 9 个未知数，因此需要至少施加 3 个约束条件才可以通过式（6-13）得到 A 的估计值。因此，本书仍然借鉴 Blanchard 和 Perotti（2002）的识别方法，假设财政支出对财政收入和财政产出当期响应均为零，并且财政收入对产出当期响应也为

零，因此结构矩阵设定为 $A = \begin{bmatrix} a_{11} & 0 & 0 \\ a_{21} & a_{22} & 0 \\ a_{31} & a_{32} & a_{33} \end{bmatrix}$，通过乔莱斯基分解得到 $\hat{A}$，

根据 $\hat{A}$ 与式（6-13）得到模型（6-4）中所有结构系数矩阵 $\hat{\Gamma}_1^0, \cdots, \hat{\Gamma}_p^0$、$\hat{\Gamma}_1^{*0}, \cdots, \hat{\Gamma}_p^{*0}$ 和扰动项的估计值 $\hat{\varepsilon}_{it}^0$。

第四步，利用 Bai（2009）对上一步得到的组合冲击 $\hat{\varepsilon}_{it}^0$ 提取共同冲击 $\bar{\hat{\varepsilon}}_t^0$，另外式（6-11）可以等价于

$$Y_i = X_i W' + (\bar{\varepsilon}\Lambda_i' + \tilde{\varepsilon}_i)A^{-1} \tag{6-14}$$

其中，$Z_{it} = [z_{it}', \tilde{z}_{it}']'$，$X_{it} = [Z_{it-1}', \cdots Z_{it-p}']'$，$X_i = [X_{i,p+1}', \cdots, X_{i,T}']'$，$Y_i = [z_{i,p+1}, \cdots, z_{i,T}]'$，$\bar{\varepsilon} = [\bar{\varepsilon}_{p+1}, \cdots, \bar{\varepsilon}_T]'$，$\tilde{\varepsilon}_i = [\tilde{\varepsilon}_{i,p+1}, \cdots, \tilde{\varepsilon}_{i,T}]'$，对式（6-14）两边同时左乘构造投影矩阵 $\hat{M}_F = I - \bar{\hat{\varepsilon}}(c'c)^{-1}\bar{\hat{\varepsilon}}'$，得

$$\hat{W}' = (X_i'\hat{M}_F X_i)^{-1}(X_i'\hat{M}_F Y_i) \tag{6-15}$$

将上式估计所得的 $\hat{W}^1$ 代入式（6-14），根据第二、三步得到更新后组合冲击的估计值 $\hat{\varepsilon}_{it}^1$。

第五步，重复第四步 N1 次直到收敛，最终得到 $\hat{W}$ 和 $\bar{\hat{\varepsilon}}_t$ 值。

第六步，更新 (β, c) 为 (β^i, c^i)，重复第二步到第五步 N2 次，以残差平方和最小确定最优 (β, c) 为 (β^*, c^*)，并在此基础上根据上述五个步骤得到模型（6-4）中相对应待估参数。

6.3 地方财政支出规模对产出的非对称性影响研究

满向昱等人（2015）、储德银和崔莉莉（2014）等分别选择实际 GDP 增长率以及产出缺口率作为转换变量，将我国经济状态划分为两个体制时期，其中大于引导变量的阈值时期被称为经济扩张时期，小于引导变量的阈值时期被称为经济衰退期。由于现有文献均是基于国家层面来探讨我国财政支出政策效应与经济周期的关系，而随着地方政府在财政政策实施中扮演日趋重要的角色，本书主要利用省级面板数据从地方政府视角来探讨我国财政支出政策对地区经济增长的影响是否受到经济周期影响，通过一系列统计检验得到基于 2 期滞后的平滑转移面板向量自回归模型，并选择地

区产出缺口率滞后1期为机制转换的引导变量，通过这一引导变量将经济运行状态划分为两个体制时期，运用省级面板数据在上述估计方法的基础上得到了模型（6-4）中各系数的估计值，不同机制下产出方程的相关系数结果如表6.1所示。另外，根据各机制转移变量阈值得到各省级经济状态所处的不同机制，具体结果如表6.2所示。接下来，基于模型（6-4）的估计结果分别得到不同经济状态下我国省级财政总支出对经济增长的动态响应函数。为了进一步分析，基于脉冲响应函数结果在式（4-26）和式（4-27）的基础上计算得到不同经济体制下省级财政总支出的政府支出乘数。

6.3.1　模型估计结果分析

表6.1展示了式（6-11）中产出方程估计系数的结果；转换函数中转移变量的阈值为−0.005，转移速度为117.01。这意味着省级财政支出对经济增长影响情况转变较为迅速，并且模型（6-11）中各省级不同时刻在两个经济状态下也拥有不同的转移概率。图6.1以北京市为例简要分析了北京市处于经济扩张时期和经济衰退时期的概率，并且在此基础上通过转换函数值得到我国省级经济增长处在经济衰退时期所对应的样本区间。

表 6.1　产出方程的相关系数的估计结果

变量	G_{t-1}	Tax_{t-1}	GDP_{t-1}	G_{t-2}	Tax_{t-2}	GDP_{t-2}
线性部分	0.067*	0.011	1.035*	−0.025*	0.247*	0.086*
非线性部分	−0.168*	−0.043*	−1.037*	−0.007*	−0.381*	0.051*

注：＊表示在5%的显著性水平下显著。

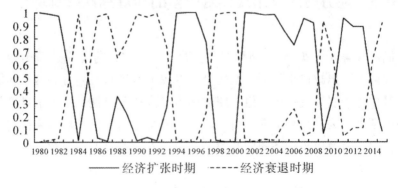

图 6.1　北京市处于两个经济状态的概率

表 6.1 表示了模型（6-4）的简约形式（6-11）中产出方程的相关系数的估计结果，其中第二、三行分别表示式（6-11）中系数矩阵 Π_1、Π_2、Π_1^* 和 Π_2^* 的估计值。如第二列政府支出一阶滞后变量前面的系数线性部分估计结果为 0.067，而非线性部分为 -0.168，这说明经济衰退情况下政府支出增加对产出起到显著的促进作用，而产出缺口高于转移变量阈值时，即在经济扩张时期政府支出增加对产出的促进作用减弱，甚至表现为负（-0.168+0.067=-0.101）。从表 6.1 中各系数的显著性水平来看，发现地方政府财政支出对经济增长在经济衰退期起到显著的促进作用，而当产出缺口大于临界值，即经济处于扩张时期时，地方政府财政支出对经济增长的影响将显著减弱。

基于式（6-11）的估计得到转换函数中转移变量的阈值为 -0.005，转移速度为 117.01，在此基础上进一步得到我国各省级不同时刻在两个经济状态下拥有不同的转移概率，本书以北京市为例进行简要说明。图 6.1 中的实线和虚线分别表示北京市处于经济扩张时期和经济衰退时期所对应的概率，如 1980 年实线和虚线分别对应的值为 1 和 0，代表 1980 年北京市处于经济扩张时期，此时财政支出对经济增长起到显著的促进作用。从图 6.1 可以发现，在 1980—2015 年的整个样本区间，北京市在 1983—1993年、1988—2000 年、2009—2010 年和 2014—2015 年这四个样本区间内处于经济衰退时期。在此期间，财政支出对经济增长起到显著的促进作用，而剩下的其他样本区间为经济扩张时期，此时财政支出政策对经济增长效率减弱。根据我国各省级不同时刻在两个经济状态下拥有不同的转移概率，笔者将转移概率小于 0.2 的认为该省级在相应时刻处于经济衰退时期（王妍，2015）。表 6.2 给出了基于机制转换引导变量得到的中国部分省级的机制划分结果。

表 6.2 中国部分省级基于机制转换引导变量的机制划分

年份	1980	1981	1982	1983	1984	1985	1986	1987	1988	1989	1990	1991	1992	1993	1994	1995	1996	1997	1998	1999	2000	2001	2002	2003	2004	2005	2006	2007	2008	2009	2010	2011	2012	2013	2014	2015
北京				1	1	1	1	1	1	1	1	1	1	1					1	1	1	1	1	1	1		1	1		1	1					1
天津				1	1	1	1	1	1	1	1	1	1	1					1	1	1	1	1	1	1	1	1	1		1					1	1
河北				1	1	1	1	1	1	1	1	1	1	1					1	1	1	1	1	1	1	1	1	1		1						1
辽宁				1	1	1	1	1	1	1	1	1	1	1					1	1	1	1	1	1	1	1	1	1		1				1		1
上海				1	1	1	1	1	1	1	1	1	1	1					1	1	1	1	1	1	1	1	1	1						1	1	1
江苏				1	1	1	1	1	1	1	1	1	1	1					1	1	1	1	1	1	1	1	1	1								1
浙江				1	1	1	1	1	1	1	1	1	1	1					1	1	1	1	1	1	1	1	1	1		1						1
福建				1	1	1	1	1	1	1	1	1	1	1					1	1	1	1	1	1	1	1	1	1							1	1
山东				1	1	1	1	1	1	1	1	1	1	1					1	1	1	1	1	1	1	1	1	1		1					1	1
广东				1	1	1	1	1	1	1	1	1	1	1				1	1	1	1	1	1	1	1	1	1	1		1					1	1
海南				1	1	1	1	1	1	1	1	1	1	1					1	1	1	1	1	1	1	1	1	1		1					1	1
山西				1	1	1	1	1	1	1	1	1	1	1		1			1	1	1	1	1	1	1	1	1	1		1						1
吉林				1	1	1	1	1	1	1	1	1	1	1		1			1	1	1	1	1	1	1	1	1	1								1
黑龙江				1	1	1	1	1	1	1	1	1	1	1					1	1	1	1	1	1	1	1	1	1		1						1
安徽			1	1	1	1	1	1	1	1	1	1	1	1	1				1	1	1	1	1	1	1	1	1	1		1						1
江西				1	1	1	1	1	1	1	1	1	1	1					1	1	1	1	1	1	1	1	1	1		1						1
河南				1	1	1	1	1	1	1	1	1	1	1					1	1	1	1	1	1	1	1	1	1		1						1
湖北				1	1	1	1	1	1	1	1	1	1	1	1				1	1	1	1	1	1	1	1	1	1		1				1		1
湖南				1	1	1	1	1	1	1	1	1	1	1					1	1	1	1	1	1	1	1	1	1							1	1
广西				1	1	1	1	1	1	1	1	1	1	1	1				1	1	1	1	1	1	1	1	1	1		1					1	1
内蒙古			1	1	1	1	1	1	1	1	1	1	1	1					1	1	1	1	1	1	1	1	1	1			1					1
贵州				1	1	1	1	1	1	1	1	1	1	1					1	1	1	1	1	1	1	1	1	1	1	1	1					1
云南				1	1	1	1	1	1	1	1	1	1	1					1	1	1	1	1	1	1	1	1	1		1						1
陕西				1	1	1	1	1	1	1	1	1	1	1					1	1	1	1	1	1	1	1	1	1		1	1					1
甘肃				1	1	1	1	1	1	1	1	1	1	1	1				1	1	1	1	1	1	1	1	1	1								1
青海			1	1	1	1	1	1	1	1	1	1	1	1					1	1	1	1	1	1	1	1	1	1							1	1
宁夏				1	1	1	1	1	1	1	1	1	1	1					1	1	1	1	1	1	1	1	1	1							1	1
新疆				1	1	1	1	1	1	1	1	1	1	1					1	1	1	1	1	1	1	1	1	1		1						1

注：1980—2015 年中国部分省级经济状态处于经济衰退时期（用"1"表示）。

表 6.2 表示 1980—2015 年我国各省级经济处于经济衰退时期的样本区间，利用黑竖条标注，其他未标注的表示该省份处于经济扩张时期。例如，北京在 1983—1993 年、1998—2000 年、2009—2010 年和 2014—2015 年被标注黑竖条，这说明北京在 1983—1993 年、1998—2000 年、2009—2010 年和 2014—2015 年经济处于衰退时期，其他样本区间内经济处于扩张时期。从表 6.1 我们可以发现，整体来看，我国省级经济衰退期主要表现在 1983—1993 年、1999—2006 年、2009 年和 2015 年。关于这一点，笔者进一步在表 6.2 的基础上得到图 6.2。图 6.2 中的实线表示 1980—2015 年经济处于经济衰退时期省份的个数，比如 1980 年处实线对应数值为 0，表示 1980 年我国 28 个样本省份均为经济扩张时期。从图 6.2 可以看出，我国各省经济衰退时期主要集中在 1984—1992 年、1999—2006 年、2009 年和 2015 年。因此，从表 6.2 可以发现，我国各省级经济状况所处时期虽然存在一定差异性，比如 1983 年北京处于经济衰退时期，而 1983 年辽宁却处于经济扩张时期，但是整体而言各省级经济状况存在相似性，即经济衰退时期均集中于 1983—1993 年、1998—2000 年、2009—2010 年和 2014—2015 年。

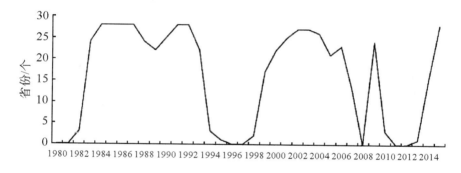

图 6.2　1980—2015 年经济处于经济衰退时期的省份个数

6.3.2　地方财政支出规模对产出的影响分析

本部分笔者将基于以上估计结果得到不同经济状态下地方财政支出对经济增长的动态响应函数，如图 6.3 所示，并在此基础上利用式（4-26）、式（4-27）得到不同经济状态下地方财政支出乘数，如图 6.4 所示。

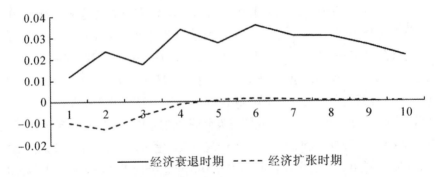

图 6.3　不同经济状态下财政支出冲击对经济增长的脉冲响应函数

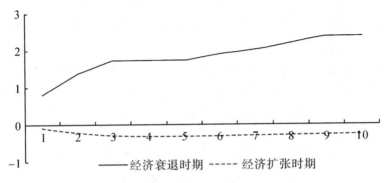

图 6.4　不同经济状态下政府支出乘数

　　图 6.3 中的实线和虚线分别表示经济衰退时期和经济扩张时期的情况下，我国地方财政支出对经济增长的脉冲效应函数。首先，经济衰退时期下我国地方财政支出对经济增长的脉冲效应函数面对 1% 正向的财政支出冲击，地方产出在滞后第 1 期增加 0.01%、滞后第 2 期增加到 0.02%、滞后第 3 期产出增加幅度有所下降，但是整体而言产出增加幅度变大，直到滞后第 6 期产出增加达到最大值 0.035%，之后产出增加幅度开始下降。其次，经济扩张时期下我国地方财政支出对经济增长的脉冲效应函数面对 1% 正向的财政支出冲击，地方产出在滞后第 1 期减少 0.01%、滞后第 2 期减少 0.013%，随后产出下降幅度开始减小，直到滞后第 5 期产出变化幅度基本为零。因此，总体来看，经济扩张时期下我国地方财政支出对经济增长的脉冲效应函数基本在零直线附近波动。这说明面对 1% 正向的财政支出冲击，地方产出基本没有变化。最后，比较经济衰退时期和经济扩张时期的情况下，从我国地方财政支出对经济增长的脉冲效应函数可以发

现，面对 1% 正向财政支出冲击，与经济扩张时期下产出的变化相比较，经济衰退时期产出的变化更加显著，并且从实线的趋势来看，经济衰退时期下财政支出政策对经济增长的作用持续性也更强。

图 6.4 中的实线和虚线分别表示经济衰退时期与经济扩张时期的情况下我国地方财政支出乘数。例如，滞后第 1 期实线和虚线分别对应的值为 0.817、−0.101，这说明若将短期乘数看作滞后 1 期下的乘数，那么经济衰退时期和经济扩张时期的情况下地方财政支出短期乘数分别为 0.817、−0.101。从图 6.4 可以发现：其一，对经济衰退时期我国地方财政支出乘数而言，地方财政支出短期乘数为 0.817，滞后第 10 期之后财政支出乘数趋近于 2.4；其二，对经济扩张时期我国地方财政支出乘数而言，基本在零直线附近波动，短期地方财政支出短期乘数和长期地方财政支出乘数分别为 −0.101、−0.28；其三，笔者发现，无论是短期地方财政支出乘数还是长期地方财政支出乘数，与经济扩张时期相比，经济衰退时期都将拥有更加显著的地方财政支出乘数。

综上所述，运用我国省级面板数据，基于面板平滑转移向量自回归模型从地方政府视角来分析我国省级地方财政支出对经济增长的非对称性发现，与经济扩张时期相比较，在经济衰退时期财政支出政策对经济增长无论是短期还是长期都起着显著的促进作用，并且持续性更长久，这与基于国家层面数据的现有实证文献所得结论相一致（满向昱等，2015；储德银和崔莉莉，2014 等）。

6.4　地方财政支出结构对产出的非对称性影响研究

考虑到不同财政支出项目对产出可能存在不同的影响结果，将总财政支出分为财政服务性支出、财政投资性支出、财政转移性支出、财政消费性支出，并分别探讨这四类财政支出对经济增长影响的非对称性。

6.4.1　财政服务性支出对产出的影响分析

笔者通过一系列统计检验得到基于 1 期滞后的平滑转移面板向量自回归模型，并选择地区产出缺口率滞后 1 期为机制转换的引导变量，运用省级面板数据在上述估计方法的基础上得到模型（6-4）的简约形式各系数的估计值。表 6.3 展现了产出方程的相关系数结果。接下来，基于模型（6-4）的估计结果分别得到不同区制下我国省级财政服务性支出对经济增长的动态响应函数（见图 6.5）。为了进一步分析，基于脉冲响应函数结果在式（4-26）和式（4-27）的基础上计算得到不同区制下省级财政服务性支出的政府支出乘数。

表 6.3　产出方程的相关系数的估计结果

变量	G_{t-1}	Tax_{t-1}	GDP_{t-1}
线性部分	0.079*	0.002	0.247*
非线性部分	−0.174*	−0.033*	−0.027*

注：* 表示在 5% 的显著性水平下显著。

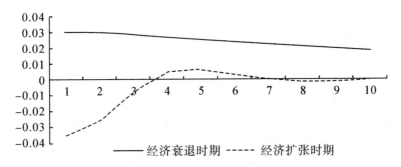

图 6.5　不同经济状态下财政服务性支出冲击对经济增长的脉冲响应函数

表 6.3 表示了模型（6-4）的简约形式产出方程中各系数的估计结果，观察第二列政府支出一阶滞后变量前面的系数线性部分估计结果为 0.079，而非线性部分估计结果为−0.174，这说明经济衰退情况下政府服务性支出增加对产出起到显著的促进作用，而产出缺口高于转移变量阈值 0.027 时，即在经济扩张时期政府服务性支出增加对产出的促进作用减弱，甚至表现为负（−0.174+0.079＝−0.095）。从表 6.3 各系数的显著性水平来看，可以发现地方政府服务性财政支出对经济增长在经济衰退期存在显著的促进作用，而当产出缺口大于临界值，即经济处于扩张时期时，地方政府服务性财政支出对经济增长的影响将显著减弱。

图 6.5 中的实线和虚线分别表示经济衰退时期和经济扩张时期的情况下，我国地方财政服务性支出对经济增长的脉冲效应函数。首先来看图6.5 的实线部分，面对 1% 正向的财政服务性支出，地方产出在滞后第 1 期

增加到 0.029%，滞后第 2 期产出继续增加到 0.030%，从滞后第 3 期开始产出增加幅度开始缓慢下降。其次来看图 6.5 的虚线部分，面对 1% 正向的财政服务性支出，地方产出在滞后第 1 期下降幅度达到最大值 0.034%，从滞后第 2 期开始下降幅度快速减小，直到滞后第 4 期产出开始增加，并且在滞后第 7 期产出增加幅度达到最大值 0.007%，随后产出变化幅度逐渐减小到零。最后将图 6.5 中的实线与虚线进行对比可以得出以下结论，与经济过热相比，财政服务性支出对地方经济增长即期存在更显著的促进作用。

图 6.6 中的实线和虚线分别表示经济衰退时期和经济扩张时期的情况下我国地方财政服务性支出乘数，其中经济衰退时期财政服务性支出短期乘数为 0.294、长期乘数为 2.459；而经济过热时期财政服务性支出短期乘数、长期乘数分别为 -0.348、-0.569。这说明，长期来看，我国财政服务性支出政策在经济衰退时期对经济增长起到更显著的促进作用。

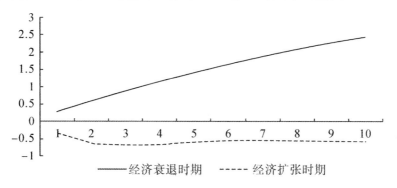

图 6.6　不同经济状态下政府服务性支出乘数

对图 6.5 和图 6.6 总结可以得出以下结论，与经济过热时期相比，无论是短期还是长期，我国地方服务性支出在经济衰退时期对经济增长都起到更显著的促进作用。

6.4.2　财政投资性支出对产出的影响分析

笔者通过一系列统计检验得到基于 2 期滞后的平滑转移面板向量自回归模型，并选择地区产出缺口率滞后 1 期为机制转换的引导变量，运用省级面板数据在上述估计方法的基础上得到了模型（6-4）的简约形式各系数的估计值。表 6.4 展现了产出方程的相关系数结果。接下来，本书又基于模型（6-4）的估计结果分别得到不同区制下我国省级财政投资性支出对经济增长的动态响应函数（见图6.7）。为了进一步分析，基于脉冲响应函数结果在式（4-26）和式（4-27）的基础上计算得到不同区制下省级财政投资性支出的政府支出乘数。

表6.4　产出方程的相关系数的估计结果

变量	G_{t-1}	Tax_{t-1}	GDP_{t-1}	G_{t-2}	Tax_{t-2}	GDP_{t-2}
线性部分	0.036	−0.006	0.226*	0.121*	0.029*	0.108*
非线性部分	−0.081*	−0.019*	0.171*	−0.214*	−0.028*	−0.097*

注：*表示在5%的显著性水平下显著。

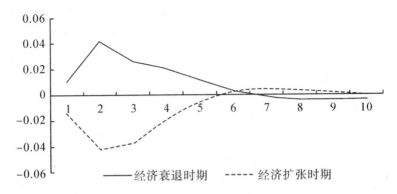

图6.7　不同经济状态下财政投资性支出冲击对经济增长的脉冲响应函数

表6.4表示了模型（6-4）的简约形式中产出方程的相关系数的估计结果。观察表6.4中第二列政府投资性支出一阶滞后变量前面的系数对应值分别为0.036、−0.081，第五列政府投资性支出两阶滞后变量前面的系数对应值分别为0.121、−0.214。从各系数的显著性来看，在经济衰退时期，政府投资性支出对经济增长的作用存在一期的滞后性，即在滞后一期之后政府投资性支出对地方产出起到显著的促进作用；在经济扩张时期，政府投资性支出对经济增长的促进作用将减弱，并且减弱的效果是显著的。

图6.7中的实线和虚线分别表示经济衰退时期和经济扩张时期的情况下我国地方财政投资性支出对经济增长的脉冲效应函数。首先来看经济衰退时期下我国地方财政投资性支出对经济增长的脉冲效应函数，面对1%正向的财政投资性支出冲击，地方产出在滞后第1期增加0.010%、滞后第2期增加到最大值0.042%，随后增加幅度开始减弱，大概在滞后第6期

以后减弱到零。因此，从整体来看，我国地方财政投资性支出对经济增长的脉冲效应函数呈现一个倒"U"形。其次来看经济扩张时期下我国地方财政投资性支出对经济增长的脉冲效应函数，面对1%正向的财政投资性支出冲击，产出在滞后第1期下降0.014%、滞后第2期下降到最大值0.042%，从滞后第3期产出下降幅度开始衰减，大约在滞后第6期以后衰减到零。整体来看，我国地方财政投资性支出对经济增长的脉冲效应函数呈现一个"U"形。最后比较经济衰退时期和经济扩张时期情况下我国地方财政投资性支出对经济增长的脉冲效应函数，经济衰退时期财政投资性支出在即期对经济增长起到显著的促进作用，而经济扩张时期财政投资性支出对经济增长在即期起到一定的抑制作用。

图6.8中的实线和虚线分别表示经济衰退时期和经济扩张时期的情况下我国地方财政投资性支出乘数。根据图6.8可以从以下三方面进行分析：其一，观察实线的走势可以发现，经济衰退时期我国短期地方财政投资性支出乘数和长期地方财政投资性支出乘数分别为0.105和1.012，这说明经济衰退时期财政投资性支出对经济增长在短期和长期均起到显著的促进作用；其二，观察虚线的走势可以发现，经济扩张时期我国短期地方财政投资性支出乘数和长期地方财政投资性支出乘数分别为−0.142和0.017，这说明经济扩张时期财政投资性支出在短期对经济增长起到一定的抑制作用，但是长期来看并不会对经济增长有影响；其三，通过比较经济衰退时期和经济扩张时期情况下我国地方财政投资性支出乘数可以发现，财政投资性支出对经济增长在经济衰退时期起到更加显著的促进作用。

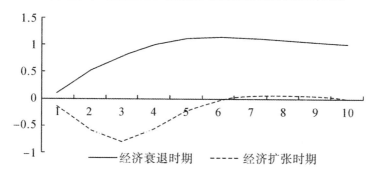

图6.8 不同经济状态下政府投资性支出乘数

对图6.7和图6.8总结可以得出以下结论，财政投资性支出对经济增长的影响存在非对称性。具体而言，在经济衰退时期，财政投资性支出对经济增长无论是短期还是长期均起到显著的促进作用；在经济扩张时期，财政投资性支出对经济增长在短期起到一定的抑制作用，但是长期来看基本没有影响。

6.4.3　财政转移性支出对产出的影响分析

笔者通过一系列统计检验发现如果不能拒绝式（6-4）中 $\beta = 0$，则选择式（6-7）最为合适，这说明我国财政转移性支出对经济增长的影响与经济周期无关。接下来，本书基于模型（6-7）的估计结果分别得到我国省级财政转移性支出对经济增长的动态响应函数（见图6.9）。为了进一步分析，基于脉冲响应函数结果在式（4-26）和式（4-27）的基础上计算得到财政转移性支出的政府支出乘数，如图6.10所示。

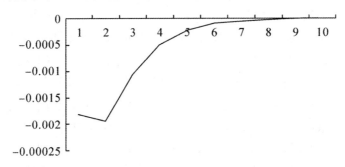

图6.9　财政转移性支出冲击对经济增长的脉冲响应函数

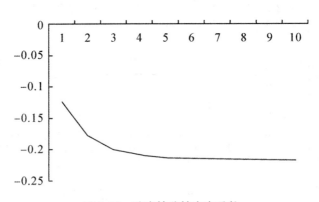

图6.10　政府转移性支出乘数

图6.9表示地方财政转移性支出冲击对经济增长的脉冲响应函数，面对1%正向的财政转移性支出冲击，产出在滞后第1期下降0.002%、滞后第2期保持下降，随后下降趋势开始衰减，直到大约滞后第6期衰减到零。

图 6.10 表示地方财政转移性支出乘数。从图 6.10 可以得到我国短期政府转移性支出乘数和长期政府转移性支出乘数分别为-0.124 和-0.216，这说明无论是从短期还是从长期来看，我国地方政府转移性支出对经济增长均起到抑制作用，只是抑制作用较为不明显。关于这一实证结果，笔者认为主要是由于地方财政转移性支出是政府资金无偿、单方面转移，其能否在经济衰退时期促进需求，导致经济有效增长，主要取决于接受这些转移性支出的群体的经济行为选择。

6.4.4　财政消费性支出对产出的影响分析

笔者通过一系列统计检验得到基于 2 期滞后的平滑转移面板向量自回归模型，并选择地区产出缺口率滞后 1 期为机制转换的引导变量，运用省级面板数据在上述估计方法的基础上得到了模型（6-4）的简约形式各系数的估计值。表 6.5 展现了产出方程的相关系数结果。接下来，基于模型（6-4）的估计结果分别得到不同区制下我国省级财政消费性支出对经济增长的动态响应函数（见图 6.11）。为了进一步分析，基于脉冲响应函数结果在式（4-26）和式（4-27）的基础上计算得到不同区制下省级财政消费性支出支出乘数。

表 6.5　产出方程的相关系数的估计结果

变量	G_{t-1}	Tax_{t-1}	GDP_{t-1}	G_{t-2}	Tax_{t-2}	GDP_{t-2}
线性部分	0.008	−0.042	0.161*	0.127*	−0.076*	0.134
非线性部分	−0.066*	0.005*	0.074*	−0.251*	0.052*	−0.060*

注：*表示在5%的显著性水平下显著。

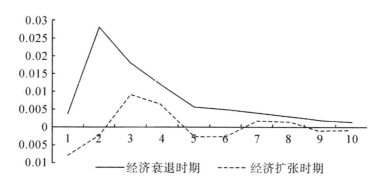

图 6.11　不同经济状态下财政消费性支出冲击对经济增长的脉冲响应函数

表 6.5 表示了模型（6-4）的简约形式中产出方程的相关系数的估计结果。观察表 6.5 中第二列政府消费性支出一阶滞后变量前面的系数对应值分别为 0.008、-0.066，第五列政府消费性支出两阶滞后变量前面的系数对应值分别为 0.127、-0.251。从各系数的显著性来看，在经济衰退时期，政府消费性支出对经济增长的作用存在一期的滞后性，即在滞后一期之后政府消费性支出对地方产出起到显著的促进作用；在经济扩张时期，政府消费性支出对经济增长的促进作用将减弱，并且减弱的效果是显著的。

图 6.11 中的实线和虚线分别表示经济衰退时期和经济扩张时期的情况下我国地方财政消费性支出对经济增长的脉冲效应函数。首先来看经济衰退时期情况下我国地方财政消费性支出对经济增长的脉冲响应函数，面对 1% 正向的财政消费性支出冲击，产出在滞后第 1 期增加 0.004%、滞后第 2 期增加到最大值 0.028%，随后增加幅度开始缓慢衰减。整体来看，财政消费性支出政策对经济增长即期表现为促进作用，并且变化趋势呈现倒"U"形。其次来看经济扩张情况下我国地方财政消费性支出对经济增长的脉冲响应函数，面对 1% 正向的财政消费性支出冲击，地方产出在滞后第 1 期下降 0.008%、滞后第 2 期产出下降幅度减弱、滞后第 3 期产出开始增加 0.009%、滞后第 4 期产出增加幅度减弱；之后产出的变化一直在下降与增加之间交替出现，并且变化幅度逐渐减小，直到大约在滞后第 9 期衰减到零。最后将经济衰退时期和经济扩张时期的情况下我国地方财政消费性支出对经济增长的脉冲效应函数进行比较，财政消费性支出在经济衰退时期对经济增长有更加显著的即期促进作用。

图 6.12 中的实线和虚线分别表示经济衰退时期和经济扩张时期的情况下我国地方财政消费性支出乘数。根据图 6.12 可以从以下三方面进行分析：其一，观察实线的走势可以发现，在经济衰退时期，我国短期地方财政消费性支出乘数和长期地方财政消费性支出乘数分别为 0.038 和 0.832，这说明经济衰退时期财政消费性支出对经济增长在短期和长期均起到显著的促进作用；其二，观察虚线的走势可以发现，在经济扩张时期，我国短期地方财政消费性支出乘数和长期地方财政消费性支出乘数分别为 -0.079 和 0.020，并且整体而言，虚线基本在零直线附近波动，这意味着经济扩张时期财政消费性支出在短期对经济增长起到一定的抑制作用，但是长期来看并不会对经济增长有影响；其三，通过比较经济衰退时期和经济扩张时期的情况下我国地

方财政消费性支出乘数可以发现，与经济扩张时期相比较，财政消费性支出对经济增长在经济衰退时期起到更加显著的促进作用。

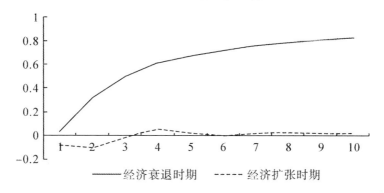

图 6.12　不同经济状态下政府消费性支出乘数

对图 6.11 和图 6.12 总结可以得到以下结论，财政消费性支出对经济增长的影响存在非对称性。具体而言，在经济衰退时期，财政消费性支出对经济增长无论短期还是长期均起到显著的促进作用；在经济扩张时期，财政消费性支出对经济增长在短期起到一定的抑制作用，但是长期来看基本没有影响。

6.5　不同经济状态的政府支出乘数差异性研究

近年来，国内外学者的研究已经突破关于财政政策在理论上是否有效的理论冲突，更多的和现实数据相一致，开始研究在不同经济环境下政府支出乘数的差异性（徐祥云，2013）。Ilzetzki 等人（2013）利用 44 个样本国家（发达国家和发展中国家）的面板数据讨论了经济发展水平、汇率机制、贸易开放度以及政府债务率对政府支出乘数的影响，结果表明经济发展水平越高，固定汇率、贸易开放度越低，政府债务率越高的国家政府支出乘数越大；Corsetti 等人（2012）扩展了 Perotti（1999）的方法来识别财政政策传导效果，基于 17 个 OECD 国家来考察汇率机制、政府债务率和金融危机对政府支出乘数的影响，最后得出与 Ilzetzki 等人（2013）一致的结论，同时发现在金融危机时政府支出乘数越大；Born 等人（2013）首先利用面板向量自回归模型研究 OECD 国家汇率机制对政府支出乘数的影响，发现虽然实行固定汇率的国家政府支出乘数更大，但是政府支出传导路径与传统的蒙代尔模型并不一致，因此基于新凯恩斯模型解释了这种差异性；王妍（2015）基于 STVAR 模型讨论发现在不同金融摩擦环境下政府财政支出政策将会对经济产生显著不同，具体而言，在低金融摩擦环境下财政支出乘数显著为正，政府投资乘数显著大于政府消费乘数，尤其在高金融摩擦环境下。

从上述文献中我们发现，针对不同经济环境的政府支出乘数的差异性研究，现有的国内研究仍然存在以下两个问题：其一，国外研究主要发现贸易开放度、汇率机制、政府债务率、经济发展水平等方面会对政府支出乘数产生影响，而国内关于这方面的讨论稍显缺乏；其二，国内外研究都没有将财政支出政策可能具有的非线性特征纳入不同经济环境政府支出乘数差异性的研究中。鉴于国内众多研究（王立勇和刘文革，2009；方红生和张军，2010；李永友，2012；储德银和崔莉莉，2014）已经证实我国财政政策的效应确实存在一定的时变特征，那么不同经济环境下政府支出乘数的差异性是否也存在一定的时变特征呢？如果不同环境下政府支出乘数的差异性确实存在一定的时变特征，那么在假设不同环境下差异性是一成不变的基础上笼统的研究政府支出乘数效应可能会得到错误的政策启示。

综上所述，考虑到我国统一的汇率制度，本书将借鉴 Ilzetzki 等人（2013）的思路试图探讨不同贸易开放度、政府债务率以及经济发展水平下我国政府支出乘数的差异性，即以贸易开放度、政府债务率、经济发展水平中位数为标准，将我国 31 个省（自治区、直辖市）分为贸易开放度、政府债务率、经济发展水平较高的省（自治区、直辖市）和贸易开放度、政府债务率、经济发展水平较低的省（自治区、直辖市），分别基于面板向量自回归模型得到这两组政府支出乘数并探讨其差异性。与现有研究的最大不同在于，本书试图将我国财政支出政策的非线性特征纳入研究中，通过对现有关于财政支出政策非线性效应的研究进行总结我们发现，常用的计量方法主要包括门限向量自回归、平滑转移门限向量自回归、区制转移向量自回归以及参数时变向量自回归（Candelon 和 Lieb，2011；Auerbach 和 Gorodnichenko，2012；黄威和陆懋祖，2011；金春雨和王伟强，2016）。其中，相较于 TVAR 与 STVAR 模型，MS-VAR 模型虽然无须预先设定转移变量，在一定程度上避免了模型的误设（王立勇等，2015），但是这三类模型结果更多的都是体现一种突变、跳跃的非线性变化过程，

TVP-VAR模型更能有效刻画我国财政政策效应长期、渐近式的变化。因此，本书在PSVAR模型的基础上引入参数时变，基于TVP-PSVAR模型探索不同环境下政府投资支出乘数、政府消费支出乘数的差异性。

简言之，与现有研究相比，我们的研究具有以下3个特点：其一，全面系统地探讨了贸易开放度、政府债务率和经济发展水平对我国政府支出乘数的影响；其二，与国内外其他研究不同，本书将不再假设不同环境下政府支出乘数的差异结果是一成不变的，而是试图探讨其差异性是否存在时变特征；其三，关于TVP-PSVAR模型的估计，国内外文献鲜有讨论，因此本书借鉴TVP-VAR的估计思路，试图在状态空间框架下完善TVP-PSVAR模型的估计方法。

6.5.1 数据来源及处理

本书选用1997—2014年我国31个省（自治区、直辖市）的年度数据，研究中关键的三个内生变量分别为地方政府消费支出、地方政府投资支出和GDP，其中GDP数据直接来源于中经网统计数据库中各个省（自治区、直辖市）地区生产总值的年度数据。各个省（自治区、直辖市）的政府消费支出、政府投资支出数据均不能直接获得，因此借鉴王国静和田国强（2014）的结论，分别使用基本建设支出的数据和固定资产投资资金来源中的国家预算内资金作为2007年之前及2007年之后政府投资性支出，数据均来源于EPS统计数据库，政府消费性支出则由政府财政支出减去政府投资性支出得到。考虑到通胀因素，本书分别对政府消费支出、政府投资支出和地区生产总值进行了消胀处理，采用CPI将政府消费支出、政府投资支出换算成和1997年的不变价格表示的实际政府消费支出和实际政府投资支出，采用GDP平减指数将地区生产总值换算成以1997年的不变价格表示的实际地区生产总值，同时分别取其对数形式来减弱异方差性。另外，为了讨论不同经济环境下的政府支出乘数，笔者以贸易开放度、政府债务率、经济发展水平中位数为标准，将我国31个省（自治区、直辖市）分为贸易开放度、政府债务率、经济发展水平较高的省（自治区、直辖市）和贸易开放度、政府债务率、经济发展水平较低的省（自治区、直辖市），其中，贸易开放度用进出口总额对地区生产总值的比重来衡量，政府债务率用地方公共财政支出与地方公共财政收入地区之差占地区生产总值的比重来表示，经济发展水平用人均地区生产总值来表示。

在对模型（4-29）进行估计前，需要对研究中关键的三个内生变量进行面板单位根检验，通过 IPS 检验和 PP-Fisher 检验均发现在 5% 的显著水平下，各变量都表现为 $I(1)$ 过程，因此分别对实际政府消费支出、实际政府投资支出和实际地区生产总值的对数形式取差分得到平稳序列，以保证 TVP-PSVAR 模型不存在伪回归。关于模型（4-29）滞后阶数的选取，根据时不变参数模型 PSVAR 模型中的 AIC 或 HQ 等信息准则来确定（闫彬彬，2013；储德银和崔莉莉，2014）。因此，本书最终选定含政府投资支出、政府消费支出的 TVP-PSVAR 模型滞后阶数分别为 3 阶和 1 阶。

6.5.2　政府支出乘数

首先基于线性 PSVAR 模型（4-28）得到全国和不同贸易开放度、政府债务率、经济发展水平下政府投资支出乘数和政府消费支出乘数。其一，与国内其他研究不同经济环境下财政政策效应文献相比较，本书考察的经济环境因素更为全面；其二，作为一个基准，为进一步考察不同经济环境下政府支出乘数的时变性对比。

如图 6.13 所示，实线或虚线分别代表滞后 1~10 期的长期政府投资与消费支出乘数，比如图 6.13（1）中第 2 期全国长期政府投资支出乘数为 0.75，表示全国的政府投资支出累积乘数在第 2 期为 0.75。从图 6.13 可以得出 4 个基本结论：其一，我国短期政府投资支出乘数和政府消费支出乘数分别为 0.32、1.32，长期政府投资支出乘数和政府消费支出乘数分别为 3.01 和 1.46。可见，短期政府消费支出乘数大于政府投资支出乘数，但是长期来看，政府投资支出乘数显著大于政府消费支出乘数，这与王妍（2015）、王国静和田国强（2014）等所得结论一致。其二，贸易开放度越大，政府投资支出乘数越大，政府消费支出乘数越小。就这样的结论，笔者认为可以通过以下原因来解释：贸易开放度越大，会促进技术进步、市场效率提升，提高了政府外部效率（李建军和王德祥，2011）。同时，技术和管理知识向政府内部扩散与溢出，提高了政府部门的生产效率，最终导致政府支出政策更有效，表现为政府投资支出乘数越大，政府消费支出的增加将导致国内需求增加，从而恶化净出口，最终挤出部分产出，贸易开放度越大挤出效应将越明显，政府消费支出乘数越小。其三，政府债务率越高，政府支出的增加将导致未来政府实行财政紧缩，这促使民众形成了相应的预期，从而抵消部分政府支出扩张带来的效应，降低了政府支出政策的有效性，因此政府投资支出乘数与政府消费支出乘数都会越小（Corsetti 等，2012；Ilzetzki，2013）。其四，经济越发达的省（自治区、直辖市）基础设施等公共资本更为完善，有利于提高财政政策的效率，最终导致较大的政府投资支出乘数与政府消费支出乘数（Ilzetzki，2013）。

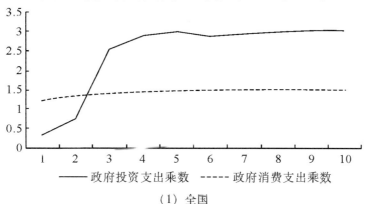

（1）全国

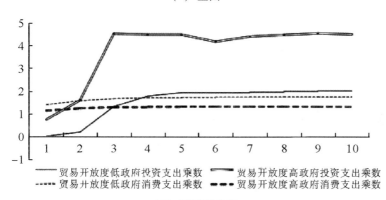

（2）贸易开放度

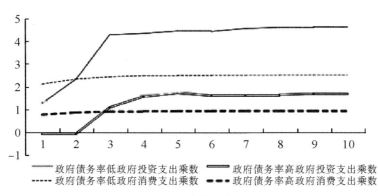

（3）政府债务率

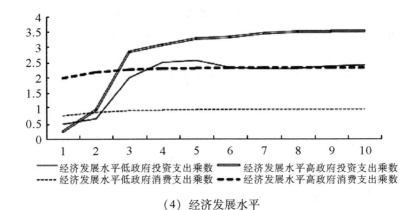

（4）经济发展水平

图6.13　全国、不同经济环境下长期政府支出乘数

6.5.3　政府支出乘数的时变特征

本部分将基于TVP-PSVAR模型对式（4-29）、式（4-26）和式（4-27）进行比较分析，并且探索其时变特征。

6.5.3.1　全国政府支出乘数

图6.14表示1999—2014年我国短期政府消费支出乘数、长期政府消费支出乘数和2001—2014年我国短期政府投资支出乘数、长期政府投资支出乘数。与国内其他研究全国政府支出乘数时变的文献相比较，本书分别讨论了政府消费支出乘数与政府投资支出乘数的时变特征。首先，来看政府消费支出乘数。整个样本期间短期政府消费支出乘数均大于零，这说明我国政府消费支出政策具有"挤入效应"。我们发现1999—2003年、2009—2011年，政府消费支出乘数波动更大，并且在2002年、2009年分别达到最大值2.92、2.56，其他样本期间政府消费支出乘数较为稳定，大概分别在2和1.5附近波动，联系到1998年亚洲金融危机和2008年世界金融危机的爆发，这说明我国政府消费支出政策在经济衰退期使得我国宏观经济更加不稳定（方红生和张军，2010），同时"挤入效应"更显著（储德银和崔莉莉，2014），而在经济稳定期间，例如2012年以来我国经济增速放缓，进入经济发展新常态阶段，扩张的政府消费支出政策对经济的刺激作用较小。另外，长期政府消费支出乘数与短期政府消费支出乘数时变趋势虽一致，但在经济衰退期政府消费支出政策在长期更有效。其次，来看政府投资支出乘数，可以发现就整个样本期间而言，2001—2004年、

2005—2007 年和 2009—2011 年，政府投资支出乘数都不稳定，特别是
2010 年政府投资支出乘数达到整个样本区间内的峰值。这种现象说明，从
2001 年开始我国实现高速经济增长，在经济高速发展阶段扩张性政府投资
支出政策存在显著"挤入效应"；2004 年以来，我国已经连续几年以 10%
的速度增长，出现经济过热，此时采取紧缩政府投资支出政策作用更加显
著；2009 年以来，为应对全球金融危机推出的 4 万亿元计划对我国经济促
进作用很显著。最后，分别比较两种政府支出乘数可以发现，在整个样本
区间内政府投资支出乘数基本都大于政府消费支出乘数，特别是在经济过
热和经济衰退时期。

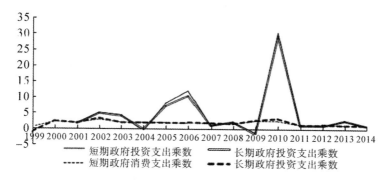

图 6.14　全国政府支出乘数

6.5.3.2　贸易开放度

图 6.15（1）（2）分别表示两类贸易开放度省（自治区、直辖市）的
短期政府投资支出乘数、长期政府投资支出乘数和政府消费支出乘数。如
图 6.15（1）所示，首先，来看贸易开放度较低的省（自治区、直辖市）
短期政府投资支出乘数，从 2001 年开始政府投资支出乘数在零直线附近，
说明政府投资支出政策的效果并不显著，直到 2004 年政府投资支出乘数开
始上涨，在 2006 年达到一个峰值，之后下降，2008 年又开始上涨，2009
年达峰值 13.1，之后逐渐下降，最后 2011—2014 年基本稳定在 2.5 左
右，长期政府投资支出乘数与短期政府投资支出乘数变化趋势相同，但在
2006 年长期政府投资支出乘数显著小于短期政府投资支出乘数，2009 年长
期政府投资支出乘数却显著大于短期政府投资支出乘数，意味着在经济过
热的情况下，贸易开放度低的省（自治区、直辖市）政府投资支出政策短
期更有效，而在经济衰退期政府投资支出政策长期效果更显著。其次，贸
易开放度较高的省（自治区、直辖市）政府投资支出乘数随时间变化的波

动性比贸易开放度较低的省（自治区、直辖市）小。具体而言，2001年贸易开放度较高的省（自治区、直辖市）政府投资支出乘数为5.7，随后稳步上涨，直到2006年达到最大值7.1，之后开始下降，2009年下降到2.6，随着金融危机之后扩张性政府投资政策的实施，2011年政府投资支出乘数上涨到3.2。最后，在经济高速发展时期，较高贸易开放度下政府投资支出政策效果更显著，而在经济过热和经济衰退时期，较低贸易开放度下政府投资支出政策效果更显著。如图6.15（2）所示，整体来看，两类贸易开放度的省（自治区、直辖市）政府消费支出乘数都存在下降的趋势，但是在整个样本区间内，贸易开放度较低的省（自治区、直辖市）政府消费支出乘数更大，这与前面基于线性PSVAR模型所得结论完全一致，再次证明政府消费支出政策对净出口存在"挤出效应"（王文甫和张南，2015），并随着贸易开放度的增加，"挤出效应"越明显，最终导致政府消费支出乘数下降。

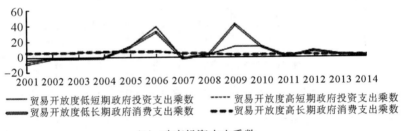

（1）政府投资支出乘数

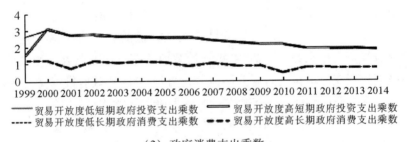

（2）政府消费支出乘数

图6.15　不同贸易开放度下政府支出乘数

6.5.3.3　政府债务率

图6.16（1）（2）分别表示两类政府债务率省（自治区、直辖市）的短期政府投资支出乘数、长期政府投资支出乘数和政府消费支出乘数。如图6.16（1）所示，首先，来看政府债务率较低省（自治区、直辖市）的

政府投资支出乘数，我们发现在整个样本区间内政府投资支出政策对产出都呈现出"挤入效应"，整体呈现逐渐下降趋势，2001年短期政府投资支出乘数为8.7，2002年上升到第一个峰值，2003年开始下降，直到2005年再次上涨到第二个峰值，随后下降，2010年上升到第三个局部峰值，之后短期政府投资支出乘数基本稳定在3.5左右。另外，发现长期政府投资支出乘数与短期政府投资支出乘数变化趋势一致，但是在每个峰值时长期政府投资支出乘数都比短期政府投资支出乘数小，这与李永友（2012）所得结论一致，长期政府支出乘数比短期政府支出乘数小，特别是在经济过热和经济衰退时期。其次，来看政府债务率较高省（自治区、直辖市）的政府投资支出乘数，可以看出2001—2010年政府投资支出乘数随时间变化较为显著，2011年以来政府投资支出乘数稳定在2左右，其中2001—2007年政府投资支出乘数为正，2008—2010年政府投资支出乘数为负。最后，比较两类政府债务率省（自治区、直辖市）的政府投资支出乘数，可以得到在整个样本区间内较高债务的省（自治区、直辖市）具有较小的政府投资支出乘数，甚至在经济衰退时期较高债务的省（自治区、直辖市）政府投资支出政策还具有"非凯恩斯效应"。笔者认为，这可能是因为，在较高的政府债务率水平下，扩张性政府投资支出政策将大大增加政府债务的违约风险，继而增大国债利率溢价，可能导致实际利率增加，那么将挤出私人消费和私人投资（Sutherland，1997；王益民和蔡昌达，2013）。如图6.16（2）所示，首先来看债务率较低省（自治区、直辖市）的政府消费支出乘数，我们发现与债务率较低省（自治区、直辖市）的政府投资支出乘数变化趋势基本一致，短期政府消费支出乘数分别在2001年、2003年和2010年依次达到三个局部峰值，长期政府消费支出乘数与短期政府消费支出乘数变化趋势一致，但其效果并不显著。其次，政府债务率高的省（自治区、直辖市）长期政府消费支出乘数在整个样本区间内为正，短期政府消费支出乘数1999年为−5.7，2000年之后上升，之后两种支出乘数逐渐稳定在1.3左右。最后，比较两类政府债务率省（自治区、直辖市）的政府消费支出乘数，可以得到在整个样本区间内较低债务的省（自治区、直辖市）都具有较大的政府消费支出乘数。

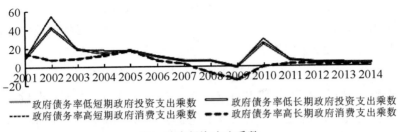

（1）政府投资支出乘数

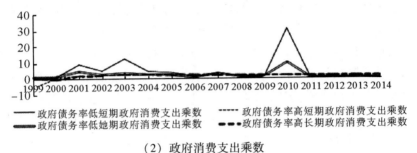

（2）政府消费支出乘数

图6.16　不同政府债务率下政府支出乘数

6.5.3.4　经济发展水平

图6.17（1）（2）分别表示两类经济发展水平省（自治区、直辖市）的短期政府投资支出乘数、长期政府投资支出乘数和政府消费支出乘数。如图6.17（1）所示，对经济发展水平较低省（自治区、直辖市）政府投资支出乘数而言，2001年短期政府投资支出乘数和长期政府投资支出乘数分别达到峰值，可能是从1999年开始我国实施的西部大开发政策所至。而西部大多数省（自治区、直辖市）处于经济发展较低水平，2002年下降到5.3，之后趋于稳定，直到2009年政府投资支出乘数再次增加到峰值，2010年下降最终趋于稳定。然而，对经济发展水平较高省（自治区、直辖市）政府投资支出乘数而言，我们发现2001年短期政府投资支出乘数为7.4，之后开始增加，直到2004年随后逐渐下降，2009年下降到0附近，2010年又开始上涨，最后趋于稳定。将两类经济发展水平省（自治区、直辖市）投资支出乘数进行对比可以得到以下结论：其一，从整体上看，政府投资支出乘数均在2008年以前存在较为剧烈波动，并且大于2010年之后的稳定水平；其二，具体来看，经济较热或经济快速发展时期，拥有较高经济发展水平的省（自治区、直辖市）采取政府投资支出政策更为有效，而在经济衰退时期，经济发展水平较低的省（自治区、直辖市）政府

投资支出乘数显著为正。如图 6.17（2）所示，首先，来看经济发展水平低省（自治区、直辖市）的政府消费支出乘数，我们发现短期政府消费支出乘数、长期政府消费支出乘数在 1999 年分别为−1.2、−4.1，另外在 2009 年也表现出非凯恩斯效应。除此之外，整个样本区间内政府消费支出政策都表现为凯恩斯效应，其中 2000—2008 年政府消费支出乘数约为 2，2010—2014 年政府消费支出乘数减小到 1.5。其次，来看经济发展水平高的省（自治区、直辖市）政府消费支出乘数，除了 2001 年表现为非凯恩斯效应外，其他样本区间上基本都是凯恩斯效应。这说明经济发展水平低的政府消费支出在经济高速发展和经济衰退时期容易产生非凯恩斯效应，而经济发展水平高的省（自治区、直辖市）政府消费支出在经济过热时期容易表现为非凯恩斯效应。关于这个现象，笔者认为可以这样解释，在经济高速发展和经济衰退时期通常伴随扩张性的财政政策，那么此时的预期会产生负的财富效应，挤出消费，这个挤出幅度取决于消费者的流动性约束（Alesina 和 Ardagna，2009），经济发展水平较低的省（自治区、直辖市）拥有相对较高的流动性约束，进而存在较大的挤出效应，最终导致总需求减少。经济过热时期伴随紧缩性财政政策，同理由于正的财富效应和较小的流动性约束，经济发展水平较高的省（自治区、直辖市）消费增加幅度较大，最终总需求将增加；最后，比较两类经济发展水平省的（自治区、直辖市）政府消费支出乘数，可以得到在整个样本区间（经济过热时期除外）较高经济发展水平的省（自治区、直辖市）具有较高的长期政府消费支出乘数。

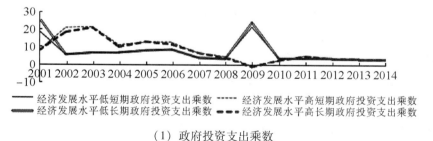

（1）政府投资支出乘数

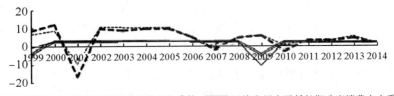

——经济发展水平低短期政府消费支出乘数 ━━━━ 经济发展水平低长期政府消费支出乘数
- - - 经济发展水平高短期政府消费支出乘数 ━ ━ ━ 经济发展水平高长期政府消费支出乘数

（2）政府消费支出乘数

图6.17　不同经济发展水平政府支出乘数

将线性 PSVAR 模型（4-28）和 TVP-PSVAR 模型（4-29）所得结果进行比较，可以得到如下主要结论：其一，全国政府投资支出乘数与政府消费支出乘数基本均为正。然而，在整个样本区间内，全国政府消费支出乘数较为稳定，只在经济衰退时存在少许增加。相比而言，全国政府投资支出乘数波动性更大，特别是在经济过热或经济衰退时期，政府投资乘数将大幅度增加。总体来看，全国政府投资支出乘数都基本大于政府消费支出乘数。其二，贸易开放度越小，政府消费支出乘数越大。然而，不同贸易开放度下政府投资乘数存在一定的时变特征，其中经济高速发展等正常时期，较大贸易开放度下政府投资支出政策效果更显著。而在经济过热和经济衰退时期，较小贸易开放度下政府投资支出政策效果更显著。其三，在整个样本区间内，较低债务的省（自治区、直辖市）具有较大的政府投资支出乘数和政府消费支出乘数，特别是在经济过热和经济衰退时期，而较高债务的省（自治区、直辖市）将具有较小的政府投资支出乘数和政府消费支出乘数，甚至可能表现为非凯恩斯效应。其四，较高经济发展水平的省（自治区、直辖市）基本具有较大的长期政府消费支出乘数。相比而言，不同经济发展水平下的政府投资支出乘数存在较为明显的时变特征，即经济较热或经济快速发展时期，拥有较高经济发展水平的省（自治区、直辖市）政府投资支出乘数较大，而在经济衰退时期，经济发展水平较低的省（自治区、直辖市）政府投资支出乘数更大。

为了检验模型结果是否可靠，笔者还使用两种方法对全国及不同贸易开放度、政府债务率、经济发展水平下的政府投资支出乘数和政府消费支出乘数进行了稳健性检验（Robust Test）。第一种方法是缩小样本容量。笔者使用的样本容量缩小到约为原来样本容量的 2/3，即分别选择样本区间为 1997—2008 年、2003—2014 年，基于模型（4-28）中的估计结果得到政府投资支出乘数和政府消费支出乘数。第二种方法是增加变量。笔者分别在模型（4-28）中引入税收、居民消费，基于该估计结果得到政府投资支出乘数和政府消费支出乘数。发现它们的分析与上文实证第二部分结果一致，这说明本书实证结论具有稳健性。

6.6 财政分权对政府支出乘数的影响

2009 年以来，各国实施大规模扩张性财政政策来化解金融危机，如美国推出了"2009 美国复苏与再投资法案"，我国政府制定了 4 万亿元的投资计划等，这一系列大规模的财政刺激举措再次引起了学术界的广泛讨论，争议的重点就是财政政策对产出等宏观变量的影响及有效性、政府支出乘数的大小等问题。伴随我国经济步入新常态，在稳健货币政策的背景下，为了实现稳增长，我国需要实施更加积极的财政政策，因而如何提高财政政策效应或政府支出乘数等方面的先验信息显得更为重要。近年来，有很多学者主要从贸易开放度、政府债务率、汇率制度、金融摩擦程度等经济状态方面对政府支出乘数的影响进行了讨论（Ilzetzki 等，2013；王妍，2015 等），那么中国特有的经济制度安排对我国政府支出乘数存在怎样的影响呢？随着地方政府在财政政策中的作用日趋显现，中国特色的财政分权改革被认为是影响我国宏观经济最为重要的因素之一（范子英和张军，2010；谢贞发和张玮，2015）。因此，本书将主要从制度背景尤其是财政分权角度出发，研究财政分权对我国政府支出乘数或财政支出政策效应的影响，这不仅将为推进财税体制改革提供了一定的借鉴意义，也为有效提高政府支出乘数提供了一种思路。

本书的研究主要与以下两条研究线索相关。第一条线索是政府支出乘数的影响因素分析。对已有文献进行总结，笔者发现国内学者都侧重政府支出乘数的大小研究（王国静和田国强，2014；土立勇和刘文革，2009；方红生和张军，2010；储德银和崔丽丽，2014；满向昱等，2015），这为我们之后对政府支出乘数的深入研究奠定了坚实基础。然而，关于政府支出乘数的影响因素分析国内学者很少提及，这一方面国外已经存在一些研究。总体来看，这些研究主要涉及贸易开放度、汇率机制、政府债务率和经济发展水平四个影响因素。例如，Born 等人（2013）首先利用面板向量自回归模型研究 OECD 国家汇率机制对政府支出乘数的影响，发现虽然固定汇率的国家政府支出乘数更大，但是政府支出传导路径与传统的蒙代尔模型并不一致，因此基于新凯恩斯模型解释了这种差异性。上述研究的思路均以经济发展水平、汇率机制、贸易开放度和政府债务状况中位数为标准，将样本区分为经济发展水平、汇率机制、贸易开放度、政府债务率较高和经济发展水平、汇率机制、贸易开放度、政府债务率较低的两个样本，分别基于 PVAR 类模型得到这两组政府支出乘数并探讨其差异性，从而得到经济发展水平、汇率机制、贸易开放度和政府债务率对政府支出乘数的影响效果。通过中位数的划分方式来确定两个样本组过于随意，因此王妍（2015）运用平滑转移向量自回归模型分析了金融摩擦对我国政府支出乘数的影响。与此相比，本书侧重地方政府的财政问题研究。因此，本书将 STVAR 模型推广到面板省级层面，最终将采用 PSTVAR 模型进行实证分析。

第二条线索是财政分权对宏观经济影响效应研究。财政分权衡量了中央与地方之间财政权利的分配关系。近年来，随着我国财政分权改革的逐步推进，更多学者开始关注财政分权改革对我国宏观经济所带来的影响效应，其中包括财政分权对我国经济增长的影响（沈坤荣和付文林，2005；周业安和章泉，2008）；财政分权对我国政府支出的影响，侧重政府总支出规模及政府支出结构方面（郭庆旺和贾俊雪，2010；江克忠，2011；张宇，2013）；财政分权对环境污染、贫困、出口贸易等方面的影响（任志成等，2015；吴俊培等，2015；李香菊和刘浩，2016），而关于财政分权对政府支出乘数的影响，现有文献基本没有讨论。鉴于过去二十多年里许多国家采取各种各样的财政分权政策来推动经济增长或实现其他经济目标（徐永胜和乔宝云，2012），伴随我国经济步入新常态和财政分权改革影响效应的日趋显现，为了有效提高财政政策效应，本书将探讨财政分权对政府支出乘数的影响。另外，对上述财政分权的相关文献系统考察之后，笔者还发现从实证结果来看：其一，对于同一因果关系，诸如张晏和龚六堂（2005）、周业安和章泉（2008）等已经表明由于跨时期及区域的差异性，实证结果可能存在显著不同，因此关于财政分权对政府支出乘数的影响，本书拟同时从时间与空间两个维度做一个考察；其二，根据郭庆旺和贾俊雪（2010）、庞凤喜和潘孝珍（2012）等上述文献，笔者可以得到财政分权衡量指标不一样，已有研究所得结果便存在差异，甚至是矛盾的。陈硕和高琳（2012）通过对常用的三种财政分权衡量指标进行比较分析后认为，与财政收支分权两个指标相比较，财政自主度指标更适用于刻画地区差异的截面或面板数据，并且在时间趋势上也与历史事实相符，因此本书选取财政自主度作为财政分权衡量指标（龚锋和卢洪友，2009；江克忠，2011）。

综上所述，与现有的政府支出乘数及财政分权的相关研究相比较，本书具体的特色体现在以下两方面：其一，本书试图从制度背景出发探讨财政分权对我国政府支出乘数的影响，并且还从时间和地区两个差异层面分别进行考虑，这不仅对完善我国财政分权体制改革具有一定借鉴意义，也为我国经济新常态时期如何提高扩张性财政支出政策效应提供一定的政策参考。其二，王妍（2015）、储德银和李善达（2014）等所用的时间序列平滑转移类模型并不能直接用于地方政府财政支出政策效应影响因素中，因此本书将其扩展到面板中，最终基于面板平滑转移向量自回归模型进行实证分析。

6.6.1 经济计量模型

6.6.1.1 模型设定

为了探讨贸易开放度、汇率机制、政府债务率、经济发展水平等经济状态对政府支出乘数的影响，Ilzetzki 等人（2013）建立模型（6-16）得到财政支出冲击对产出的脉冲响应函数。

$$y_{it} = \Gamma_1 y_{i,\,t-1} + \cdots + \Gamma_p \times y_{i,\,t-p} + \lambda_i + \varepsilon_{it} \tag{6-16}$$

对于模型（6-16），为了考虑财政支出冲击对产出的影响或政府支出乘数是否随财政分权这一经济变量的变化而变化，笔者在其动态调整过程中引入非线性平滑转换机制（杨继生，2011），最终得到 PSTVAR 模型：

$$y_{it} = \Gamma_1 y_{i,\,t-1} + \cdots + \Gamma_p y_{i,\,t-p} + (\Gamma_1^* y_{i,\,t-1} + \cdots +$$
$$\Gamma_p^* y_{i,\,t-p}) F(Z_{i,\,t-d}, \beta, c) + \lambda_i + \varepsilon_{it} \tag{6-17}$$

其中，$y_{it} = (\mathrm{CDP}_{it}, G_{it}, Tax_{it})'$ 包含三个内生变量的列向量，分别是地区生产总值、政府支出与税收，i 代表地区，t 代表年份，p 代表滞后阶数，λ_i 表示个体固定效应，$\Gamma_1, \cdots, \Gamma_p$ 表示变量之间的动态关系，扰动项 ε_{it} 满足：$E(\varepsilon_{it}) = 0$ 以及方差协方差矩阵 $E(\varepsilon_{it}, \varepsilon_{it}') = \Omega$。另外，$F(Z_{i,\,t-d}, \beta, c)$ 为机制转换函数，取值为 0~1，同时 Terasvirta 和 Anderson（1992）等提到现有文献通常选用以下两种机制转换函数：

Logistic 函数 $\qquad F_{it} = 1 - \exp(-\beta(Z_{i,\,t-d} - c)^2)$ $\qquad$ (6-18)

指数函数 $\qquad F_{it} = \{1 + \exp(-\beta(Z_{i,\,t-d} - c))\}^{-1}$ $\qquad$ (6-19)

上式中，$Z_{i,\,t-d}$ 表示机制转换的引导变量，在本书中选取第 i 个地区滞后 d 期的财政分权指标，c 是财政分权指标的阈值，β 决定转移速度。关于机制转换函数形式的的选取及 d 的确定，本书通过构造辅助函数及最小 P 原则实现（Terasvirta，1994）。接下来，笔者将在机制函数及 d 确定的基础上，对模型（6-17）的估计进行简要说明。

6.6.1.2　数据来源及统计描述

鉴于我国在 1994 年财税体制进行了比较重大改革，之后分税制改革第一次基本通过法律框架将中央与地方的分权模式规定下来（周业安和章泉，2008），因此本书选取 1994—2015 年 31 个省级年度数据。模型（6-17）中关键的三个内生变量为 GDP、地方政府支出和地方政府税收，分别来自中经网统计数据库的地区生产总值、地方公共财政支出和地方公共财政收入。考虑到通胀因素，笔者分别以 1994 年为基期的 CPI 对各省（自治区、直辖市）地区生产总值、地方公共财政支出和地方公共财政收入进行了消胀处理，得到实际地区生产总值、实际财政支出和实际财政收入。最后，分别对实际地区生产总值、实际财政支出和实际财政收入取自然对数，可以减弱它们的异方差性。为了保证待估模型不存在伪回归，需要对研究中关键的三个内生变量进行面板单位根检验。本书通过 IPS 检验和 PP-Fisher 检验均发现在 5% 的显著水平下，各变量都表现为过程 $I(1)$，因此分别对实际地区生产总值、实际财政支出和实际财政收入对数形式取差分得到平稳序列。另外，笔者基于式（6-20）得到财政自主度，作为本书的财政分权指标（谢贞发和张玮，2015）。财政自主度越大，说明地方依靠自有收入为其支出融资能力增强，即地方政府自由权越大。

$$\text{财政自主度} = \text{省级政府财政收入} / \text{省级政府财政支出} \qquad (6-20)$$

其中，省级政府财政收入和省级政府财政支出分别来源于中经网统计数据库中的地方公共财政收入（本级）、地方公共财政支出。关于模型（6-17）中涉及的三个内生变量和一个转移变量，表 6.6 显示了其描述性统计，同时图 6.18 表示我国各省份在样本区间内财政自主度的均值。

表 6.6　变量的描述性统计

变量名称	变量说明	平均值	最大值	最小值	标准差
GDP	地区生产总值的自然对数	7.703	10.549	3.505	1.327
G	地方公共财政支出自然对数	5.835	8.813	2.667	1.319
Tax	地方公共财政收入自然对数	5.141	8.499	0.065	1.481
Z	财政自主度	0.524	1.013	0.047	0.194

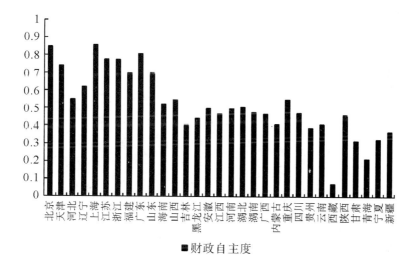

图 6.18　1994—2015 年全国部分省级财政自主度均值

从图 6.18 中可以看出，全国部分省级财政自主度衡量的财政分权指标存在很大差异性。根据国家统计局标准，图 6.18 中按照东、中、西三大经济区域排列，即从北京到海南均为东部地区，山西到湖南为中部地区，剩下的为西部地区，因此东部地区的财政分权程度高于中西部地区。

6.6.1.3　模型估计

关于带平滑转移机制的时间序列 VAR 模型，Hubrich（2013）等利用格点搜索法，在残差平方和最小的基础上确定了转移函数中的机制转换引导变量和转移速度，从而将非线性 VAR 模型转换为线性 VAR 模型。基于这个思路，国内学者杨继生（2011）等讨论了 PSTVAR 模型的估计。对于模型（6-17），具体估计步骤如下：

第一步，为消去模型（6-17）中的个体效应，令 $Y_{it} = \Delta y_{it} - \Delta \bar{y}_i$，则模型（6-17）等价于：

$$Y_{it} = \prod_1 Y_{i,\,t-1} + \cdots + \prod_p Y_{i,\,p} +$$

$$\left(\prod_1^* Y_{i,\,t-1} + \cdots + \prod_p^* Y_{i,\,p}\right) F(Z_{i,\,t-d},\ \beta,\ c) + \varepsilon_{it} \qquad (6\text{-}21)$$

第二步，基于二维格点搜索法，把 β 和 c 确定在一定取值范围内，即转移速度 β 本书选取 0.01~100 的范围，步长为 0.01；关于阈值 c，从省级财政分权指标的统计描述来看，在整个样本区间省级财政自主度基本在 0~1 的范围内，个别样本超过 1，因此笔者将其设定为 0~2 之间搜索，步长为 0.01，从而得到（β, c）的序列。

第三步，对于网络序列（β, c）中给定（β^1, c^1），式（6-17）等价于：

$$Y_{it} = B_1 X_{it} + B_2 X_{it} F(Z_{i,\,t-d},\ \beta^1,\ c^1) + u_{it} \qquad (6\text{-}22)$$

式中，$X_{it} = [Y'_{i,t-1},\ \cdots,\ Y'_{i,t-p}]'$，$B_1 = [\prod_1,\ \cdots,\ \prod_p]$，$B_2 = [\prod_1^*,\ \cdots,\ \prod_p^*]$，那么待估参数 $W = [B_1,\ B_2]$：

$$\hat{W}' = (X'_i X_i)^{-1}(X'_i Y_i) \qquad (6\text{-}23)$$

其中，$X_i = [X_{i,p+1},\ \cdots,\ X_{i,T}]'$，$Y_i = [Y_{i,p+1},\ \cdots,\ Y_{i,T}]'$。

第四步，在第三步的基础上得到（β^1, c^1）对应的残差平方和，循环第三步和第四步通过残差平方和最小，确定最优（β^*, c^*）和待估参数矩阵 $\hat{W}$。在此基础上，本书可以进一步得到政府支出冲击对产出的脉冲响应函数和政府支出乘数。

6.6.2 模型检验

2008 年作为一个分水岭，一方面为了应对 2008 年以来的金融危机，我国财政政策由之前的稳健型转向积极型，经济发展进入新常态时期以来积极财政政策更有力度；另一方面受到 2008 年金融危机影响，我国经济增长、对外贸易等方面受到较大影响，这都将可能影响财政分权与政府支出乘数的关系。因此，笔者以 2008 年为界限将 1994—2015 年整个样本区间分为 1994—2007 年和 2008—2015 年两个样本，并基于模型（6-17）分别从东、中、西部三大经济区域层面探讨财政分权对政府支出乘数的影响。关于实证分析中模型（6-17）滞后阶数的选取，根据时不变参数模型 PVAR 中的 AIC 或 HQ 等信息准则来确定（储德银和崔莉莉，2014），因此本书最终选定探讨 1994—2007 年西部地区财政分权对政府支出乘数时模型（6-17）的滞后阶数为 2，其余均为 1 阶滞后。

另外，在对模型（6-17）进行估计之前，需要确定机制转换函数的形式和机制转换引导变量的滞后阶数 d。因此，下面笔者首先在线性 PVAR 模型（6-24）的基础上构造辅助函数（6-25）（储德银和李善达，2014）。

$$Y_{it} = CX_{it} + u_{it} \tag{6-24}$$

$$Y_{it} = C_0 X_{it} + C_1 X_{it} Z_{it-d} + C_2 X_{it} Z_{it-d}^2 + u_{it} \tag{6-25}$$

然后，分别计算得到式（6-25）和式（6-26）成立的情况下式（6-25）的残差平方和，通过这两组残差方和构造 F 统计量，同理得到式（6-27）、式（6-28）对应的 F 统计量；最后对比三个 F 统计量的 P 值，基于最小 P 原则选择机制转换函数的形式。

$$H_{01} : C_1 = C_2 = 0 \tag{6-26}$$

$$H_{02} : C_2 = 0 \tag{6-27}$$

$$H_{03} : C_1 = 0 \tag{6-28}$$

若式（6-26）成立说明我国财政分权对政府支出乘数没有影响，若式（6-27）成立选择机制转换函数的形式［见式（6-19）］，若式（6-28）成立选择机制转换函数的形式［见式（6-18）］。关于机制转换引导变量滞后阶数 d 的选取，d 不能大于滞后阶数，同理通过最小 P 原则实现。最终本书选取机制转换函数的形式［见式（6-19）］。

6.6.3 脉冲响应分析

图 6.19 和图 6.20 分别为 1994—2007 年和 2008—2015 年两个样本区间内东、中、西三大经济区域层面下财政支出冲击对产出的脉冲响应函数，其中实线与虚线分别表示高财政自主度和低财政自主度下的脉冲响应结果。

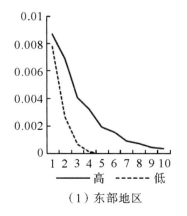

（1）东部地区

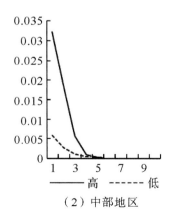

（2）中部地区

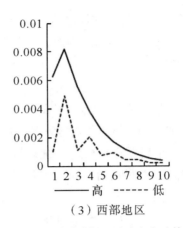

（3）西部地区

图 6. 19　1994—2007 年不同财政分权下财政支出政策对产出的脉冲响应

如图 6.19 所示，首先来看东部地区，面对 1% 的正向财政支出冲击，高财政自主度与低财政自主度下的产出均在滞后第 1 期增长幅度达到最大值，随后逐渐减小到零。与低财政自主度相比，高财政自主度下产出增长幅度更大，并且持续时间更长。其次来看中部地区，高财政自主度与低财政自主度下的产出对 1% 的正向财政支出冲击的动态响应趋势基本一致，都是在滞后第 1 期增长到最大值，之后增长幅度减少，大约在第 4 期衰减到零。与低财政自主度下的产出相比，高财政自主度下产出增长幅度远高于低财政自主度。最后来看西部地区，面对 1% 的正向财政支出冲击，高财政自主度与低财政自主度下的产出均在滞后第 1 期增加，直到第 2 期增长达到最大值，之后逐渐衰减消失。与低财政自主度相比，高财政自主度下财政支出冲击对产出的即期作用效果较强并且变化较为平稳。总体来看，1994—2007 年，对于正向财政支出冲击，东、中、西三大经济区域产出均表现为挤入效应，并且财政自主度越高，挤入效应将越大。

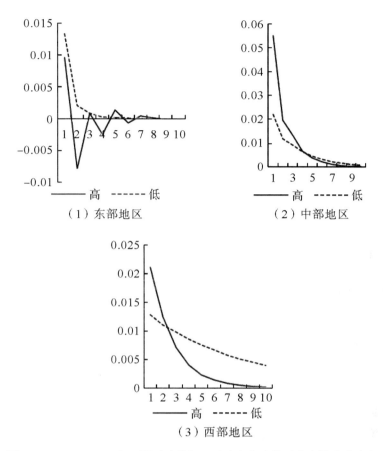

图 6.20　2008—2015 年不同财政分权下财政支出政策对产出的脉冲响应

图 6.20 展示了 2008—2015 年东、中、西三大经济区域，不同财政自主度下财政支出冲击对产出的脉冲响应图。如图 6.20 所示，首先观察东部地区，对于正向财政支出冲击，高财政自主度与低财政自主度下产出都在滞后第 1 期增长到最大值，第 2 期增长幅度减小，其中高财政自主度下产出直接变为负向作用，之后在第 3 期到第 6 期在正负效果之间来回波动，最后大约在第 7 期作用消失，低财政自主度下产出一直表现为挤入效应，大约在第 4 期挤入效应衰减到零。其次从中部地区与西部地区可以发现，不同财政自主度下的脉冲响应图呈现一个剪刀型，其中西部地区更为明显。从中部地区来看，面对正向财政支出冲击，高财政自主度与低财政自主度下产出都在滞后第 1 期增长到最大值，随后影响幅度逐渐衰减到零。整体来看，高财政自主度下产出增加幅度大于低财政自主度，但是在滞后

第 5 期之后，低财政自主度产出增长略微高点。这说明与低财政自主度相比，高财政自主度下财政支出政策效果持续性相对较弱。从西部地区来看，对于正向财政支出冲击，高财政自主度与低财政自主度下产出变化趋势基本相同，均在滞后第 1 期增加到最大值，随后逐渐消失到零；不同之处在于，财政支出冲击对于高财政自主度下产出的即期影响在滞后前两期大于低财政自主度，滞后第 3 期开始低财政自主度下产出对财政支出冲击的即期影响更大。最后，比较东、中、西三大经济区域的上述所得结果，发现面对正向财政支出冲击，对东部地区而言，财政自主度越高，产出增长幅度将会越小；对中、西部地区而言，财政自主度越高，产出增长幅度更大，但是这样的高增长幅度持续性较弱，即短期内高财政自主度下的产出将拥有更高的产出增长，长期来看不一定。

对图 6.19 和图 6.20 进行总结，关于不同财政自主度下财政支出冲击对产出的即期效应，笔者认为可以得到如下结论：1994—2007 年，财政自主度越高，财政支出政策对产出的效应越强。2008—2015 年，财政分权对财政支出政策效果不再是正向作用。在东部地区，财政自主度越高，财政支出政策效果越弱；在中、西部地区，财政自主度对财政支出政策效果在短期起到促进作用，长期来看起到抑制作用，这一变化在西部地区更为明显。

6.6.4 政府支出乘数分析

通过对以上脉冲响应函数的分析，笔者可以得到财政自主度对东、中、西三大经济区域的财政支出政策效果的即期作用方向。为了进一步分析短期和长期作用方向，笔者基于式（6-29）、式（6-30）得到不同区域下不同样本区间财政分权指标的政府支出乘数，如表 6.7 所示。

表 6.7　不同样本区间的短期及长期政府支出乘数

1994—2007 年						
区域	东部地区		中部地区		西部地区	
财政分权	低财政分权	高财政分权	低财政分权	高财政分权	低财政分权	高财政分权
短期	0.831	0.927	0.534	2.983	0.065	0.387
长期	1.196	3.068	0.930	3.230	0.758	1.923

表6.7(续)

2008—2015 年						
区域	东部地区		中部地区		西部地区	
财政分权	低财政分权	高财政分权	低财政分权	高财政分权	低财政分权	高财政分权
短期	0.883	0.631	1.127	2.814	0.406	0.672
长期	1.082	0.039	3.234	3.124	2.402	1.589

$$短期政府支出乘数 = \frac{\Delta \text{GDP}_0}{\Delta g_0} = \frac{irf_0^{gdp}}{irf_0^{g}} \times \frac{1}{g/\text{GDP}} \quad (6-29)$$

$$长期政府支出乘数 = \frac{\sum_{t=0}^{T} \Delta \text{GDP}_t}{\sum_{t=0}^{T} \Delta g_t} = \frac{\sum_{j=0}^{T} irf_j^{gdp}}{\sum_{j=0}^{T} irf_j^{g}} \times \frac{1}{g/\text{GDP}} \quad (6-30)$$

其中，irf_j^{gdp} 表示滞后 j 期产出变量对政府支出冲击的脉冲响应，irf_j^{g} 是滞后 j 期财政支出变量对财政支出冲击的脉冲响应，g/GDP 是样本区间内地区公共财政支出占地区生产总值的平均比例。

表 6.7 表示 1994—2007 年和 2008—2015 年两个样本期间东、中、西三大经济区域分别在低财政自主度与高财政自主度下的短期政府支出乘数、长期政府支出乘数。例如，1994—2007 年东部地区第一列表示低财政自主度下短期政府支出乘数为 0.831、长期政府支出乘数为 1.196，第二列代表高财政自主度下短期政府支出乘数、长期政府支出乘数分别为 0.927和 3.068。通过对表 6.7 的分析，可以得到如下三个基本结论：其一，观察 1994—2007 年低财政分权系数与高财政分权系数下的短期政府支出乘数和长期政府支出乘数，发现东、中、西三大经济区域财政分权越大都将导致更大的短期政府支出乘数和长期政府支出乘数。其二，2008 年之后财政分权对政府支出乘数的影响方向出现了变化。具体来说，在东部地区财政分权越大将导致较低的短期政府支出乘数和长期政府支出乘数，在中部、西部地区财政分权对短期政府支出乘数起到促进作用，而对长期政府支出乘数起到抑制作用，其中西部地区的抑制作用更加明显。其三，比较 1994—2007 年与 2008—2015 年政府支出乘数，笔者发现不同财政分权下，在 2008 年之后东部地区政府支出乘数有所下降，中、西部地区政府支出乘数有所上升，这说明我国财政支出政策有助于缩小经济区域之间的不平衡性。另外，从中部和西部地区来看，从低财政自主度到高财政自主度，虽

然短期政府支出乘数均增大了，但是与1994—2007年样本期间相比，增加幅度下降了，这说明财政分权对于中部与西部地区的促进作用减弱。

综上所述，2008年作为一个分水岭，在2008年之前财政分权对政府支出乘数起显著的促进作用，2008年世界金融危机之后，财政分权对政府支出乘数的促进作用减弱，甚至对于东部地区以及中、西部地区长期起到了抑制作用。笔者将上述结论归因于政府投资的正外部性、财政支出的负财富效应和财政分权的非线性影响三个方面。政府投资的正外部性是指政府支出的增加一方面会使生产者效率提高，从而降低边际成本，增加私人投资；另一方面将导致劳动需求的增加，从而引起边际成本的增加，最终挤出部分私人投资，当劳动市场供给效应大于需求效应时，私人更愿意投资。财政支出的负财富效应，政府支出的增加，居民会预期未来税收将增加，从而预期未来实际购买力下降，当预期未来收入的增加小于未来税收的增加幅度时，私人将减少消费。当政府投资正外部性越是大于财政支出财富负效应时，我国政府支出乘数越大。财政分权将影响政府投资的正外部性和财政支出的财富负效应，较高的财政分权程度意味着地方政府自由裁量权扩大，地方政府将拥有更多的自由资金，在这种情况下地方政府将有更大的动力将其用于能体现政绩的基础性建设等方面的生产性支出，而减少社会保障性支出（张军等，2007；庞凤喜和潘孝珍，2012；张宇，2013），同时增加行政管理支出（江克忠，2011）。社会保障性支出的减少导致居民更多的储蓄，促进财政支出的负财富效应，政府工资和福利的增加将导致劳动市场平均工资上升的压力，从而增加生产成本，抑制政府投资正外部性。同时，财政自主度越高意味着地方依靠自有收入为其支出融资能力增强（Ebel和Yilmaz，2002；陈硕和高琳，2012），有助于地方政府将资源从低效率向高效率调整，促进了政府投资正外部性。2008年之前财政分权对政府投资的正外部性促进作用占优势，因此财政分权对政府支出乘数是促进作用。2008年之后随着世界金融危机的爆发，劳动市场结构失衡越加显现，其中尤以东部地区最为严重，劳动供给不足使得财政分权加大了对政府投资正外部性的抑制作用；同时，改革开放以来，我国经济迅猛发展、资源充分利用下又导致财政分权对政府支出正外部性的促进作用减弱，这两方面因素最终使得随着财政分权的增加，政府支出投资的正外部性减弱，政府支出乘数下降。

6.7　本章小结

　　国内现有文献均在国家层面上探讨了我国财政支出政策对经济增长的影响与经济周期的非对称性（Perotti，1998；刘金全等，2003；王立勇和李富强，2009；储德银和崔莉莉，2014；刘金全和解瑶姝，2015），考虑到我国地方政府在宏观经济运行、政策实施中扮演着日趋重要的角色，本书将从地方政府视角就我国地方财政支出政策对地区经济增长的影响与经济周期的非对称性进行讨论，并且鉴于不同财政支出项目对经济增长可能存在不同影响。笔者在此基础上还将财政支出分为财政服务性支出、财政投资性支出、财政转移性支出和财政消费性支出四类，分别分析这四类财政支出对经济增长的影响与经济周期的关系。另外，现有的时间序列平滑转移向量自回归模型不能直接用于本书的研究中，因此笔者所采用的模型是面板平滑转移向量自回归模型，借鉴了 Hubrich 和 Terasvirta（2013）、杨继生（2011）、叶小青（2014）、Bai（2009）等的方法讨论了带交互效应的面板平滑转移向量自回归模型的估计。最终实证结果表明：不同经济周期下我国地方财政支出规模对产出的影响存在非对称性，另外财政服务性支出、财政投资性支出和财政消费性支出对产出的影响也与经济周期有关。具体而言，在经济衰退时期地方财政支出规模对产出无论是短期还是长期都具有更为显著的促进作用，并且持续性都更长久，而经济扩张时期财政支出政策对经济增长在短期将起到一定的抑制作用，但是长期来看其影响几乎为零；不同经济周期下地方财政服务性支出、财政投资性支出以及财政消费性支出对产出影响的非对称性与地方财政支出规模基本一致，这与凯恩斯学派观点相一致，认为经济衰退时期政府支出发挥效应最大；地方财政转移性支出对经济增长的影响与经济周期无关，对地方政府而言，总体来说无论是短期还是长期来看，政府转移性支出对经济增长均起到抑制作用，只是抑制作用较为不明显。

　　除此之外，本书在 TVP-PSVAR 的基础上探索不同贸易开放度、政府债务率、经济发展水平下的政府投资、消费支出乘数差异性，发现不同经济环境下我国政府支出乘数差异性确实具有一定的时变特征，并且得到如下主要结论和政策启示：其一，全国政府投资支出乘数基本大于政府消费支出乘数，特别是经济过热或经济衰退时期政府投资支出政策都表现出更为显著的效果，这说明我国政府投资支出政策可以作为政府支出政策实施的主要手段。其二，不同贸易开放度、政府债务率、经济发展水平下的政府投资支出乘数存在时变特征：一方面，不同贸易开放度、经济发展水平下政府投资支出乘数的差异性不再是一成不变的，即经济过热和经济衰退时期，较低贸易开放度下政府投资支出政策效果更显著，其他正常时期较高贸易开放度下政府投资支出乘数较大；经济衰退时期，经济发展水平较低的省（自治区、直辖市）政府投资支出乘数更大，其他时期经济发展水平高的政府投资支出乘数较大。另一方面，不同贸易开放度、政府债务率下政府投资支出乘数表现出一定的时变特征，其中，贸易开放度较低的省（自治区、直辖市）政府投资支出乘数整体看来随时间变化的波动性较高，较高债务下政府投资支出乘数较低，甚至在经济衰退时期还表现为非凯恩斯效应，这意味着对于较高债务的省（自治区、直辖市），在经济衰退时期采取扩张财政政策会导致经济更加不稳定。其三，全国政府消费支出乘数在整个样本区间内表现为非线性的凯恩斯效应，然而通过经济发展水平分类发现了非凯恩斯效应的证据，即经济发展水平低的政府消费支出在经济衰退时期容易产生非凯恩斯效应，而经济发展水平高的省（自治区、直辖市）政府消费在经济过热时期容易表现为非凯恩斯效应。基于此，在经济衰退时期，较低经济发展水平的省（自治区、直辖市）增加政府消费会导致宏观经济更加不稳定，而在经济过热时期，较高经济发展水平的省（自治区、直辖市）减少政府消费也会导致宏观经济更加不稳定。

另外，本书运用1994—2015年省级样本数据，从制度背景出发讨论了财政分权对政府支出乘数的影响。考虑到中国特色财政分权对宏观经济存在跨时及跨区的差异性影响，并且常用的时间序列平滑转移类模型不能直接用于此类地方政府视角研究，因此本书最终将样本区间分为1994—2007年和2008—2015年两个样本区间，并且分别基于东、中、西部三大经济区域得到面板平滑转移向量自回归模型估计结果，在此基础上通过脉冲响应和政府支出乘数实证分析结果表明：其一，1994—2007年财政分权对我国东、中、西部三大区域短期、长期政府支出乘数均存在促进作用；其二，2008—2015年财政分权对我国东部地区短期政府支出乘数、长期政府支出乘数以及中、西部地区长期政府支出乘数起到抑制作用，对中、西部地区短期支出乘数起到促进作用，但与1994—2007年相比，2008—2015年其促进作用减弱。基于本书研究可知，中国特色财政分权对政府支出乘数影响结果呈现区域以及时间上的差异性，因此伴随中国经济步入新常态时期，为了提高积极财政政策的有效性，增加政府支出乘数，近年来我国中央政府不能采取"一刀切"的提高全国地方政府"财权"、削减中央政府"事权"等措施以改善地方政府财政自主度，而是应该实施区域差异化的财政分权改革制度：对于东部地区，既然实证已经发现财政分权对其政府支出乘数存在抑制影响，并且笔者通过对 2015 年以来东部地区省级财政自主度值的观察，发现北京、天津、上海、江苏、浙江和广东这 6 个省（直辖市）财政自主度已经高于临界值，这说明对于东部地区，中央应更趋向于增加及明确地方政府的"事权"；对于中、西部地区，财政分权对其短期政府支出乘数虽然仍然起到促进作用，但是其促进作用在减弱，这说明有进一步完善中、西部地区中央对地方转移支付制度的必要性。另外，对东、中、西部地区而言，在维持现有较高财政自主度的基础上，应该进一步优化政府支出结构：一方面，通过完善转移支付制度等措施激励地方政府将更多财政资金用于社会保障性支出，同时完善保障基金监控体系、落实地方政府作为社会保障公共产品主要提供的责任，以减弱财政分权通过财政支出负财富效应对政府支出乘数带来的负向作用；另一方面加大行政机构改革和人员精简力度，简化行政审批、降低制度性成本，采取措施加强对地方政府官员的行为约束，防范地方政府在地方财政自主度较高的情况下导致的行政管理费用支出的高速增长，以减弱财政分权通过政府投资正外部件对政府支出乘数带来的抑制作用。

7 总结与展望

7.1 主要结论

伴随地方政府在我国宏观经济运行中扮演着日趋重要的角色,本书对我国地方财政支出政策的特征及效应进行了研究。本书构造地区生产总值变化率与财政支出变化率之比作为地方政府支出乘数的粗略衡量标准,从时间和区域两个维度得到了地方财政支出政策的四个特征。为了证实上述特征的可靠性,笔者运用 1978—2015 年省级面板数据主要探讨地方财政支出政策对产出的非线性影响以及地方财政支出政策对产出影响的非对称性,根据研究的出发角度不同,地方财政支出政策对产出的非对称性研究包括不同区域下地方财政支出政策对产出的影响以及不同经济周期阶段下地方财政支出政策对产出的影响两个方面,从而得到了以下主要结论。

7.1.1 关于地方财政支出政策的非线性效应研究

本书基于 PMS-VAR 模型对我国地方财政支出政策的非线性效应区间进行了识别,并且在此基础上探讨了其存在原因。实证结果表明:

第一,通过 AIC 准则及 LR 检验选择了 PMS-VAR 模型形式,这说明我国地方财政支出政策确实有非线性效应,并且各省级两种效应所对应区间都存在差异,这些差异性在东、中、西三大经济区域分布并不统一,肯定了特征一和特征四的可靠性。

第二,通过观察各省级财政支出政策非线性效应所在区间发现,以1998 年为分水岭,20 个省份在 1998 年之前财政支出政策对经济增长的作用表现为凯恩斯效应与非凯恩斯效应交替出现,1998 年之后财政支出政策对经济增长只表现为凯恩斯效应,北京、天津等剩余的 8 个省份在整个样本区间内财政支出政策对经济增长既有凯恩斯效应又有非凯恩斯效应。

第三，基于以上实证结果分省建立 Probit 模型对主体预期观点和劳动市场观点进行再检验。实证表明：从总体层面来说，我国省级财政支出政策对经济增长出现非凯恩斯效应原因分析支持主体预期观点与劳动市场观点，其中主体预期观点对我国省级财政支出政策的效应影响更显著，即 12 个省（直辖市）在样本区间内财政支出政策对经济增长表现出的非凯恩斯效应只可以由主体预期观点来解释，9 个省（直辖市）在样本区间内财政支出政策对经济增长表现出的非凯恩斯效应只可以由劳动市场观点来解释，剩下的 7 个省级财政支出政策对经济增长表现出的非凯恩斯效应既可以由主体预期观点又可以由劳动市场观点来解释，只是与劳动市场观点相比，主体预期观点的解释力度更大。

第四，鉴于不同财政支出项目对经济增长可能存在不同的影响，本书又分别分析财政服务性支出、财政投资性支出、财政转移性支出、财政消费性支出对经济增长的非线性效应，发现：其一，从整体来看，地方财政服务性支出对地方经济增长的显著促进作用越来越明显了；其二，就全国层面而言，地方财政投资性支出对经济增长依然起到显著的促进作用，并且相较于东部地区，中、西部地区更多的省份可以通过增加财政投资支出来促进经济增长；其三，在样本区间内，东部地区越来越多的省份财政转移性支出对经济增长起到显著的负向作用，而中、西部地区相对越来越多的省份财政转移性支出对经济增长起到显著的负向作用；其四，东部地区越来越多的省份财政消费性支出对经济增长起着显著的正向作用，而中、西部地区相对越来越多的省级财政消费性支出对经济增长表现为显著负向或并不显著影响。

另外，关于地方财政支出政策产出效应的特征分析表明：其一，2000 年之前我国财政支出政策对经济增长既有凯恩斯效应也有非凯恩斯效应，其中非凯恩斯效应区间体现在 1994—1995 年和 1998 年；其二，2000—2009 年财政支出政策都具有较弱的凯恩斯效应，即政府支出乘数基本为正且稳定波动；其三，2010 年之后积极财政支出政策依然表现为凯恩斯效应，但是政府支出乘数出现明显的下降趋势。本书特别对此进行了深入挖掘，发现出现这种现象的原因是我国目前较低的贸易开放度和较高的政府债务率，因此，为了提高财政支出政策的有效性，我国需要实行外贸结构调整等措施来增加我国出口贸易，同时合理控制政府债务规模。

7.1.2 关于不同省域财政支出政策对产出的非对称性影响研究

鉴于我国各省级经济发展不平衡的基本国情，本书运用动态异质且截面相关 PSVAR 模型考察了不同省级财政支出政策对产出的影响是否存在差异。

第一，对于动态异质且截面相关的 PSVAR 模型的估计，笔者基于 CCE 及 PC 两种处理截面相关的方法对其进行了讨论，同时利用蒙特卡洛模拟比较分析这两种方法的小样本性质发现 CCE 的拟合效果优于 PC，且不随样本大小、个体异质性的变化而变化。

第二，通过 CCE 思路估计动态异质且截面相关 PSVAR 模型，并对我国省级财政支出政策效应的差异性进行探讨。实证结果表明：无论是全国还是东、中、西三大经济区域内部各省级财政支出政策的产出效应均存在显著差异。

第三，通过截面回归对财政支出政策效应差异性的原因进行分析发现，拥有较低贸易开放度和政府债务率、较大收入分配差距、经济较不发达、财政自主度高的省级财政支出政策对产出影响越大。

第四，整体来看，一半以上的省级政府服务性支出、政府消费性支出对经济增长长期或短期起到显著的促进作用，而一半以上省级政府投资性支出对经济增长起到显著的抑制作用，一半以上省级政府转移性支出并不会对经济增长产生显著影响。

另外，房价与宏观调控政策一直是社会各界关注的热点之一。在构建面板 SVAR 模型，运用 2008—2016 年我国 31 个省（自治区、直辖市）面板数据，首先对财政政策影响各省房价的差异效应进行分组检验，得到 4 组不同效果类别，并且发现各组之间差异明显，且这种差异与东、中、西三大区域分布并不一致。然后，本书继续考察组内货币政策对房价的影响，发现货币供给量对各省房价基本均起到促进作用，贷款利率对中东部省份基本表现为负向作用。最后，比较各项政策对房价波动的贡献程度发现：第 1、2、4 组的房价波动主要来源于货币政策，并且相较于货币供给工具，贷款利率工具对房价波动影响更灵敏；第 3 组财政政策冲击对房价贡献较高。以上研究结果为推进房价政策调控提供了可靠的经验支持。

7.1.3 关于不同经济周期财政支出政策对经济增长的非对称性影响研究

本书基于 PSTVAR 模型探讨了我国地方财政支出政策对经济增长的影响与经济周期的非对称性发现：其一，从地方政府视角出发，我国财政支出规模对产出的影响存在非对称性，在经济衰退时期财政支出规模对产出无论是短期还是长期都具有更为显著的促进作用，并且持续性都更长久，而经济扩张时期财政支出规模对产出在短期将存在一定的抑制作用，但是长期来看影响几乎为零；其二，不同经济周期下财政服务性支出、财政投资性支出和财政消费性支出对经济增长的影响均存在非对称性，即无论是从短期还是从长期来看经济衰退时期的政府服务性支出乘数、政府投资性支出乘数、政府消费性支出乘数都显著为正；其三，不同经济周期下财政转移性支出对经济增长的影响并不存在非对称性。对地方政府而言，总体来说，无论是从短期还是从长期来看，政府转移性支出对经济增长均起到抑制作用，只是抑制作用较为不明显。

鉴于我国财政支出政策具有非线性效应特征，在带交互效应 TVP-PS-VAR 模型的基础上实证分析发现，不同环境下政府支出乘数的差异性并不是一成不变的，其中，经济过热和经济衰退时期，较低贸易开放度下政府投资支出政策效果更显著，其他正常时期较高贸易开放度下政府投资支出乘数较大；经济衰退时期，经济发展水平较低的省（自治区、直辖市）政府投资支出乘数更大，其他时期经济发展水平高的政府投资支出乘数较大。

伴随中国经济进入新常态，积极财政政策如何能更有效促进经济增长备受社会和学术界的共同关注。从制度背景出发，本书运用 1994—2015 年省级面板数据基于平滑转移面板向量自回归模型考察了财政分权对政府支出乘数的影响，实证结果表明，1994—2007 年财政分权对政府支出乘数起到显著的促进作用，而 2008—2015 年财政分权对政府支出乘数的促进作用减弱，甚至对东部地区及中、西部地区长期起到了显著的抑制作用。因此，为了提高财政支出政策的有效性，现阶段我国需要实行区域差异化财政分权改革，同时进一步优化政府支出结构。

7.2 政策建议

第一，既然本书的实证研究表明，我国省级之间财政支出政策对地区产出的影响效果都存在显著差异，并且差异性与东、中、西三大经济区域分布并不一致，这就说明我国财政政策的实施不应"一刀切"，并且仅仅采取东、中、西部地区的差异化财政政策是不够的。总体来看，政府一方面应该深入推进中央和地方之间财政事权与支出责任划分、控制财政赤字来提高财政支出政策对经济增长的促进作用；另一方面可以通过优化政府支出结构来提高各省级财政支出政策效应，其中，各省级应增加科教文卫等政府服务性支出、控制基本建设等政府投资性支出，同时北京、辽宁、上海、甘肃、浙江、贵州和青海应增加社会保障就业等政府转移性支出，其他省份应完善转移支付制度。另外，我国省级财政支出政策既有凯恩斯效应也有非凯恩斯效应，并且省级依然存在很大差异性，这说明应针对各省（自治区、直辖市）密切关注其非凯恩斯效应发生的条件和时期，进而提高政府根据不同区制相机执行差异化财政支出政策的精确性。

第二，根据经济运行状态相机选择合适的财政支出规模和财政支出结构。实证结果表明，不同经济周期阶段下我国财政支出或财政支出结构对经济增长均存在非对称性。因此，为了保证财政支出政策的有效性，对国内经济形势的准确判断是实施制定财政支出政策的先决条件。其中，经济下滑时期可以通过扩大财政支出规模来促进经济增长，而经济上升时期扩大财政支出规模在一定程度上可以抑制经济增长，但抑制作用并不显著；经济下滑时期增加政府服务性支出、政府投资性支出和政府服务性支出均可以显著增加产出，尽快熨平经济波动，而经济上升时期政府服务性支出可以在短期内抑制经济过热，政府投资性支出和政府服务性支出对经济增长并不会有显著作用。综上所述，地方政府需要结合我国现阶段国情和经济运行情况，及时改变财政支出规模，调整财政支出结构。

第三，伴随中国经济步入新常态，货币政策刺激效果减弱，濒临流动性陷阱边缘，在当前环境下研究积极财政政策如何能更有效促进经济增长、熨平经济波动显得尤为重要。近年来，财政支出政策表现为非凯恩斯效应的省市开始增加。因此，为了提高财政支出政策的有效性，一方面，鉴于财政赤字或财政调整幅度等影响人们预期的因素导致非凯恩斯效应的出现,因此政府需要控制财政赤字规模和财政调整幅度;另一方面,随着人口红利的减少,我国劳动力结构性短缺出现,劳动市场观点同样表现为非凯恩斯效应,因此我国政府可以通过调结构、人口城镇化等方式形成可持续的劳动力供给来源。另外,从政府支出结构对经济增长来看,我国地方政府应增加政府服务性支出,同时东部地区省份减少政府投资性支出、政府转移性支出和增加政府服务性支出,而中、西部地区省(自治区、直辖市)增加政府投资性支出、政府转移性支出和减少政府服务性支出。

7.3　研究的不足及展望

本书从地方视角对我国财政支出政策对经济增长的影响进行了考察,主要探讨了财政支出政策对经济增长的非线性效应和效应的非对称性,为我国差异化财政政策和有效提高政府支出乘数提供了一定借鉴意义。但是,本书在研究中仍存在需改进和进一步扩展的方向:

第一,限于数据的可获得性可以从以下三方面完善:其一,随着我国省级财政收支数据的可获得性增强,可以将省级财政收支分为预算内和预算外,进而得到更详细的实证结论;其二,随着市或县级的财政数据可获得性增强,可进一步探讨市或县级财政支出政策效应或财政支出结构对经济增长的非线性效应和非对称性;其三,鉴于在识别财政支出冲击时,通常假设面对产出的变化政府机构不能及时改变财政支出,llzetzki等人(2013)认为这个滞后期为1季度最为合适,因此关于财政支出政策对经济增长效应研究,国外文献多基于季度数据。由于我国省级财政支出数据只有年度数据,邓力平和林峰(2014)等国内文献均利用我国省级年度数据对我国区域财政政策效应进行研究。

第二,在模型改进方面。一方面,为了探讨我国省级财政支出政策对经济增长的非线性效应。本书假设模型的转移概率矩阵是不随时间变化的(Kim和Nelson,1998;Paap和Van Dijk,2003;Kaufmann,2010;Hamilton和Owyang,2012),这一假设与现有国内多数文献假设相一致。任爱华和刘欢(2017)运用带有时变转换概率矩阵的MS-VAR模型讨论了财政政策对产业结构优化的非线性效应。另一方面,为了探讨不同省级财政支出政策对经济增长的影响，本书对截面相关且动态异质 PSVAR 模型的估计进行了讨论，其中运用我国宏观实际数据基于小样本模拟发现对截面相关且动态异质 PSVAR 模型的估计结果而言，CCE 方法优于 PC，通过数学严谨证明对这种结果的原因进行深入探讨将是未来研究的方向。

第三，在理论探索方面。关于财政支出政策非线性效应的原因和财政支出政策省域效应非对称性的原因研究，本书均是通过总结现有文献选取相应解释变量。关于以上两方面更全面的影响因素研究将是以后的研究方向，这有助于提高财政政策实施效率，并且有利于根据发达国家研究结论完善新兴市场国家、低收入国家的财政政策效应研究（王艺明和蔡昌达，2013；许祥云，2013）。

参考文献

［1］AARLE B V, GARRETSEN H. Keynesian, non‐Keynesian or no effects of fiscal policy changes? The EMU case ［J］. Journal of Macroeconomics, 2003, 25（2）: 213-240.

［2］AFONSO A. Expansionary fiscal consolidations in Europe: new evidence ［J］. Applied Economics Letters, 2010, 17（2）: 105-109.

［3］AGUDZE K M, BILLIO M, CASARIN R, et al. Growth‐Cycle Phases in China's Provinces: A Panel Markov‐Switching Approach ［R］. Social Science Electronic Publishing, 2014.

［4］AHN S C, HORENSTEIN A R. Eigenvalue Ratio Test for the Number of Factors ［J］. Econometrica, 2013, 81（3）: 1203-1227.

［5］AIYAGARI S R, CHRISTIANO L J, EICHENBAUM M. The output, employment, and interest rate effects of government consumption ［J］. Journal of Monetary Economics, 1990, 30（1）: 73-86.

［6］AIZENMAN J, JINJARAK Y. Current account patterns and national real estate markets ［J］. Journal of Urban Economics, 2009, 66（2）: 75-89.

［7］ALESINA A, PEROTTI R. The Welfare State and Competitiveness ［J］. American Economic Review, 1994, 87（5）: 921-939.

［8］ALESINA A, PEROTTI R. Fiscal Adjustments in OECD Countries: Composition and Macroeconomic Effects ［J］. IMF Economic Review, 1997, 44（2）: 210-248.

［9］ANSELIN L. Spatial Effects in Econometric Practice in Environmental and Resource Economics ［J］. American Journal of Agricultural Economics, 2001, 83（3）: 705-710.

［10］ANAS J, BILLIO M, FERRARA L, et al. A SYSTEM FOR DATING AND DETECTING TURNING POINTS IN THE EURO AREA ［J］. Manchester

School, 2008, 76 (5): 549-577.

[11] ARDAGNA S. Fiscal stabilizations: When do they work and why [J]. European Economic Review, 2004, 48 (5): 1047-1074.

[12] AUERBACH A J, GORODNICHENKO Y. Measuring the Output Responses to Fiscal Policy [J]. American Economic Journal Economic Policy, 2012a, 4 (2): 1-27.

[13] AUERBACH A J, GORODNICHENKO Y. Fiscal Multipliers in Recession and Expansion [R]. Nber Working Papers, 2012b: 63-98.

[14] AUERBACH A J, GORODNICHENKO Y. Fiscal Multipliers in Japan [J]. Research in Economics, 2017, 71 (3): 411-421.

[15] BAI J. Panel Data Models With Interactive Fixed Effects [J]. Econometrica, 2009, 77 (4): 1229-1279.

[16] BAI J. Likelihood Approach to Dynamic Panel Models with Interactive Effects [J]. Mpra Paper, 2013: 1229-1279.

[17] BARRELL R, HOLLAND D, HURST I. Fiscal Consolidation: Part 2. Fiscal Multipliers and Fiscal Consolidations [R]. OECD Economics Department Wlrking Papers, No. 933, OECD Publishing.

[18] BARRO R J. Output Effects of Government Purchases [J]. Journal of Political Economy, 1981, 89 (6): 1086-1121.

[19] BARRO R J. Government Spending in a Simple Model of Endogeneous Growth [J]. Rcer Working Papers, 1988, 98 (5): 103-26.

[20] BARRO R J. The Ricardian Approach to Budget Deficits [J]. Journal of Economic Perspectives, 1989, 3 (2): 37-54.

[21] BARRO R J, REDLICK C J. Macroeconomic Effects from Government Purchases and Taxes [J]. Quarterly Journal of Economics, 2011, 126 (1): 51-102.

[22] BATINI N, EYRAUD L, WEBER A. A Simple Method to Compute Fiscal Multipliers [J]. Imf Working Papers, 2015, 14 (93).

[23] BAXTER M, KING R G. Fiscal policy in general equilibrium [J]. American Economic Review, 1993, 83 (3): 315-34.

[24] BORN B, PFEIFER J. Policy Risk and the Business Cycle [J]. Journal of Monetary Economics, 2014, 68 (1): 68-85.

[25] BAKER S R, BLOOM N, DAVIS S J. Measuring Economic Policy Uncertainty [J]. The Quarterly Journal of Economics, 2016, 131 (4): 1593-1636.

[26] BERTOLA G, DRAZEN A. Trigger Points and Budget Cuts: Explaining the Effects of Fiscal Austerity [J]. American Economic Review, 1991, 83 (1): 11-26.

[27] BELTRATTI A, MORANA C. International house prices and macroeconomic fluctuations [J]. Journal of Banking & Finance, 2010, 34 (3): 533-545.

[28] BILLIO M, CASARIN R, RAVAZZOLO F, et al. Interconnections Between Eurozone and US Booms and Busts Using a Bayesian Panel Markov - Switching VAR Model [J]. Journal of Applied Econometrics, 2016, 31 (7): 1352-1370.

[29] BLANCHARD O J. Suggestion for a New Set of Fiscal Indicators [R]. Oecd Economics Department Working Papers, 1990.

[30] BLANCHARD O J, LEIGH D. Growth Forecast Errors and Fiscal Multipliers [J]. American Economic Review, 2013, 103 (3): 117-120.

[31] BLANCHARD O, PEROTTI R. An Empirical Characterization of The Dynamic Effects Of Changes In Government Spending And Taxes On Output [J]. Quarterly Journal of Economics, 2002, 117 (4): 1329-1368.

[32] BORN B, JUESSEN F, MÜLLER G J. Exchange rate regimes and fiscal multipliers [J]. Journal of Economic Dynamics & Control, 2013, 37 (2): 446-465.

[33] BORN, BENJAMIN, PFEIFER, et al. Risk Matters: The Real Effects of Volatility Shocks: Comment [J]. American Economic Review, 2014, 104 (12): 4231-4239.

[34] BREITUNG J, PIGORSCH U. A Canonical Correlation Approach for Selecting the Number of Dynamic Factors [J]. Oxford Bulletin of Economics & Statistics, 2013, 75 (1): 23-36.

[35] BRINCA P, HOLTER H A, KRUSELL P, et al. Fiscal multipliers in the 21st century [J]. Journal of Monetary Economics, 2016, 77: 53-69.

[36] CALDARA D, KAMPS C. What are the Effects of Fiscal Policy Shocks? A VAR-based Comparative Analysis [J]. Journal of Applied Economet-

rics, 2008, 24 (6): 960-992.

[37] CANZONERI M, COLLARD F, DELLAS H, et al. Fiscal Multipliers in Recessions [J]. Economic Journal, 2015, 126 (590): 147-165.

[38] CAMACHO, MAXIMO. Mixed-frequency VAR models with Markov-switching dynamics [J]. Economics Letters, 2013, 121 (3): 369-373.

[39] CERISOLA M, ABDALLAH C, DAVIES V, et al. Assessing the Impact of Fiscal Shocks on Output in MENAP Countries [R]. IMF Technical Notes and Manuals 2015/001, International Monetary Fund.

[40] CHOI I. Model Selection for Factor Analysis: Some New Criteria and Performance Comparisons [J]. Econometric Reviews, 2019, 38 (6): 577-596.

[41] CHRISTIANO L, EICHENBAUM M, REBELO S. When Is the Government Spending Multiplier Large [J]. Journal of Political Economy, 2010, 119 (1): 78-121.

[42] CHUDIK A, PESARAN M H. Common correlated effects estimation of heterogeneous dynamic panel data models with weakly exogenous regressors [J]. Journal of Econometrics, 2015, 188 (2): 393-420.

[43] CHUDIK A, SMITH V. The GVAR approach and the dominance of the U. S. economy [J]. Globalization & Monetary Policy Institute Working Paper, 2013, 13 (136).

[44] CHARI V, KEHOE P, MCGRATTAN E R. A critique of structural VARs using real business cycle theory [C]. Federal Reserve Bank of Minneapolis, 2005.

[45] COAKLEY J, FUERTES A M, SMITH R. A Principal Components Approach to Cross-Section Dependence in Panels [C]. Coth International Conference on Panel Data, Berlin, July5-6, 2002, B5-3, 2002.

[46] COGAN J F, CWIK T, TAYLOR J B, et al. New Keynesian versus Old Keynesian Government Spending Multipliers [J]. Journal of Economic Dynamics & Control, 2010, 34 (3): 281-295.

[47] COOLEY T F, DWYER M. Business cycle analysis without much theory A look at structural VARs [J]. Journal of Econometrics, 1998, 83 (1): 57-88.

[48] CORSETTI G, MUÜLLER G. Twin Deficits, Openness and the Business Cycle [C]. C. E. P. R. Discussion Papers, 2007: 404-413.

［49］ CORSETTI G, MEIER A, MUELLER G. What determines government spending multipliers ［J］. Economic Policy, 2012, 27 (72): 521-565.

［50］ CÚRDIA V, WOODFORD M. Credit Spreads and Monetary Policy ［C］. Federal Reserve Bank of New York, 2009: 3-35.

［51］ Devereux M B, Head A C, Lapham B J. Monopolistic Competition, Increasing Returns, and the Effects of Government Spending ［J］. Journal of Money Credit & Banking, 1996, 28 (2): 233-254.

［52］ Dolls M, Fuest C, Peichl A. Automatic stabilizers and economic crisis: US vs. Europe ［J］. Journal of Public Economics, 2012, 96 (3-4): 279-294.

⌊53⌋ Ebel R D, Yilmaz S. On the Measurement and Impact Of Fiscal Decentralization ［J］. World Bank Policy Research Working Paper No. 2809, 2004.

［54］ Eggertsson G B. What Fiscal Policy Is Effective at Zero Interest Rates ［J］. Staff Reports, 2011, 25 (1): 59-112.

［55］ Erceg C, Lindé J. IS THERE A FISCAL FREE LUNCH IN A LIQUIDITY TRAP ［J］. Journal of the European Economic Association, 2014, 12 (1): 73-107.

［56］ ESTEVÃO M M, SAMAKé I. The Economic Effects of Fiscal Consolidation with Debt Feedback ［J］. Imf Working Papers, 2013, 136 (13).

［57］ EYRAUD L, WEBER A. The Challenge of Debt Reduction During Fiscal Consolidation ［J］. Imf Working Papers, 2013, 13 (67).

［58］ EYRAUD L, BATINI N, FORNI L, et al. Fiscal Multipliers: Size, Determinants, and Use in Macroeconomic Projections ［J］. IMF Technical Notes & Manuals, 2014, 14 (4).

［59］ FATÁS A, MIHOV I. The Effects of Fiscal Policy on Consumption and Employment: Theory and Evidence ［R］. CEPR Discussion Papers 2760, 2000.

［60］ FERNÁNDEZ-VILLAVERDE, JESÚS, GUERRóN-QUINTANA, et al. Fiscal Volatility Shocks and Economic Activity ［R］. CEPR Discussion Papers 8528, 2011.

［61］ FILARDO A J. Business-Cycle Phases and Their Transitional Dynamics ［J］. Journal of Business & Economic Statistics, 1993, 12 (3): 299-308.

[62] FILARDO A J, GORDON S F. Business cycle durations [J]. Journal of Econometrics, 1998, 85 (1): 99-123.

[63] FRÜHWIRTH-SCHNATTER S. Finite Mixture and Markov Switching Models [M]. Finite mixture and Markov switching models. Springer, 2007: 971-972.

[64] FRÜHWIRTH M. A pricing model for secondary market yield based floating rate notes subject to default risk [J]. European Journal of Operational Research, 2001, 135 (2): 233-248.

[65] FORONI C , GUÉRIN, Pierre, et al. Markov-switching mixed-frequency VAR models [J]. International Journal of Forecasting, 2015, 31 (3): 692-711.

[66] FORONI C, MARCELLINO M. Mixed frequency structural VARs [J]. Norges Bank Working Paper, 2014, 14 (1).

[67] GETE P. Housing Markets and Current Account Dynamics [J]. Meeting Papers Society for Economic Dynamic, 2009, 427 (9).

[68] GIAVAZZI F, JAPPELLI T, PAGANO M. Searching for non-linear effects of fiscal policy: Evidence from industrial and developing countries [J]. European Economic Review, 2000, 44 (7): 1259-1289.

[69] GORODNICHENKO Y, MENDOZA E G, TESAR L L. The Finnish Great Depression: From Russia with Love [J]. Social Science Electronic Publishing, 2012, 102 (4): 1619-1643.

[70] GUAJARDO J, LEIGH D, PESCATORI A. EXPANSIONARY AUSTERITY? INTERNATIONAL EVIDENCE [J]. Journal of the European Economic Association, 2014, 12 (4): 949-968.

[71] GUPTA S, CLEMENTS B, BALDACCI E, et al. Fiscal policy, expenditure composition, and growth in low-income countries [J]. Journal of International Money & Finance, 2005, 24 (3): 441-463.

[72] GUÉRIN, PIERRE, MARCELLINO, et al. Markov-Switching MIDAS Models [J]. Journal of Business & Economic Statistics, 2013, 31 (1): 45-56.

[73] GHYSELS, ERIC. Macroeconomics and the reality of mixed frequency data [J]. Journal of Econometrics, 2016, 193 (2): 294-314.

［74］ HALL R E. Labor Supply and Aggregate Fluctuations ［C］. Carnegie -rochester Conference Series on Public Policy, 1979: 7-33.

［75］ HALL R E. By How Much Does GDP Rise If the Government Buys More Output ［J］. Brookings Papers on Economic Activity, 2009, 2009 (40): 183-231.

［76］ HARDING D, PAGAN A. Synchronization of cycles ［J］. Journal of Econometrics, 2006, 132 (1): 59-79.

［77］ HAMILTON J D. Analysis of time series subject to changes in regime ［J］. Journal of Econometrics, 1990, 45 (1-2): 39-70.

［78］ HAMILTON J D, OWYANG M T. The Propagation of Regional Recessions ［J］. Review of Economics & Statistics, 2012, 94 (4): 935-947.

［79］ HAINING R, ZHANG J. Spatial data Analysis: Theory and Practice ［M］. Spatial data analysis : theory and practice. Cambridge University Press, 2003: 1077.

［80］ HUBRICH K. Thresholds and Smooth Transitions in Vector Autoregressive Models ［J］. Creates Research Papers, 2013, 32: 273-326.

［81］ HUSEYIN G , MIHAI I. Political Uncertainty and Corporate Investment ［J］. Review of Financial Studies, 2016, 29 (3): 523-564.

［82］ ILZETZKI E. Fiscal Policy and Debt Dynamics in Developing Countries ［R］. World Bank Policy Research Working Paper No. 5666, 2011.

［83］ ILZETZKI E, MENDOZA E G, VÉGH C A. How big (small?) are fiscal multipliers ［J］. Journal of Monetary Economics, 2013, 60 (2): 239-254.

［84］ ILZETZKI E, REINHART C M, ROGOFF K. Exchange Arrangements Entering the 21st Century: Which Anchor Will Hold ［J］. The Quarterly Journal of Economics, 2019, 134 (2): 599-646.

［85］ KAPOPOULOS P. When can fiscal consolidation be expansionary? Evidence from a small open economy ［J］. Journal of Policy Modeling, 2004, 26 (8-9): 1031-1043.

［86］ KAUFMANN S. Dating and forecasting turning points by Bayesian clustering with dynamic structure: a suggestion with an application to Austrian data ［J］. Journal of Applied Econometrics, 2010, 25 (2): 309-344.

［87］ KAUFMANN S. K K mathContainer Loading Mathjax -state switching models with time-varying transition distributions—Does loan growth signal stronger effects of variables on inflation [J]. Journal of Econometrics, 2015, 187 (1): 82-94.

[88] KIM C J, NELSON C R. A Bayesian Approach to Testing for Markov Switching in Univariate and Dynamic Factor Models [C]. Department of Economics at the University of Washington, 1998: 1013.

[89] KIM S, ROUBINI N. Twin deficit or twin divergence? Fiscal policy, current account, and real exchange rate in the U. S. [J]. Journal of International Economics, 2008, 74 (2): 362-383.

[90] KIRCHNER M, CIMADOMO J, HAUPTMEIER S. Transmission of Government Spending Shocks in the Euro Area: Time Variation and Driving Forces [J]. Social Science Electronic Publishing, 2010, 021/2 (1219): 697-711.

[91] KRAAY A. How large is the Government Spending Multiplier? Evidence from World Bank Lending [J]. Quarterly Journal of Economics, 2010, 127 (2): 829-887.

[92] KROLZIG H M. Markov-Switching Procedures for Dating the Euro-Zone Business Cycle [J]. Vierteljahrshefte Zur Wirtschaftsforschung, 2001, 70 (3): 339-351.

[93] LEEPER E M, YANG S C S, WALKER T B. Government Investment and Fiscal Stimulus in The Short and Long Runs [J]. Social Science Electronic Publishing, 2009, 57 (8): 1000-1012.

[94] LINNEMANN L, SCHABERT A. Fiscal Policy in the New Neoclassical Synthesis [J]. Journal of Money Credit & Banking, 2003, 35 (6): 911-29.

[95] MELIGKOTSIDOU L, DELLAPORTAS P. Forecasting with non-homogeneous hidden Markov models [J]. Statistics & Computing, 2011, 21 (3): 439-449.

[96] MISHRA P, MONTIEL P, PEDRONI P, et al. Monetary policy and bank lending rates in low-income countries: Heterogeneous panel estimates [J]. Journal of Development Economics, 2014, 111 (C): 117-131.

[97] MICHAUD P C, VAN SOEST A. Health and Wealth of Elderly Couples [J]. Journal of Parasitology, 2008, 86 (4): 657-63.

[98] MITCHELL J, WEALE M. Qualitative Expectational Data as Predic-

tors of Income and Consumption Growth: Micro Evidence from the British Household Panel Survey [R]. Niesr Discussion Papers 286, 2007.

[99] MOUNTFORD A, UHLIG H. What are the effects of fiscal policy shocks [J]. Journal of Applied Econometrics, 2005, 24 (6): 960-992.

[100] MUMTAZ H, SURICO P. Policy uncertainty and aggregate fluctuations [J]. Journal of Applied Econometrics, 2018, 33.

[101] NERI S, IACOVIELLO M. The Role of Housing Collateral in an Estimated Two-Sector Model of the US Economy [C]. 2007 Meeting Papers 245 Society for Economic Dynamic, 2007.

[102] NODARI, GABRIELA. Financial regulation policy uncertainty and credit spreads in the US [J]. Journal of Macroeconomics, 2014, 41: 122-132.

[103] OWYANG M T, RAMEY V A, ZUBAIRY S. Are Government Spending Multipliers Greater during Periods of Slack? Evidence from Twentieth-Century Historical Data [J]. American Economic Review, 2013, 103 (3): 129-134.

[104] PAAP R, DIJK H K V. Bayes Estimates of Markov Trends in Possibly Cointegrated Series [J]. Journal of Business & Economic Statistics, 2003, 21 (4): 547-563.

[105] PEDRONI P. Structural Panel VARs [J]. Econometrics, 2013, 1 (2): 180-206.

[106] PEROTTI R. Fiscal Consolidation in Europe: Composition Matters [J]. American Economic Review, 1996, 86 (86): 105-10.

[107] PEROTTI R. Fiscal Policy in Good Times And Bad [J]. The Quarterly Journal of Economics, 1999, 114 (4): 1399-1436.

[108] PEROTTI R. Estimating the Effects of Fiscal Policy in OECD Countries [J]. Social Science Electronic Publishing, 2003, 262 (29): 153-179.

[109] PEROTTI R, RAMEY V. In Search of the Transmission Mechanism of Fiscal Policy [J]. Nber Macroeconomics Annual, 2007, 22: 169-249.

[110] PESARAN M H. Estimation and Inference in Large Heterogeneous Panels with Cross Section Dependence [J]. Cambridge Working Papers in Economics, 2003 (2).

[111] PRIMICERI G E. Time-Varying Structural Vector Autoregressions

and Monetary Policy [J]. Review of Economic Studies, 2005, 72: 821-852.

[112] RAMEY V A. Can Government Purchases Stimulate the Economy [J]. Journal of Economic Literature, 2011, 49 (3): 673-685.

[113] RAMEY V A. Identifying Government Spending Shocks: It's all in the Timing [J]. Nber Working Papers, 2009, 126 (1): 1-50.

[114] RAMEY V A, SHAPIRO M D. Costly capital reallocation and the effects of government spending [C]. Carnegie-rochester Conference Series on Public Policy. RePEc, 1998: 145-194.

[115] RAVN M, SCHMITT-GROHÉ S, URIBE M. Deep Habits [J]. Social Science Electronic Publishing, 2006, 73 (1): 195-218.

[116] ROMER C D, ROMER D H. The Macroeconomic Effects of Tax Changes: Estimates Based on a New Measure of Fiscal Shocks [J]. American Economic Review, 2010, 100 (3): 763-801 (39).

[117] SONG M. Asymptotic theory for dynamic heterogeneous panels with cross-sectional dependence and its applications [R]. Mimeo Wlrking Paper, 2013.

[118] SPILIMBERGO A, SYMANSKY S, BLANCHARD O, et al. Fiscal Policy for the Crisis [J]. Social Science Electronic Publishing, 2009, 10 (2): 1-37.

[119] SUTHERLAND A. Fiscal crises and aggregate demand: can high public debt reverse the effects of fiscal policy [J]. Journal of Public Economics, 1997, 65 (2): 147-162.

[120] SCHORFHEIDE, FRANK, SONG, et al. Real-Time Forecasting With a Mixed-Frequency VAR [J]. Social Science Electronic Publishing, 33 (3): 366-380.

[121] TANG H C, LIU P, CHEUNG E C. Changing impact of fiscal policy on selected ASEAN countries [J]. Journal of Asian Economics, 2013, 24: 103-116.

[122] TIMO TERÄSVIRTA. Specification, Estimation, and Evaluation of Smooth Transition Autoregressive Models [J]. Journal of the American Statistical Association, 1994, 89 (425): 208-218.

[123] WESTERLUND J, URBAIN J P. Cross-sectional averages versus

principal components [J]. Journal of Econometrics, 2015, 185 (2)：372-377.

［124］WOODFORD M. Simple Analytics of the Government Expenditure Multiplier [J]. American Economic Journal Macroeconomics, 2011, 3 (1)：1-35.

［125］XIN WANG, YI WEN. Is Government Spending a Free Lunch? Evidence from China [J]. Ssrn Electronic Journal, 2013, 13 (13).

［126］YU W H, LEE P L. Decomposing Gender Beliefs：Cross - National Differences in Attitudes Toward Maternal Employment and Gender Equality at Home [J]. Sociological Inquiry, 2013, 83 (4)：591-621.

［127］陈安平.我国财政货币政策的区域差异效应研究 [J].数量经济技术经济研究, 2007 (6)：56-64.

［128］陈建宝, 戴平生.我国财政支出对经济增长的乘数效应分析 [J].厦门大学学报 (哲学社会科学版), 2008 (5)：26-32.

［129］陈斌开, 徐帆, 谭力.人口结构转变与中国住房需求：1999—2025：基于人口普查数据的微观实证研究 [J].金融研究, 2012 (1)：129-140.

［130］陈硕, 高琳.央地关系：财政分权度量及作用机制再评估 [J].管理世界, 2012 (6)：43-59.

［131］陈诗一, 陈登科.经济周期视角下的中国财政支出乘数研究 [J].中国社会科学, 2019 (8).

［132］陈长石, 刘晨晖.棚户区改造、非常规货币政策与房地产价格 [J].财贸经济, 2019 (7).

［133］陈胜蓝, 刘晓玲.经济政策不确定性与公司商业信用供给 [J].金融研究, 2018, 455 (5)：176-194.

［134］储德银, 崔莉莉.中国财政政策产出效应的非对称性研究 [J].财贸经济, 2014 (12)：27-39.

［135］储德银, 李善达.我国财政政策非线性效应的实现机制及动态特征研究 [J].经济理论与经济管理, 2014 (12)：44-55.

［136］储德银, 闫伟.财政政策促进产出增长的稳定机制与效应检验 [J].学海, 2012 (4)：35-45.

［137］崔百胜, 高崧耀.G20 国家差异化金融条件下货币政策的非对称性传导研究 [J].国际贸易问题, 2019 (8)：138-156.

［138］邓力平, 林峰.中国财政支出对贸易平衡的动态冲击效应分析 [J].财贸经济, 2014 (9)：5-13.

[139] 方红生, 张军. 中国财政政策非线性稳定效应: 理论和证据 [J]. 管理世界, 2010 (2): 10-24.

[140] 付敏杰. 市场化改革进程中的财政政策周期特征转变 [J]. 财贸经济, 2014 (10): 17-31.

[141] 冯梦青, 于海峰. 财政分权、外商直接投资与大气环境污染 [J]. 广东财经大学学报, 2018, 33 (3): 44-51.

[142] 郭庆旺, 贾俊雪. 积极财政政策对区域经济增长与差异的影响 [J]. 中国软科学, 2005 (7): 46-53.

[143] 郭庆旺, 贾俊雪. 稳健财政政策的非凯恩斯效应及其可持续性 [J]. 中国社会科学, 2006 (5): 58-67.

[144] 郭庆旺, 贾俊雪. 政府公共资本投资的长期经济增长效应 [J]. 经济研究, 2006 (7): 29-40.

[145] 郭庆旺, 贾俊雪, 刘晓路. 财政政策与宏观经济稳定: 情势转变视角 [J]. 管理世界, 2007 (5): 7-15.

[146] 郭庆旺, 贾俊雪. 财政分权、政府组织结构与地方政府支出规模 [J]. 经济研究, 2010 (11): 59-72.

[147] 郭玉清, 姜磊. 财政支出、辖区人口规模与经济增长 [J]. 经济评论, 2009 (5): 35-45.

[148] 郭娜, 李俊希. 中国股债市场的非对称联动效应分析: 基于PVAR 的方差分解模型 [J]. 中央财经大学学报, 2018 (1): 31-41.

[149] 龚锋, 卢洪友. 公共支出结构、偏好匹配与财政分权 [J]. 管理世界, 2009 (1): 10-21.

[150] 洪源, 袁菁健, 陈丽. 财政分权、环境财政政策与地方环境污染: 基于收支双重维度的门槛效应及空间外溢效应分析 [J]. 山西财经大学学报, 2018 (7).

[151] 宫汝凯. 分税制改革、土地财政和房价水平 [J]. 世界经济文汇, 2012 (4): 90-104.

[152] 宫汝凯. 财政不平衡和房价上涨: 中国的证据 [J]. 金融研究, 2015 (4): 66-81.

[153] 黄威, 陆懋祖. 我国财政支出政策冲击效应的动态变化: 基于包含随机波动的时变参数模型的考察 [J]. 数量经济技术经济研究, 2011 (10): 50-63.

［154］黄昱然，卢志强，李志斌.地方政府债务与区域金融差异的经济增长效应研究：基于非线性面板平滑转换回归 PSTR 模型［J］.当代经济科学，2018（3）：1-12.

［155］黄健，毛锐.地方债务、政府投资与经济增长动态分析［J］.经济学家，2018（1）：88-96.

［156］黄宁，郭平.经济政策不确定性对宏观经济的影响及其区域差异：基于省级面板数据的 PVAR 模型分析［J］.财经科学，2015（6）：67-76.

［157］胡欣然，雷良海.我国地方政府债务的再思考：基于新供给理论与供给侧结构性改革的视角［J］.财经科学，2018（8）.

［158］何文盛，姜雅婷，唐序康.行政审批制度改革可以提升地方政府绩效吗？：基于中国 15 个副省级城市 2001—2015 年面板数据的分析［J］.公共行政评论，2019（3）：118-138.

［159］靳春平.财政政策效应的空间差异性与地区经济增长［J］.管理世界，2007（7）：47-56.

［160］金春雨，王伟强.我国不同时期财政政策的宏观经济效应研究［J］.西安交通大学学报（社会科学版），2016（3）.

［161］江克忠.财政分权与地方政府行政管理支出：基于中国省级面板数据的实证研究［J］.公共管理学报，2011，8（3）：44-52.

［162］鞠方，林辉叶，周建军.土地出让收入、地方财政支出对我国房价影响的区域差异性研究［J］.财经理论与实践，2013（1）：77-81.

［163］贾俊雪，秦聪，孙传辉.中央地方利益协调下减税政策的增收效应［J］.中国工业经济，2019（6）.

［164］贾倩，孔祥，孙铮.政策不确定性与企业投资行为：基于省级地方官员变更的实证检验［J］.财经研究，2013（2）：82-92.

［165］金雪军，钟意，王义中.政策不确定性的宏观经济后果［J］.经济理论与经济管理，2014，V34（2）：17-26.

［166］况伟大.利率对房价的影响［J］.世界经济，2010（4）：134-145.

［167］李鹏，杜亚斌，毛德勇，等.我国通货膨胀是一种财政现象吗：基于财政支出视角的时变参数研究［J］.财贸研究，2015（3）：88-96.

［168］李生祥，丛树海.中国财政政策理论乘数和实际乘数效应研究［J］.财经研究，2004（1）：5-20.

［169］李永友，丛树海.居民消费与中国财政政策的有效性：基于居

民最优消费决策行为的经验分析 [J]. 世界经济, 2006 (5): 54-64.

[170] 李香菊, 刘浩. 区域差异视角下财政分权与地方环境污染治理的困境研究: 基于污染物外溢性属性分析 [J]. 财贸经济, 2016, 37 (2): 41-54.

[171] 李建军, 王德祥. 经济开放与地方财政支出 [J]. 统计研究, 2011, 28 (7): 9-20.

[172] 李丹, 裴育, 陈欢. 财政转移支付是"输血"还是"造血": 基于国定扶贫县的实证研究 [J]. 财贸经济, 2019 (6).

[173] 李凤羽, 李凤羽, 杨墨竹. 经济政策不确定性会抑制企业投资吗?: 基于中国经济政策不确定指数的实证研究 [J]. 金融研究, 2013 (4): 115-129.

[174] 李正辉, 郑玉航. 基于混频数据模型的中国经济周期区制监测研究 [J]. 统计研究, 2015, 32 (1): 33-40.

[175] 林峰. 财政支出结构对经济增长的外溢性研究: 基于中国省际面板数据的实证检验 [J]. 经济与管理研究, 2013 (9): 11-18.

[176] 林峰, 赵焱. 政府债务会影响财政支出的乘数效应吗?: 来自跨国面板数据的经验证据 [J]. 财经研究 (2): 58-74.

[177] 林桐, 王文甫. 我国省际政府支出乘数有差异性吗 [J]. 经济理论与经济管理, 2017 (5): 63-77.

[178] 林桐, 王文甫. 不同经济状态下政府支出乘数的差异性研究 [J]. 财贸研究, 2017 (8): 84-94.

[179] 林桐, 王文甫. 财政分权对政府支出乘数的影响: 促进还是抑制 [J]. 现代财经 (天津财经大学学报), 2017 (9): 28-39.

[180] 林桐, 王文甫. 我国政府支出乘数是下降的吗 [J]. 经济问题探索, 2017 (10): 19-27.

[181] 林桐. 我国省级房价波动与宏观调控政策配置研究 [J]. 华东经济管理, 2019 (4): 77-83.

[182] 林桐. 我国省级财政支出: 凯恩斯还是非凯恩斯效应? [J]. 统计与决策, 2019 (16): 155-159.

[183] 林春, 孙英杰. 纵向财政失衡、地方政府行为与经济波动 [J]. 经济学家, 2019 (9).

[184] 刘达禹, 刘金全, 赵婷婷. 中国经济"新常态"下的宏观调控:

基于世界经济景气变动的经验分析 [J].经济学家，2016（10）：13-21.

[185] 刘金全，解瑶姝.我国财政政策的非对称效应 [J].当代经济研究，2015（5）：74-81.

[186] 刘建民，王蓓，吴金光.基于区域效应的财政政策效果研究：以中国的省际面板数据为例：1981—2010 [J].经济学动态，2012（9）：30-35.

[187] 刘建民，王蓓，吴金光.财政政策影响收入分配的区域差异效应研究：基于中国29个省级面板数据的SVAR模型检验 [J].中国软科学，2015（2）：110-116.

[188] 刘金全，张龙.我国财政政策对经济增长质量的动态效应分析 [J].财经论丛，2019（7）：23-34.

[189] 刘丹，李永友，童幼雏.中国财政体制垂直失衡：测度方法与特征分析 [J].经济学家，2018（10）.

[190] 刘亮亮，贺俊，毕功兵.财政分权对地方公共福利的影响：基于非线性和异质性的考量 [J].系统工程理论与实践，2018，38（9）：2267-2276.

[191] 刘元生，陈凌霜，刘蓉.增值税减税的产出乘数效应：基于投入产出网络视角 [J].财经科学，2019（1）.

[192] 柳欣，王晨.内生经济增长与财政、货币政策：基于VAR模型的实证分析 [J].南开经济研究，2008（6）：75-89.

[193] 陆凤芝，杨浩昌.环境分权、地方政府竞争与中国生态环境污染 [J].产业经济研究，2019（4）.

[194] 吕炜，刘晨晖.财政支出、土地财政与房地产投机泡沫：基于省际面板数据的测算与实证 [J].财贸经济，2012（12）：21-30.

[195] 满向昱，宋彦蓉，郑志聪.我国财政政策对经济增长的非对称性效应研究 [J].财政研究，2015（4）：60-68.

[196] 孟庆斌，师倩.宏观经济政策不确定性对企业研发的影响：理论与经验研究 [J].世界经济，2017（9）：77-100.

[197] 毛军.地方政府财政效率促进经济增长实证研究：基于监督力度视角 [J].中国软科学，2019（6）.

[198] 潘长春.人民币汇率变动的价格传递效应：基于TVP-SV-VAR模型的实证检验 [J].国际贸易问题，2017（4）：141-152.

[199] 潘金霞.是土地供应量与房地产税赋提高了房价吗 [J].南方经济，2013（11）：27-37.

[200] 庞凤喜, 潘孝珍. 财政分权与地方政府社会保障支出: 基于省级面板数据的分析 [J]. 财贸经济, 2012 (2): 29-35.

[201] 彭俞超, 韩珣, 李建军. 经济政策不确定性与企业金融化 [J]. 中国工业经济, 2018, 358 (1): 139-157.

[202] 齐福全. 地方政府财政支出与经济增长关系的实证分析: 以北京市为例 [J]. 经济科学, 2007 (3): 5-15.

[203] 饶晓辉, 刘方. 政府生产性支出与中国的实际经济波动 [J]. 经济研究, 2014 (11): 17-30.

[204] 饶品贵, 岳衡, 姜国华. 经济政策不确定性与企业投资行为研究 [J]. 世界经济, 2017 (2): 29-53.

[205] 沈悦, 刘洪玉. 住宅价格与经济基本面: 1995—2002 年中国 14 城市的实证研究 [J]. 经济研究, 2004 (6): 78-86.

[206] 沈悦, 郭培利. 收入、房价与金融稳定性: 源自异质面板门槛模型的解析 [J]. 经济科学, 2018, 0 (6): 38-50.

[207] 师磊, 赵志君. 我国货币政策的产业非对称效应: 基于要素替代弹性视角 [J]. 上海经济研究, 2018 (7).

[208] 任爱华, 刘欢. 财政政策对产业结构优化的非线性效应 [J]. 财经科学, 2017 (6): 104-114.

[209] 任志成, 巫强, 崔欣欣. 财政分权、地方政府竞争与省级出口增长 [J]. 财贸经济, 2015, 36 (7): 59-69.

[210] 孙天琦, 杨岚, 苗文龙. 中国财政政策是否具有顺周期性 [J]. 当代经济科学, 2010 (3): 1-10.

[211] 孙焱林, 陈普, 熊义明. 贝叶斯视角下时变参数 VAR 建模: 兼论"斜率之谜" [J]. 数量经济技术经济研究, 2011 (10): 123-133.

[212] 孙开, 张磊. 分权程度省际差异、财政压力与基本公共服务支出偏向: 以地方政府间权责安排为视角 [J]. 财贸经济, 2019 (8): 18-32.

[213] 孙静, 马海涛, 王红梅. 财政分权、政策协同与大气污染治理效率: 基于京津冀及周边地区城市群面板数据分析 [J]. 中国软科学, 2019 (8).

[214] 沈坤荣, 付文林. 中国的财政分权制度与地区经济增长 [J]. 管理世界, 2005 (1): 31-39.

[215] 尚玉皇, 郑挺国. 短期利率波动测度与预测: 基于混频宏观-短期利率模型 [J]. 金融研究, 2016 (11): 50-65.

[216] 谭政勋, 王聪. 房价波动、货币政策立场识别及其反应研究 [J]. 经济研究, 2015 (1): 67-83.

[217] 谭小芬, 张文婧. 经济政策不确定性影响企业投资的渠道分析 [J]. 世界经济, 2017 (12): 5-28.

[218] 田新民, 陆亚晨. 金融周期对我国宏观经济运行的动态影响研究 [J]. 经济问题探索, 2019 (6): 1-8.

[219] 田国强, 赵旭霞. 金融体系效率与地方政府债务的联动影响: 民企融资难融资贵的一个双重分析视角 [J]. 经济研究, 2019 (8).

[220] 佟孟华, 张国建, 李慧. 地方政府规模影响产业结构的非线性特征: 基于中国地级市数据的经验研究 [J]. 山西财经大学学报, 2018 (5).

[221] 徐高. 斜率之谜: 对中国短期总供给/总需求曲线的估计 [J]. 世界经济, 2008 (1): 47-56.

[222] 徐永胜, 乔宝云. 财政分权度的衡量: 理论及中国 1985—2007 年的经验分析 [J]. 经济研究, 2012 (10): 4-13.

[223] 徐建炜, 徐奇渊, 何帆. 房价上涨背后的人口结构因素: 国际经验与中国证据 [J]. 世界经济, 2012 (1): 24-42.

[224] 许祥云. 不同环境下的政府支出乘数研究评述 [J]. 经济理论与经济管理, 2013 (6): 54-61.

[225] 辛冲冲, 陈志勇. 财政分权、政府竞争与地方政府科技支出: 基于中国省级面板数据的再检验 [J]. 山西财经大学学报, 2018 (6).

[226] 熊虎, 沈坤荣. 地方政府债务对创新的挤出效应研究 [J]. 经济科学, 2019, 41 (4).

[227] 王春元. 我国政府财政支出结构与经济增长关系实证分析 [J]. 财经研究, 2009 (6): 120-130.

[228] 王国静, 田国强. 政府支出乘数 [J]. 经济研究, 2014 (9): 4-19.

[229] 王立勇, 毕然. 财政政策对私人投资的非线性效应及其解释 [J]. 统计研究, 2014 (11): 58-65.

[230] 王立勇, 高伟. 财政政策对私人消费非线性效应及其解释 [J]. 世界经济, 2009 (9): 27-36.

[231] 王立勇, 刘文革. 财政政策非线性效应及其解释: 兼论巴罗-格罗斯曼宏观一般非均衡模型在中国的适用性 [J]. 经济研究, 2009 (7): 65-78.

[232] 王文甫,王子成.积极财政政策与净出口:挤入还是挤出?:基于中国的经验与解释 [J].管理世界,2012 (10):31-45.

[233] 王文甫,张南.政府消费、政府投资、净出口和有效汇率:基于中国的经验和解释 [J].国际贸易问题,2015 (12):145-157.

[234] 王文甫,王瑞祥.政府投资对房地产和非房地产部门效应的 非对称性分析 [J].当代经济科学,2018 (1):35-42.

[235] 王妍.金融摩擦会影响政府财政支出乘数吗? [J].中国管理科学,2015 (s1).

[236] 王艺明,蔡昌达.财政稳固的非凯恩斯效应及其传导渠道研究 [J].经济学家,2013 (3):12-23.

[237] 王先柱,杨义武.差异化预期、政策调控与房价波动:基于中国 35 个大中城市的实证研究 [J].财经研究,2015 (12):51-61.

[238] 王猛,李勇刚,王有鑫.土地财政、房价波动与城乡消费差距:基于面板数据联立方程的研究 [J].产业经济研究,2013 (5):84-92.

[239] 王奇珍,王玉东.国际油价、美国经济不确定性和中国股市的波动溢出效应研究 [J].中国管理科学,2018 (11):50-61.

[240] 王怡璞,王文静.分权能够促进地方政府的税收激励吗?:来自"扩权强县"的证据 [J].中央财经大学学报,2018 (5):3-12.

[241] 王蓓,吕伟.财政政策效应究竟有多大:一个文献综述 [J].云南财经大学学报,2013 (2):12-22.

[242] 王义中,宋敏.宏观经济不确定性、资金需求与公司投资 [J].经济研究 (2):6-19.

[243] 武晓利,晁江锋.财政支出结构对居民消费率影响及传导机制研究:基于三部门动态随机一般均衡模型的模拟分析 [J].财经研究,2014 (6):4-15.

[244] 吴敏,刘畅,范子英.转移支付与地方政府支出规模膨胀:基于中国预算制度的一个实证解释 [J].金融研究,2019 (3):74-91.

[245] 吴俊培,丁玮蓉,龚旻.财政分权对中国环境质量影响的实证分析 [J].财政研究,2015 (11):56-63.

[246] 王文甫,罗显康,魏彧.政府支出的外部性、信贷约束与房地产波动 [J].世界经济文汇,2017 (2):29-47.

[247] 谢贞发,张玮.中国财政分权与经济增长:一个荟萃回归分析

[J]. 经济学（季刊），2015（2）：435-452.

[248] 项后军，周宇. 财政政策对私人消费非线性效应的存在性及触发条件研究 [J]. 财经研究，2011（9）：16-27.

[249] 许志伟，王文甫. 经济政策不确定性对宏观经济的影响：基于实证与理论的动态分析 [J]. 经济学（季刊），2018，18（1）：23-50.

[250] 闫彬彬. 符号约束的 TVP-VAR 模型及我国信贷供求冲击的研究 [D]. 武汉：华中科技大学，2013.

[251] 严成樑，龚六堂. 财政支出、税收与长期经济增长 [J]. 经济研究，2009（6）：4-15.

[252] 杨继生. 线性、非线性面板结构 VAR 模型的参数、半参数估计 [J]. 数量经济技术经济研究，2011（3）：140-151.

[253] 杨继生，冯焱. 货币供给与 PPI 的动态响应机制和结构性差异 [J]. 统计研究，2013（8）：45-54.

[254] 杨继生，徐娟，吴相俊. 经济增长与环境和社会健康成本 [J]. 经济研究，2013（12）：17-29.

[255] 杨继生，徐娟. 从田间到市场：谁托起了食品的价格？ [J]. 经济学（季刊），2015（3）：911-930.

[256] 杨志，魏姝. 政策扩散视域下的地方政府政策创新持续性研究：一个整合性理论框架 [J]. 学海，2019（3）.

[257] 杨慎可. 成本渠道与财政支出乘数：基于新凯恩斯模型分析 [J]. 财经问题研究，2014（5）：15-21.

[258] 叶小青. 非线性交互效应面板数据模型的估计 [J]. 统计研究，2014（2）：96-101.

[259] 叶小青. 交互效应面板数据模型的方法论及应用研究 [D]. 武汉：华中科技大学，2014.

[260] 尹雷，赵亮. 我国财政政策的制度属性识别：基于 TVP-VAR-SV 方法 [J]. 财政研究，2016（6）：57-65.

[261] 余华义. 经济基本面还是房地产政策在影响中国的房价 [J]. 财贸经济，2010（3）：116-122.

[262] 岳凯，李自磊，张云. 财政支出结构对区域产业结构调整的影响研究：基于 PVAR 模型的实证分析 [J]. 经济问题探索，2019（6）：156-164.

[263] 赵志耘，吕冰洋. 政府生产性支出对产出-资本比的影响：基于

中国经验的研究 [J]. 经济研究, 2005 (11): 46-56.

[264] 赵萌, 叶莉. 金融稳定与财政政策逆周期效果: 基于跨国面板数据系统 GMM 估计与门槛效应模型的实证分析 [J]. 财经论丛, 2019 (9).

[265] 张淑翠. 我国财政支出对经济增长非线性效应: 基于省级面板数据的平滑转移模型实证分析 [J]. 财经研究, 2011 (8): 135-144.

[266] 张宇. 财政分权与政府财政支出结构偏异: 中国政府为何偏好生产性支出 [J]. 南开经济研究, 2013 (3): 35-50.

[267] 张晏, 龚六堂. 分税制改革、财政分权与中国经济增长 [J]. 经济学: 季刊, 2005, 5 (1): 75-108.

[268] 张岩. 结构性减税与扩张政府支出的宏观经济效应 [J]. 经济与管理研究, 2019 (9): 20-38.

[269] 张梁梁, 杨俊. 社会资本与居民幸福感: 基于中国式分权的视角 [J]. 经济科学, 2018 (6): 65-77.

[270] 张曾莲, 盖亚洁. 财政透明度、税收负担与隐性经济规模: 基于 2006—2014 年省级面板数据的实证分析 [J]. 山西财经大学学报, 2018 (7).

[271] 张亦弛, 代瑞熙. 农村基础设施对农业经济增长的影响: 基于全国省级面板数据的实证分析 [J]. 农业技术经济, 2018 (3).

[272] 中国社会科学院财政与贸易经济研究所课题组, 高培勇, 马珺. "十二五" 时期的中国财政支出结构改革 [J]. 经济理论与经济管理, 2010 (11): 5-14.

[273] 踪家峰, 刘岗, 贺妮. 中国财政支出资本化与房地产价格 [J]. 财经科学, 2010 (11): 57-64.

[274] 周波. 基于我国省域面板的财政政策产出稳定效应研究 [J]. 管理世界, 2014 (7): 52-66.

[275] 周波, 张凯丽. 不同周期状态下财政政策的异质性产出和通货膨胀效应研究 [J]. 中央财经大学学报, 2019 (7): 3-17.

[276] 周业安, 章泉. 财政分权、经济增长和波动 [J]. 管理世界, 2008 (3): 6-15.

[277] 周晖, 王擎. 货币政策与资产价格波动: 理论模型与中国的经验分析 [J]. 经济研究, 2009 (10): 61-74.

[278] 郑世刚, 严良. 房价波动、调控政策立场估计及其影响效应研究: 基于 1998—2014 年数据的实证分析 [J]. 财经研究, 2016 (6): 98-109.

[279] 赵永辉，付文林，束磊. 转移支付与地方财政支出扩张：基于异质性与空间外溢视角的分析 [J]. 经济理论与经济管理，2019 (8).

[280] 赵新泉，陈旭. 政府债务影响经济增长的非线性效应研究 [J]. 国际金融研究，2018，370 (2)：54-65.

[281] 浙江省财政厅课题组，金慧群，杨慧芳. 加强地方政府财政能力建设的路径探讨 [J]. 公共财政研究，2019 (3)：58-64.

[282] 郑金宇. 财政支出结构偏向的产出冲击效应分析 [J]. 统计与决策，2018，34 (20).

[283] 臧传琴，陈蒙. 财政环境保护支出效应分析：基于 2007—2015 年中国 30 个省份的面板数据 [J]. 财经科学，2018 (6).

[284] 张玉鹏，王茜. 政策不确定性的非线性宏观经济效应及其影响机制研究 [J]. 财贸经济，2016，37 (4)：116-133.

[285] 郑挺国，王霞. 中国经济周期的混频数据测度及实时分析 [J]. 经济研究，2013 (6)：59-71.

致谢

本书是在我的博士论文的基础上修改而成的。在我的博士论文完成之际，回首博士生学习期间在校的点点滴滴，我一直觉得我是一个幸运的人。在此，对所有赐予我幸运的人，我要致以最真诚的谢意。

感谢我的博士生导师黎实教授和西南财经大学财税学院的王文甫教授，两位老师悉心的指导和平等的讨论让我受益匪浅。黎老师在计量经济学方法上的指导奠定了我博士生期间实证模型的基础，并且在我就读博士生期间，鼓励我参加各种高水平学术会议，大大开阔了我的眼界。通过和王老师的合作和交流，我学到了许多实证类研究的规范和技能，犹记得当得知我关注财政政策效应问题时，王老师谈及了他的研究经历以及最近的研究问题，并且给我提供了他已经整理好的财政政策效应方面文献，这让我能更快地找到有意义的切入点，在财政政策效应研究中体现自己的专业优势。

感谢我的硕士生导师白仲林教授，就读硕士生期间白老师的指导是我科研的启蒙。第一篇论文发表时的成就感仿佛还历历在目，接踵而来的便是论文写作过程中的艰辛，无论是英文文献的阅读、模型的建立还是 R 软件的编程、成文，白老师都是一步步地带着我走过来的。每周一次的讨论课上，白老师介绍最新的计量方法，这为我以后的研究奠定了坚实的基础。就读博士生期间，白老师也给予了我许多指导和关怀。

感谢西南财经大学统计学院的老师，感谢论文开题会上的鲁万波教授、龚金国教授、喻开志教授、干卓炯副教授，对我的论文提出了宝贵的意见；感谢初审论文的林华珍教授、鲁万波教授、任栋教授、张红历副教授，对我的论文的进一步完善提出了非常好的建议；感谢赵蜀兰老师、黄琴老师、高静老师等，在我就读博士生期间给予我的无私帮助。

感谢我的同学韩晓峰、于翠婷、柯睿、户晗蕾等，我们在相互交流中学习，也在相互陪伴中成长。

最后感谢我的父母，作为我最坚实的后盾、温暖的港湾，一直默默支持我，感谢一路有你们。

林桐

2021 年 12 月